Virve Boesch

KREATIVES AUS Peddigrohr

Traditionelle Technik neu interpretiert
22 Accessoires und Dekoideen aus Naturmaterial

Fotos: Richard Boutin

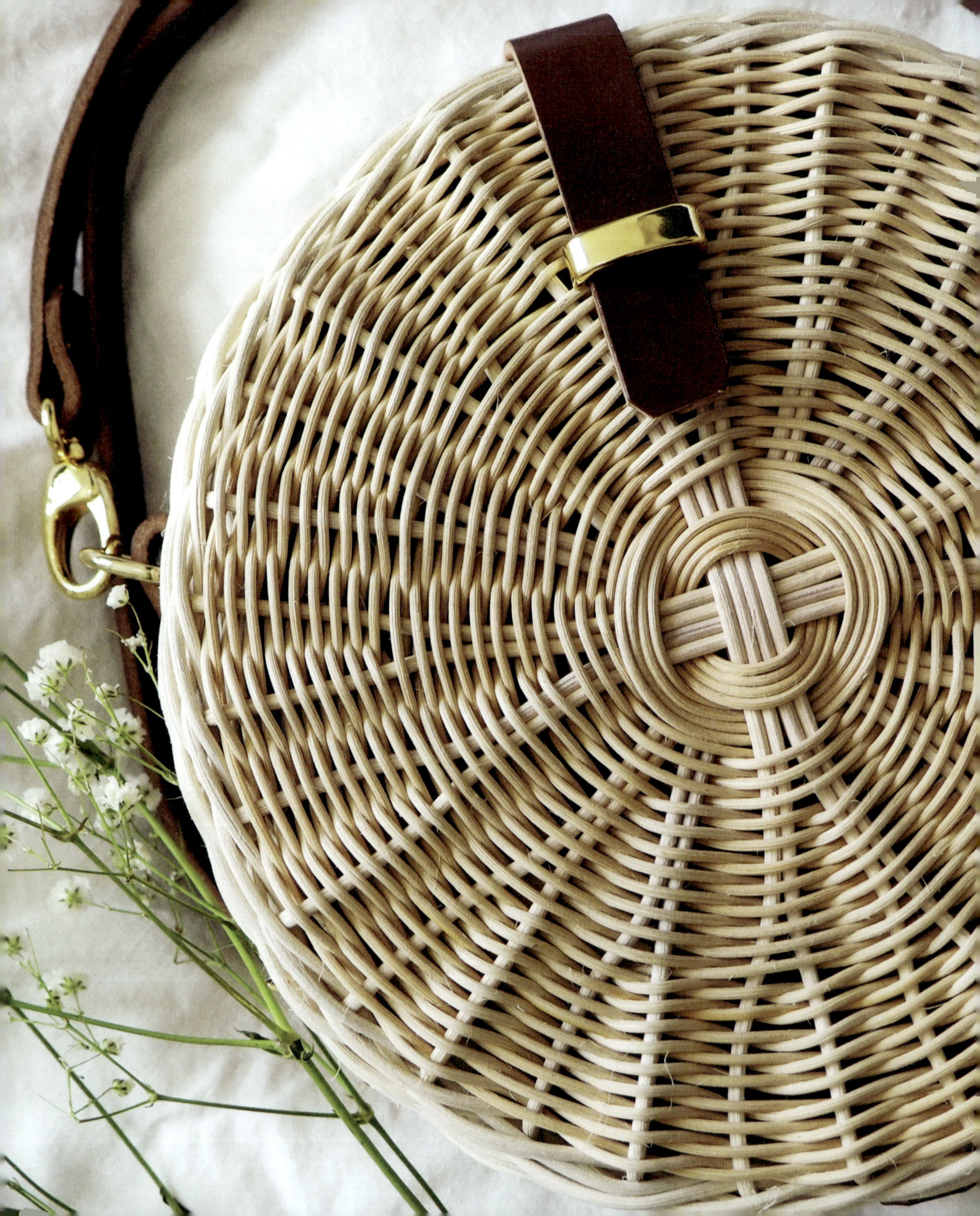

Inhaltsverzeichnis

Grundlagen des Korbflechtens

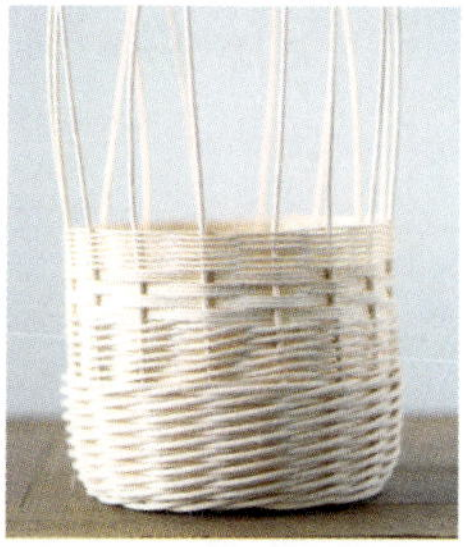

Ein paar Modelle für den Anfang

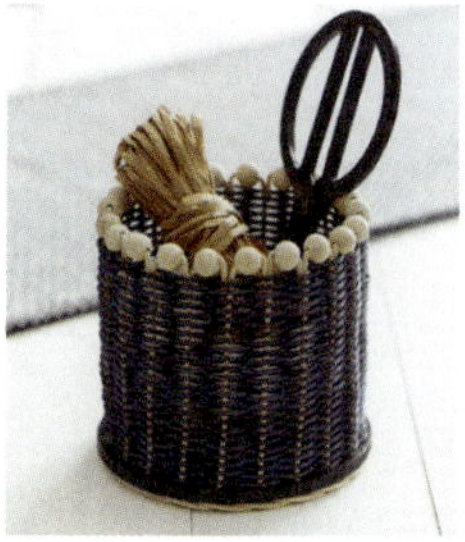
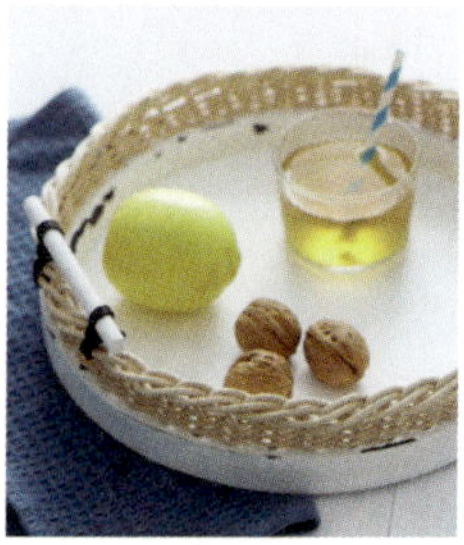
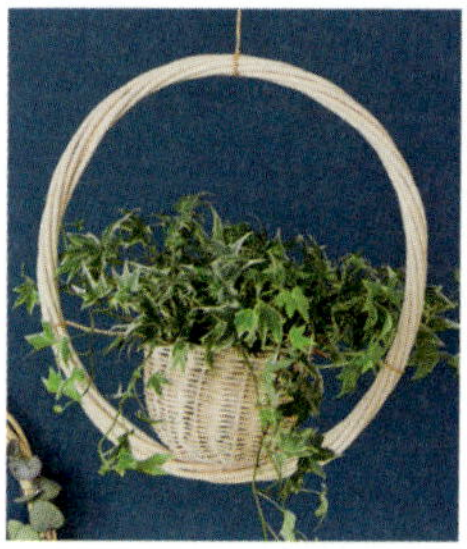
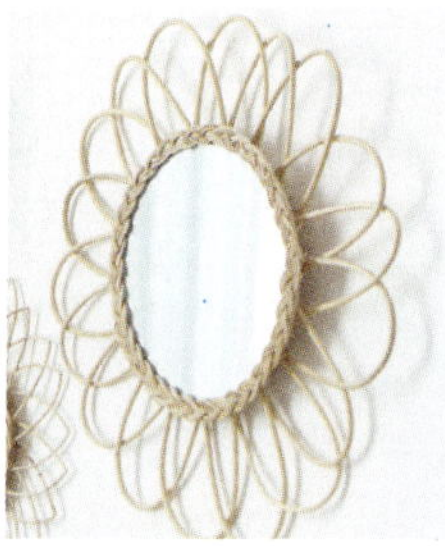

Vollgeflecht

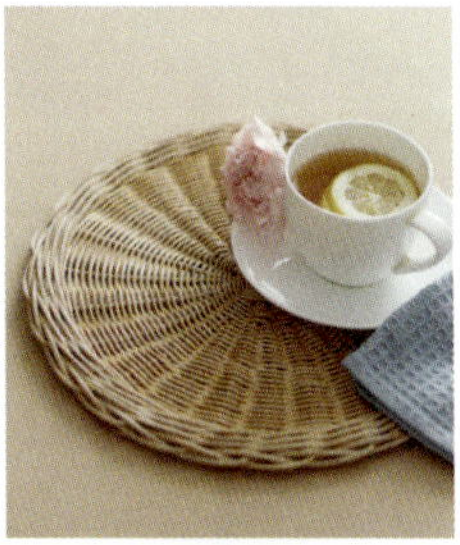
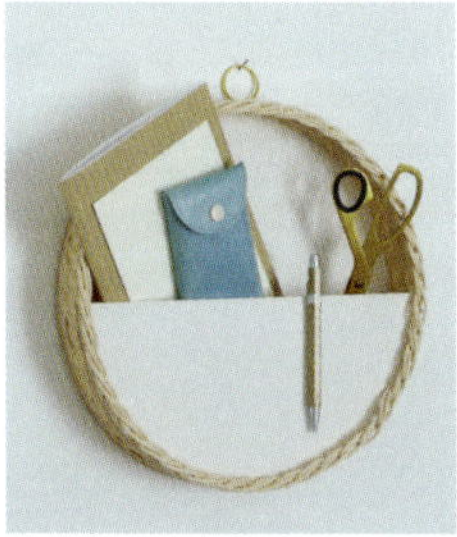
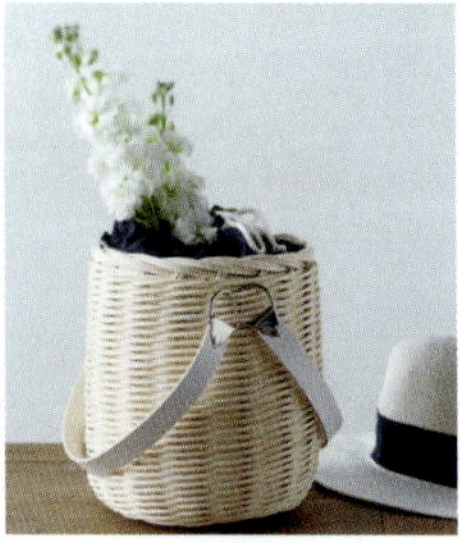
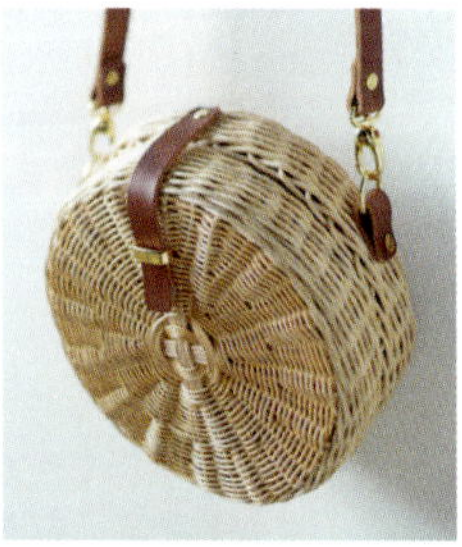

Durchbrochenes Geflecht

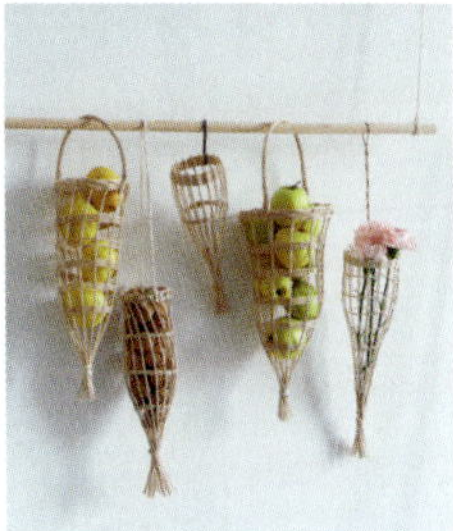
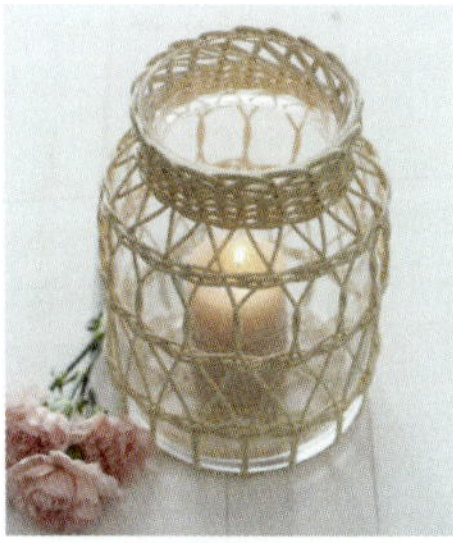
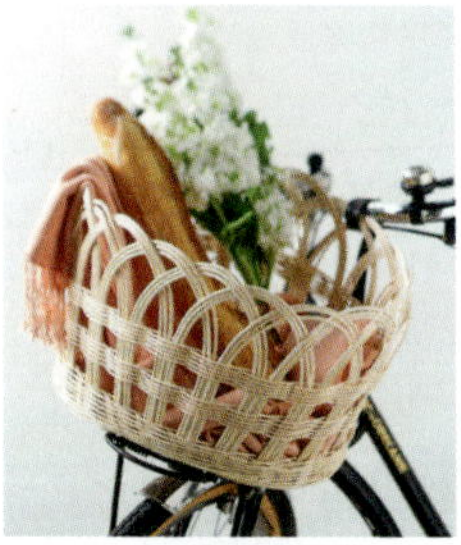
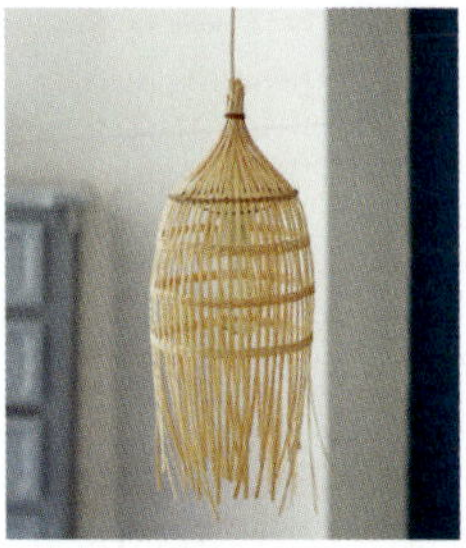

Kreative Korbwaren

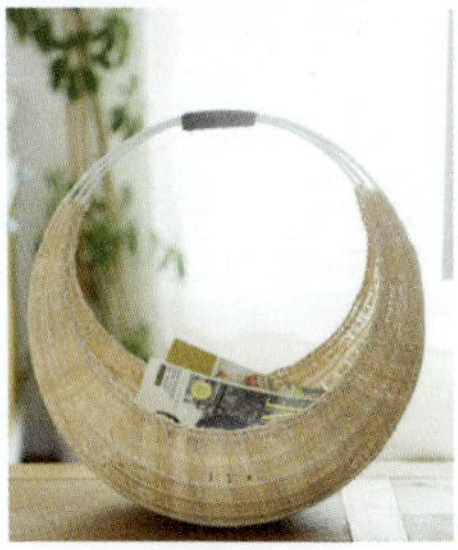
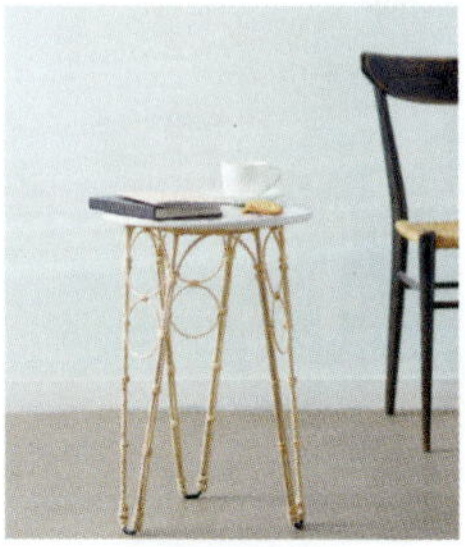
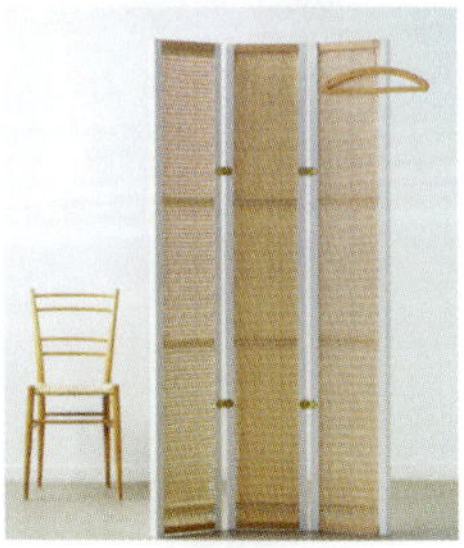

Ein paar Ideen für Rattan-Reste

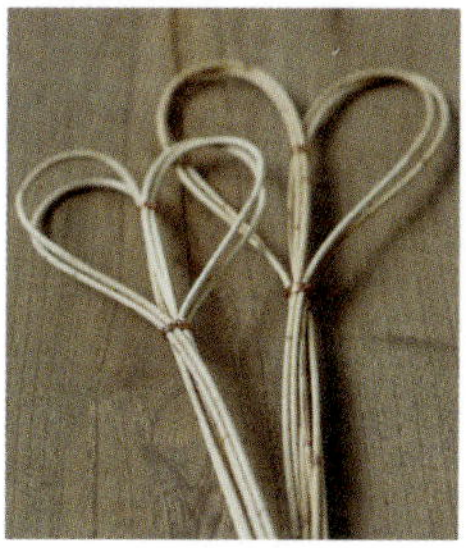

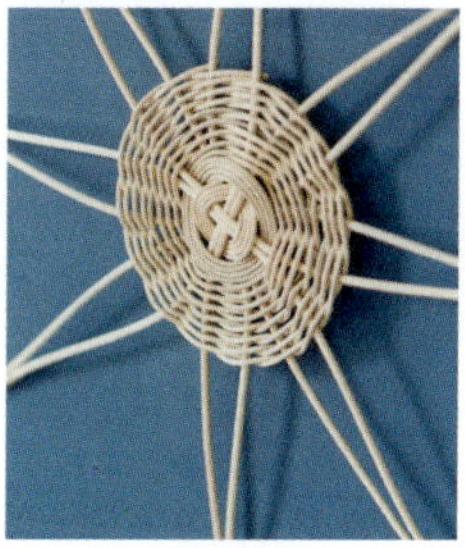

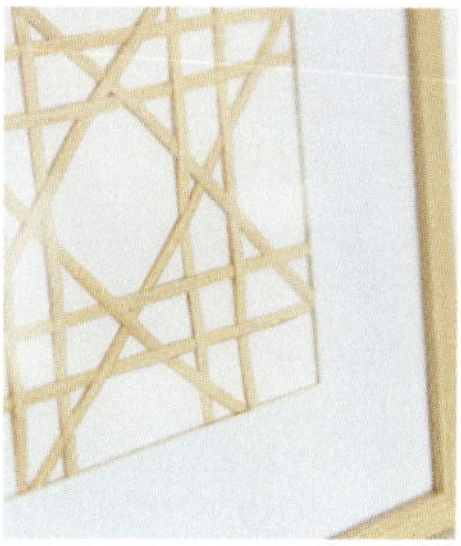

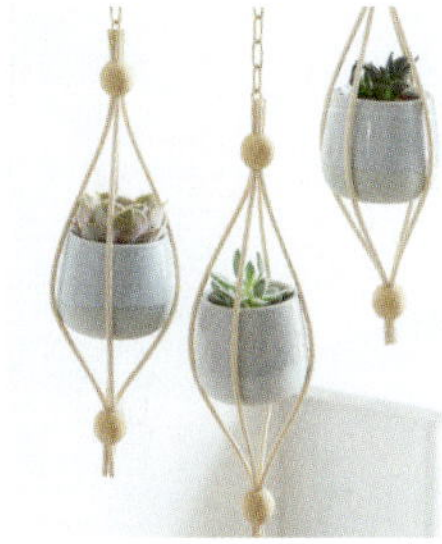

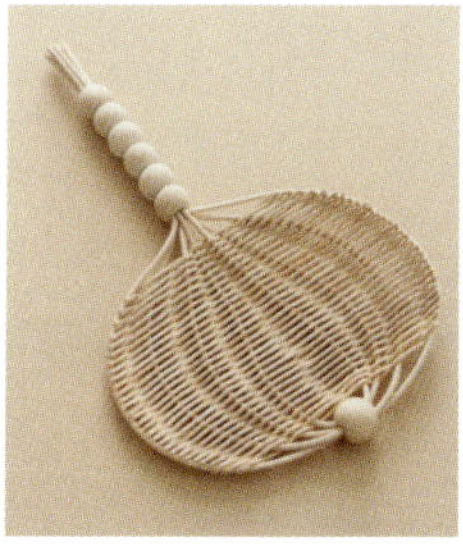

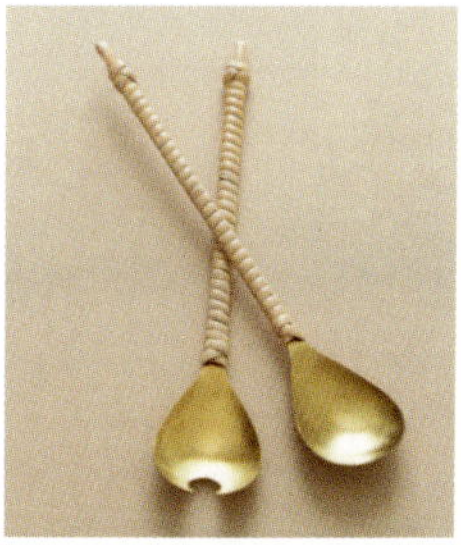

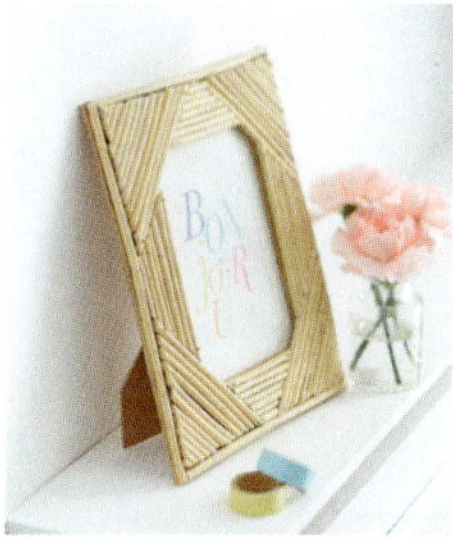

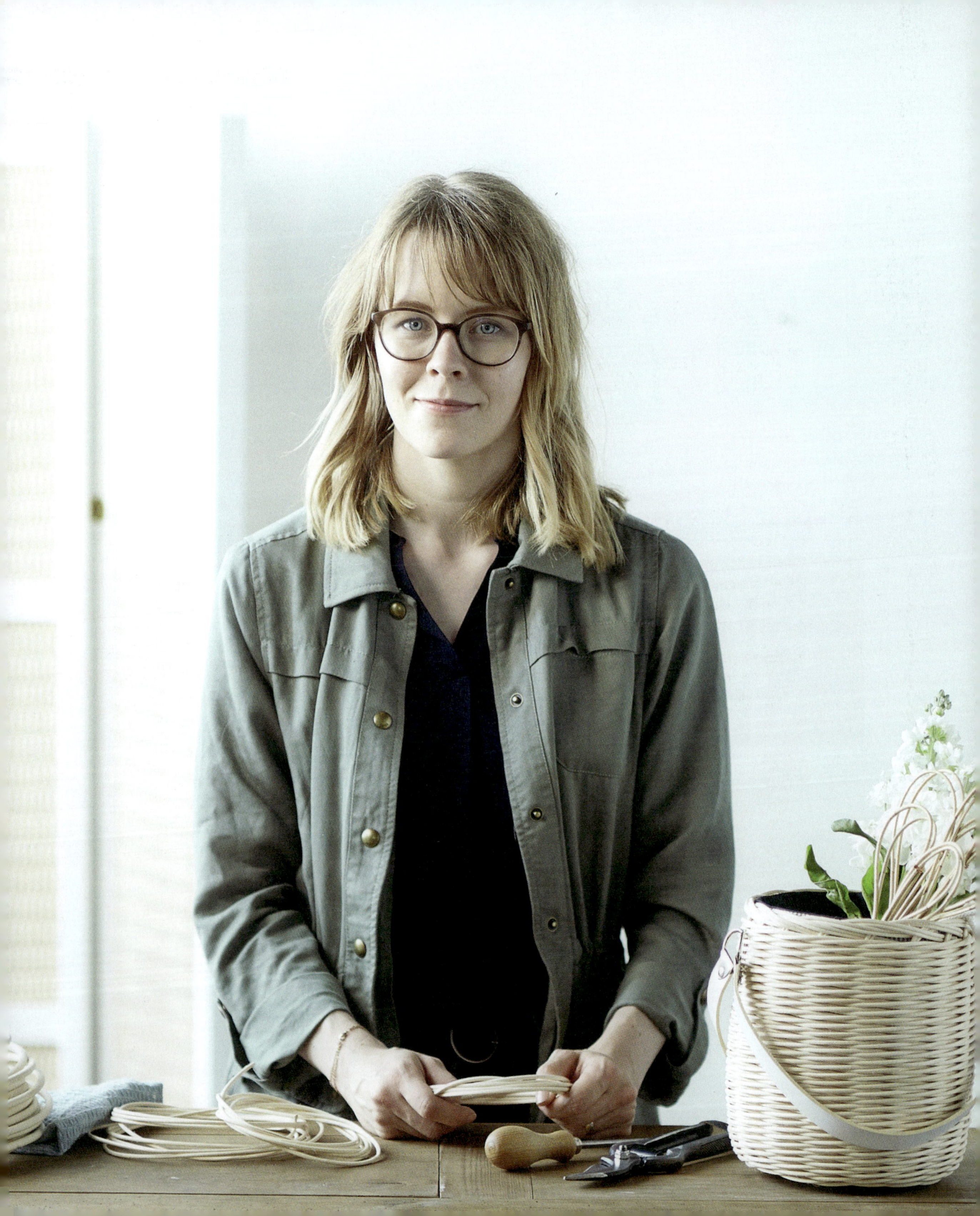

Die Technik des Korbflechtens

Das Korbflechten ist eine uralte Technik, die seit einigen Jahren ein Comeback erlebt, und das aus einem guten Grund: Das Ergebnis sind kleine Kunstwerke, die genauso nützlich wie dekorativ sind.
Die Technik eignet sich für Anfänger und versierte Liebhaber gleichermaßen. Für jedes Niveau und jeden Geschmack gibt es passende Objekte und unendlich viele Möglichkeiten, um sie zu variieren und zu individualisieren. Außerdem bedeutet die Konzentration auf ein Objekt und die Arbeit mit natürlichen Materialien eine wohltuende Auszeit in unserer modernen und schnelllebigen Welt.

In diesem Buch finden Sie 22 kreative und abwechslungsreiche Ideen aus Peddigrohr – vom Accessoire bis hin zum Möbelstück –, die Sie mit etwas Übung ganz einfach selbst umsetzen können. Lassen auch Sie sich vom Korbflechten inspirieren!

ZUR AUTORIN

Virve Boesch (alias Vivi) ist Designerin, Kursleiterin und kreative Unternehmerin. Sie stammt aus Finnland und lebt in Paris. Als diplomierte Kultur-Mediatorin und auf angewandte Künste spezialisiert, liebt sie es, ihr Wissen mit anderen zu teilen. Als Nordeuropäerin nimmt sie die Inspiration für ihre Kreationen häufig aus der Moderne und Schlichtheit des skandinavischen Designs. In ihrer Freizeit spaziert sie gern durch Paris, genießt eine gute Latte macchiato, tüftelt gemeinsam mit ihrem Mann an Entwürfen oder unternimmt Reisen, um aus den verschiedensten Kulturen der Welt neue Ideen zu entwickeln.

Grundlagen des Korbflechtens

Rattan

Rattan ist ein natürliches Material, das aus einer tropischen Kletterpalme, einer Liane, stammt. Rattan gibt es in verschiedenen Durchmessern und wird in behandelter oder unbehandelter Form verkauft.

Da es gleichzeitig stabil und geschmeidig ist, kann man es für ganz unterschiedliche Objekte verwenden. Dank seiner Gleichmäßigkeit und geringen Einweichzeit bietet es Hobbyflechtern viele Möglichkeiten der Verarbeitung. Deshalb konzentrieren wir uns in diesem Buch auf Rattan.
Oft verwechselt man Rattan mit Korbweide, einer Weidenart, die noch robuster ist und auch in Europa wächst. Zwar ist die Einweichzeit länger, aber das muss Sie nicht davon abhalten, es für Ihre Kreationen zu verwenden. Wenn Sie übrigens die Farben und Strukturen Ihrer Entwürfe variieren möchten, können Sie auch halbsteife Fäden aus anderen Materialien nehmen: Eisendraht, TORON Binsen oder Scoubidou-Schnüre zum Beispiel.

Die meisten Modelle in diesem Buch wurden aus dem Mark des Rattans, dem Peddigrohr, hergestellt. Peddigrohr erhalten Sie in speziellen Bastelgeschäften oder beim Korbflechter.

Rattan ist von Natur aus hellbraun. Im Handel finden Sie jedoch auch ein breites Spektrum an gefärbtem Material. Alternativ können Sie es auch nach Ihren Vorstellungen selbst färben.

Je nach Durchmesser und Qualität des Rattans ist es entweder als Bund (500 g) oder als Ring (250 g bis 500 g) erhältlich.

Rattan muss licht- und staubgeschützt sowie unbedingt trocken gelagert werden.

Unbehandeltes Rattan

Wie der Name schon sagt, handelt es sich um Rattan im Rohzustand. Der Durchmesser variiert zwischen 2 mm und 5 cm. Farbton und Dicke hängen von der Rattansorte ab. Da das Material sehr stabil ist, verwendet man es vor allem für die Herstellung von Möbeln, weniger dickes Material eignet sich aber ebenso für dekorative Objekte.

Geschältes Rattan

Die unbehandelten Rattanstangen werden erst geschält und dann geschliffen. Es gibt sie in verschiedenen Dicken und man nutzt sie für die Möbelherstellung und das Gerüst beim Korbflechten.

Rattanschiene

Sie besteht aus der inneren Schale der Liane. Eine Seite der Rattanschiene ist leicht gewölbt, die andere Seite ist flach.

Rohrgeflecht

Aus der Schale werden dünne Bänder mit einem Durchmesser von 1,6 mm bis 4 mm geschnitten. Man verwendet sie auch als Sitzmöbelgeflecht.

Geschnittenes Peddigrohr

Dies umfasst diejenigen Materialien, die durch maschinelle Bearbeitung von unbehandeltem Rattan mithilfe von Messerdüsen hergestellt werden.

- **Peddigfaden rund**
Hierfür wird das Mark des geschnittenen Rattans entnommen und zylindrisch geschnitten. Die verfügbaren Durchmesser reichen von 1 mm bis 10 mm. Das sehr geschmeidige und angenehm zu flechtende Material eignet sich für die meisten Korbflecht-Objekte.

- **Peddigrohrband und Peddigrohrschiene**
Hierbei handelt es sich um dünne Bänder, entweder flach oder an einer Seite gewölbt, in verschiedenen Längen. Beides wird vor allem für Verbindungen verwendet.

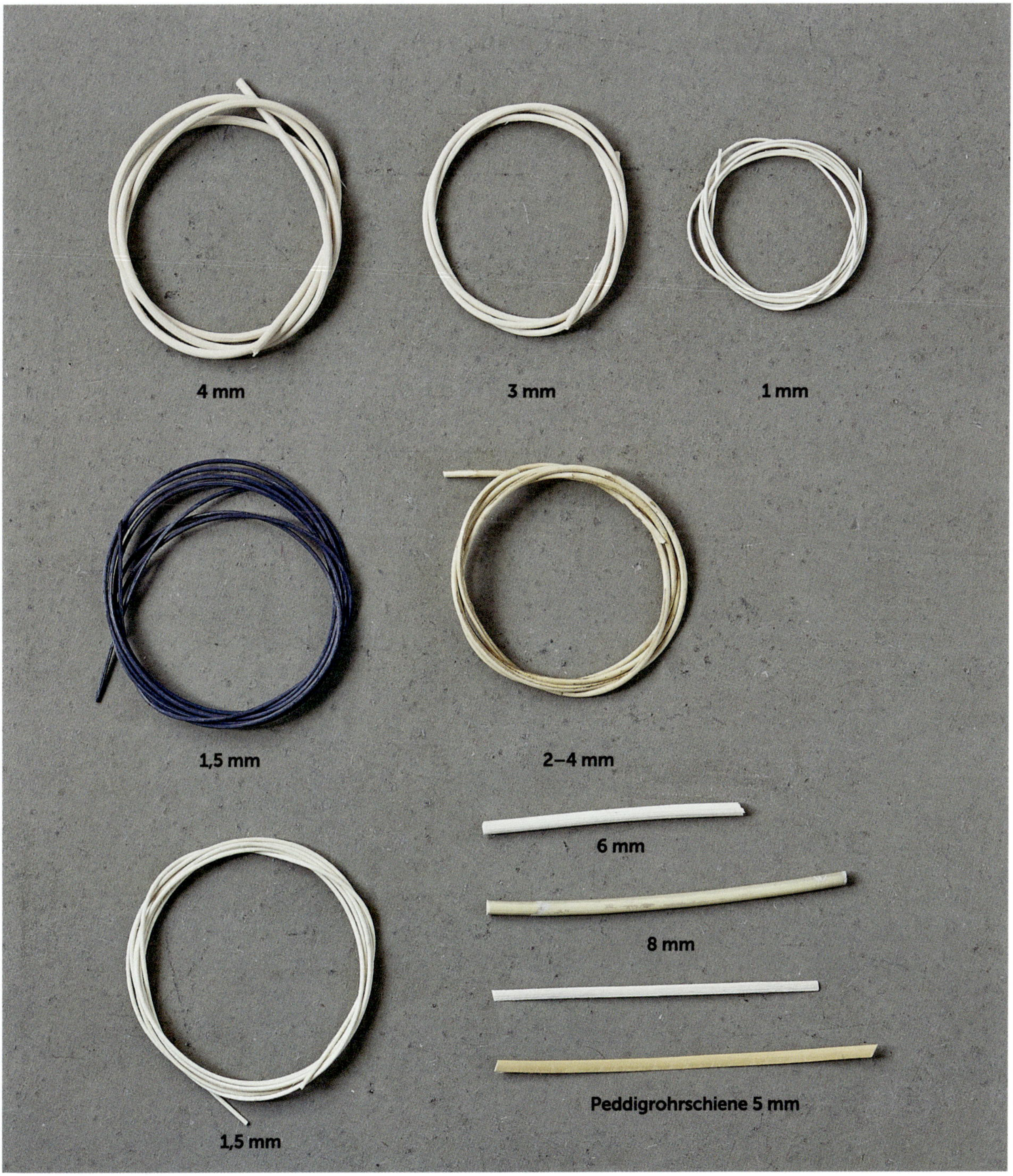
4 mm
3 mm
1 mm
1,5 mm
2–4 mm
6 mm
8 mm
Peddigrohrschiene 5 mm
1,5 mm

Werkzeuge zum Korbflechten

Das Korbflechten ist im wahrsten Sinne des Wortes Handarbeit – Ihre Hände sind also auch das wichtigste Werkzeug! Sie können problemlos zunächst mit dem grundlegenden Werkzeug beginnen und nach und nach durch das ein oder andere Stück ergänzen. Alle Werkzeuge sind in Spezialgeschäften erhältlich.

Grundlegendes Werkzeug

- Ein **Gefäß**, das groß genug ist, um die Rattanfäden einzuweichen.
- Eine **Sprühflasche,** um das Werkstück während der Arbeit feucht zu halten.
- **Kleine Handtücher 1,** um das Werkstück und ggf. auch sich selbst abzutrocknen.
- Eine **Gartenschere 6** oder ein **Schälmesser**, um die Fäden zu schneiden. Alternativ können Sie auch einen Seitenschneider verwenden.
- Eine **Ahle 9,** um Löcher zu stechen und Fäden zu spalten, am besten in unterschiedlichen Größen.
- Ein **Lineal 13** oder **Maßband 14,** um die Längen abzumessen und die Maße des Objekts zu überprüfen.
- **Papierschere 10, Kugelschreiber 4, Wäscheklammern 7, Pinsel 3, Klebeband 2** und andere übliche Utensilien für Skizzen oder zur Fertigstellung des Projekts.

Ergänzendes Werkzeug

- Ein **Messschieber 12,** um den Durchmesser der Rundstäbe etc. zu bestimmen.
- Ein **Schälmesser,** um die überstehenden Enden abzuschneiden.
- Eine **Hippe 8,** ein Werkzeug mit Holzgriff und gekrümmter Klinge, um das Rattan zu schneiden, zu spalten und einzuschneiden.
- Ein **Schlageisen 5,** ein recht schweres Werkzeug aus Eisen, um die Flechtarbeit durch Schläge zu verdichten.
- Eine **Zange 11,** um die Staken zu knicken.
- Ein **Gewicht,** das man auf den Boden der Flechtarbeit stellt, um das Werkstück während der Arbeit zu stabilisieren.
- **Korbböden** aus Holz, **Nägel** und ein **Hammer,** um das Objekt in Form zu bringen.

Optionales Zubehör

- **Sperrholzboden, Holz- oder Metallbögen,** ein **Gerüst** oder **Gestell,** um dem Werkstück Form zu geben.
- **Holzperlen, Lederriemen** etc., um Ihre fertigen Stücke zu verzieren.

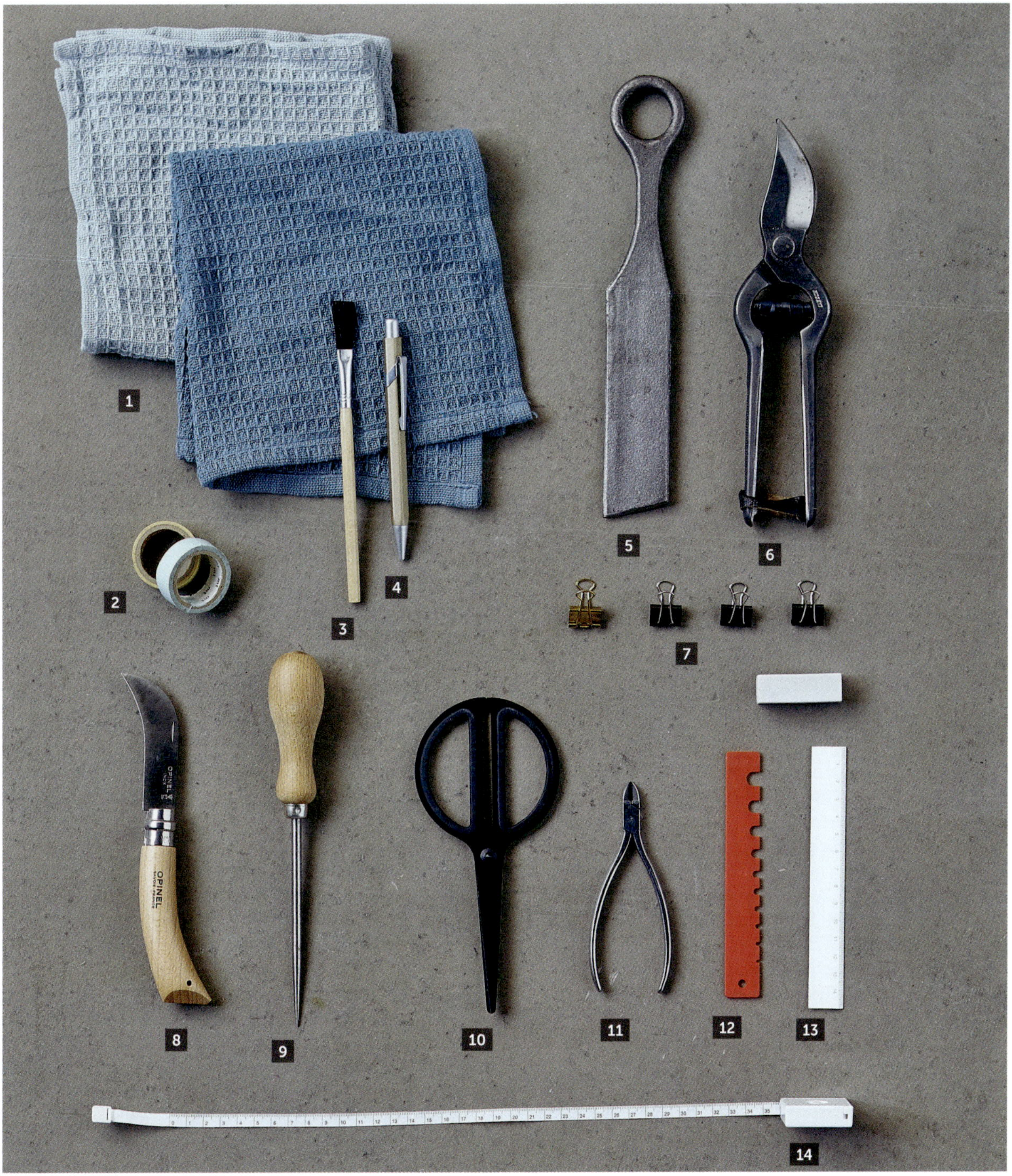
1
2
3
4
5
6
7
8
9
10
11
12
13
14

Vorbereitung

Die Modelle in diesem Buch sind in vier Kapitel unterschiedlicher Schwierigkeitsstufen eingeteilt. Wählen Sie ein leichteres Modell für den Einstieg und nehmen Sie sich ausreichend Zeit für die Umsetzung. Wenn Sie wenig Zeit haben, können Sie die Umsetzung auch in Phasen einteilen. Lesen Sie alle Arbeitsschritte sorgfältig durch, bevor Sie an die Arbeit gehen, und nehmen Sie die Abbildungen zu Hilfe.

Der Arbeitsplatz

Richten Sie sich einen freien Arbeitsplatz ein, bei dem alle Werkzeuge zur Hand sind. Kleine Objekte können auf einem Tisch oder auf den Knien gefertigt werden. Schützen Sie den Tisch oder den Untergrund mit einer Unterlage und Ihre Knie mit einem Handtuch.
Eine gute Arbeitsposition ist beim Korbflechten besonders wichtig. Nicht nur, weil es für Sie bequemer ist und Ihnen leichter von der Hand geht, sondern auch, weil es die Qualität eines Objekts im Laufe der Arbeit beeinflussen kann: Es ist wichtig, das Objekt in alle Richtungen schwenken und drehen zu können. Achten Sie auf Ihre Handstellung und machen Sie regelmäßige Pausen, um nicht zu ermüden.

Auswahl und Vorbereitung des Rattans

Wählen Sie Qualität und Durchmesser des Rattans gemäß seiner Verwendung: sehr dick für das Gerüst, dick für die Staken und dünner für das Flechtwerk. Für einen einfachen Korb zum Beispiel nehmen Sie mindestens zwei verschiedene Rattandurchmesser: einen größeren für die Staken und einen kleineren für die Flechtfäden. Bei einem Entwurf mit einem Holzboden muss man den Durchmesser der Staken den Löchern anpassen. Die Menge des benötigten Rattans hängt von der Objektgröße, der Seitenwand (siehe Seite 17) und dem gewählten Abschluss ab.
Bevor Sie mit dem Flechten beginnen, schneiden Sie alle Staken auf die empfohlene Länge. Entfernen Sie angeschwärzte Teile, falls vorhanden. Achten Sie gut auf die Fäden, mit denen Sie lange Flechtstücke herstellen möchten.

Um die Länge der Staken zu berechnen, ist Folgendes zu berücksichtigen:

- **Die nötige Länge,** um die Stake mit dem Boden zu verbinden;
- **die Höhe des Objekts,** das man gestalten will;
- **der gewählte Flechtrand,** denn ein Rand mit größeren Zwischenräumen verbraucht mehr Material.

Wenn Sie die Maße verändern oder eigene Entwürfe umsetzen möchten, können Sie die Angaben im Buch als Grundlage für Ihre Berechnungen nehmen. Planen Sie auf jeden Fall vorausschauend – kaufen Sie lieber zu viel Rattan als zu wenig und kappen Sie die zu langen Staken gegebenenfalls. Am Ende der Flechtarbeit können Sie die Fäden immer noch auf eine Länge bringen.

Die Färbung

Vor dem Flechten können Sie die Fäden in einem warmen Bad mit natürlichen Textilfarben färben. Rattan ist sehr porös und nimmt die Farbe daher gut an.

Für die Färbung mit Textilfarben in Pulverform hängt die Menge von der gewünschten Farbintensität ab (zum Beispiel 5% des Materialgewichts). Ebenso können Sie die Wassermenge variieren (zum Beispiel 20-faches Materialgewicht). Mischen Sie die Farbe in einem großen Topf mit etwas warmem Wasser. Fügen Sie dann das restliche Wasser und Salz hinzu (1 Esslöffel pro 10 Liter). Verrühren und das zuvor in klarem Wasser eingeweichte Rattan hineingeben. Lassen Sie das Rattan auf kleiner Flamme etwa 30–45 Minuten kochen und rühren Sie es in regelmäßigen Abständen um. Danach 30 Minuten in der Farbe abkühlen lassen, gut abspülen und vor der Verarbeitung trocken lassen.
Was Naturfarben angeht, so machen Sie sich in der einschlägigen Literatur kundig. Eine der einfachsten Substanzen, die man verwenden kann, sind nach wie vor Nussschalen. Mischen Sie die Farbe ins Wasser, bis Sie den gewünschten Farbton haben, und weichen Sie dann das

Rattan ein. Für eine leichte Färbung nehmen Sie lauwarmes Wasser. Sobald die gewünschte Färbung erreicht ist, nehmen Sie das Rattan heraus. Rechnen Sie 15–30 Minuten für eine leichte Färbung und einige Stunden für einen intensiveren Farbton ein. Beachten Sie zudem immer die Herstellerhinweise.

Das Einweichen

Vor der Bearbeitung muss Rattan immer eingeweicht werden, da es sonst brechen und das Flechtwerk weniger einheitlich werden könnte. Achten Sie darauf, dass Sie immer nur die Menge einweichen, die Sie danach sofort verarbeiten, denn je öfter Rattan eingeweicht wird, desto größer ist die Gefahr, dass es grau und in der Struktur schwächer wird. Lassen Sie die Fäden zudem nicht zu lange im Wasser.

Zum Einweichen eignet sich eine Schüssel, ein größerer Behälter oder auch eine Badewanne. Vor dem Einweichen können Sie die Staken zuschneiden. Meistens will man die langen Flechtfäden ganz verwahren. Um sie Stück für Stück einzuweichen, trennen Sie die Fäden voneinander und rollen Sie jeden einzeln auf, mit dem Ende wird die Rolle fixiert. Füllen Sie den Behälter und tauchen Sie das Rattan in lauwarmes (oder, wenn es schneller gehen soll, ganz warmes) Wasser ein. Beschweren Sie es am besten mit einem Gewicht, damit das Rattan vollständig vom Wasser bedeckt bleibt. Nach der Einweichzeit herausnehmen und leicht abtrocknen.

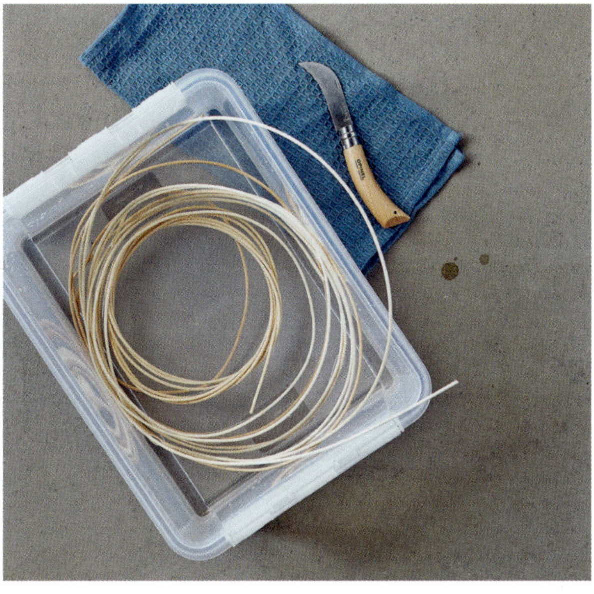

Die Fäden müssen während des gesamten Flechtvorgangs feucht bleiben. Besprühen Sie sie daher ab und zu mit Wasser. Wenn der Arbeitsvorgang beendet ist, lassen Sie die feuchten Fäden gut trocken, damit sie nicht faulen.

UNGEFÄHRE EINWEICHZEIT FÜR VERSCHIEDENE DURCHMESSER

- **2 mm oder weniger:** 1 bis 2 Minuten
- **2 mm bis 3 mm:** 5 Minuten
- **4 mm bis 6 mm:** 10 bis 20 Minuten
- **6 mm oder stärker:** 20 bis 30 Minuten

Behandlung, Lackierung und Färbung

Unbehandeltes Rattan sollte an einem trockenen Ort und vor direktem Licht geschützt aufbewahrt werden, da es sich sonst verfärben kann.
Entstauben Sie die Objekte regelmäßig und verwenden Sie für die Reinigung einen feuchten Lappen. Zusätzlich können Sie ein wenig Zitronensaft ins Reinigungswasser geben. Lackieren oder streichen Sie Korbwaren, um sie zu schützen und die Pflege zu erleichtern. Wenn das Objekt an einem feuchten Ort steht, ist Klarlack ideal. Für Rattan gibt es spezielle Lacke, Sie können aber auch einen normalen Klarlack für Holz verwenden. Wenn das Objekt mit Lebensmitteln in Kontakt steht, nehmen Sie einen entsprechend geeigneten Lack oder ein entsprechendes Öl. Verwenden Sie zum Streichen eine Spritzpistole oder einen Pinsel und tragen Sie dabei nur ein dünne Farbschicht auf.

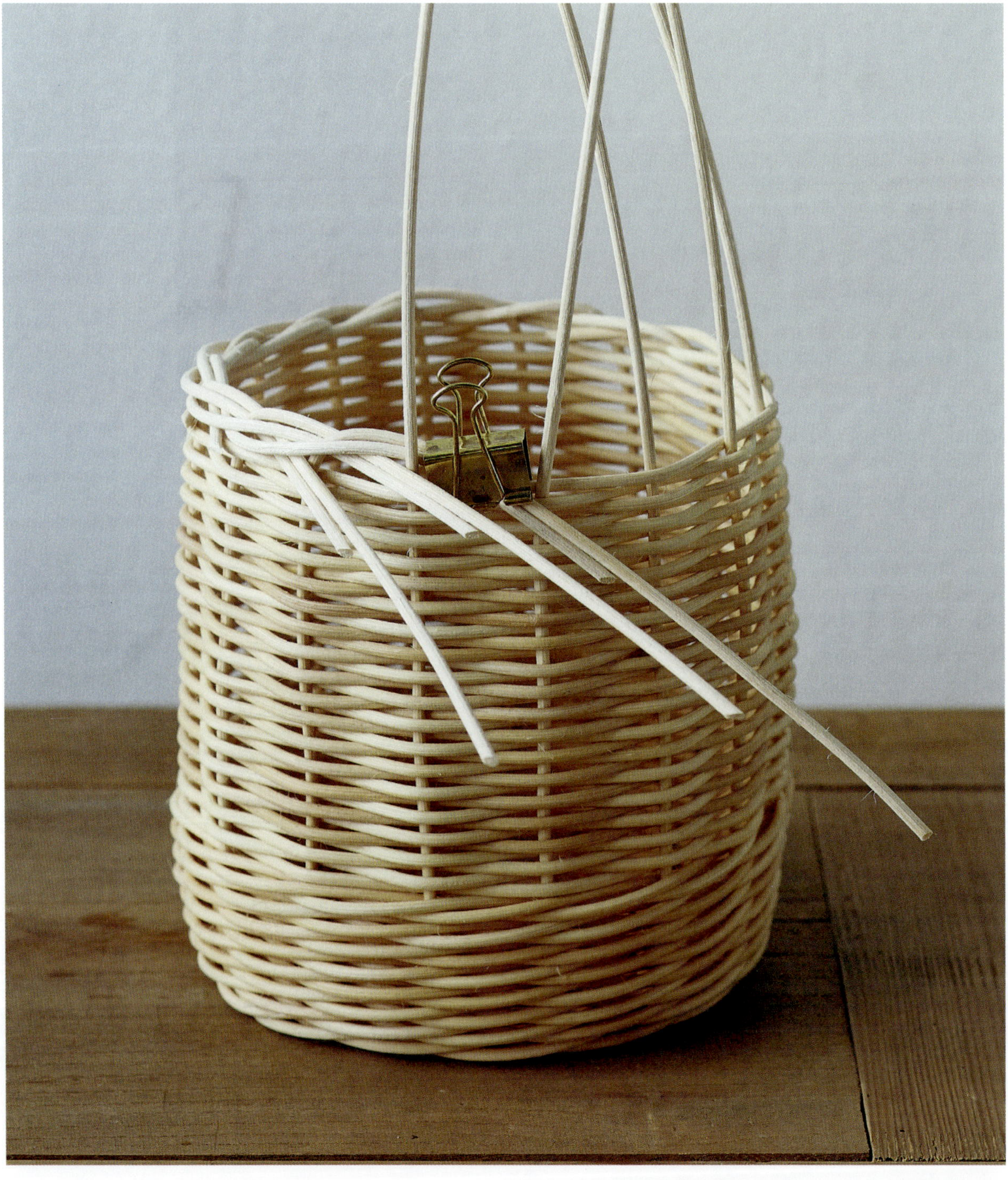

Die Struktur des traditionellen Korbflechtens

Es ist wichtig, das Vokabular des Korbflechtens sowie die klassische Struktur eines Rattankorbes zu kennen, auch wenn Ihre Objekte nicht alle diese Elemente enthalten.

Der **Boden,** oft durch einen **Fuß** erhöht, bildet die Grundlage des Korbs. Die **Staken,** das heißt, die **vertikalen und horizontalen Fäden,** durch die man dann die Reihen flicht, bilden insgesamt die **Seitenwand.** Den Abschluss bildet ein **Flechtrand.** Man kann auch einen Henkel, einen Deckel oder andere Verschlüsse anbringen. Ein Boden besteht aus dickeren **Bodenstaken,** die den Schablonenboden bilden und um den man mit dünnerem Rattan herum flicht. Im Verlauf der Arbeit bilden diese Bodenstaken dann **Strahlen.**

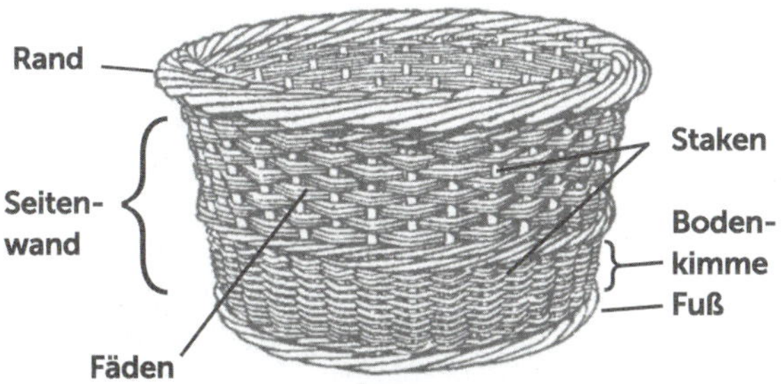

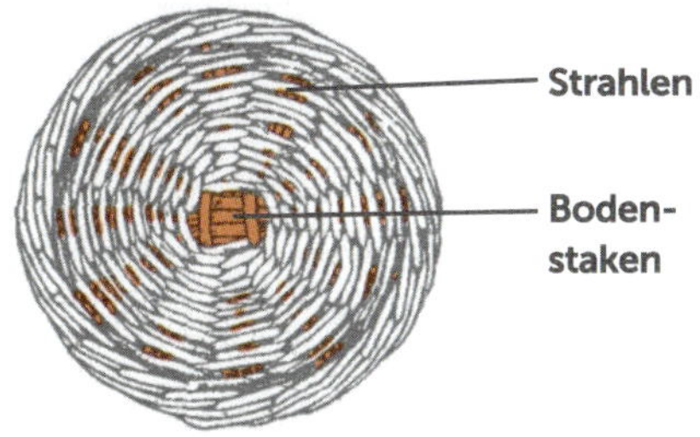

Boden

Die verschiedenen Flechtarten

Diese Aufstellung gibt eine Vorstellung davon, welche Objekte gestaltet werden können. Wer es noch einzigartiger mag, kann die Techniken natürlich auch nach Belieben kombinieren.

OBJEKTE, DIE VOLLSTÄNDIG AUS RATTAN BESTEHEN

- **Vollgeflecht:** Die Staken und Fäden bilden eine Wand, die das Stück komplett ausfüllt. Das Geflecht ist dicht und weist keine Lücken zwischen den Reihen auf.
- **Durchbrochenes Geflecht:** Die Staken werden durch Reihen festgehalten, lassen aber Lücken, in denen nur die Staken sichtbar sind.
- **Schwinggeflecht:** Die Form des Geflechts ist durch ein steifes Gerüst vorgegeben, um das herum geflochten wird.
- **Andere Formen des Geflechts:** Spiralgeflecht, gewundenes Geflecht, Mischformen ...

OBJEKTE MIT BODEN ODER GERÜST AUS ANDEREM MATERIAL

Dabei verwendet man einen Boden, ein Gerüst oder einen Rahmen, um dem Objekt Form zu geben. Diese Option ist für Anfänger geeignet, da man sich dann auf das Flechten der Fäden konzentrieren kann.

Einführung in die Technik

In diesem Kapitel erfahren Sie alles Wissenswerte über die verschiedenen Flechtarten der Seitenwand sowie die Fertigung von Böden und Rändern. Vorab ist es jedoch wichtig, einige grundlegende Kniffe zu kennen, damit Sie die Arbeit sauber angehen können.

Die Arbeitshaltung

Das Grundwerkzeug beim Korbflechten sind die Hände. Ihre Position und Bewegungen sind für ein regelmäßiges Flechten und die gewünschte Form des Objekts wesentlich. Ziel ist es, darauf zu achten, dass die Staken weder nach links noch nach rechts abweichen, sondern ganz gerade bleiben. Die Abstände zwischen den Staken müssen regelmäßig sein, damit man die Fäden dazwischen horizontal verflechten kann. Normalerweise nimmt man die linke Hand, um die Staken zu führen, und die rechte Hand, um die Fäden zu verarbeiten. Beginnen Sie mit dem Flechten eines Fadens vor und hinter den Staken mit der rechten Hand und drücken Sie diesen ohne viel Kraft in die jeweilige Position. Halten Sie den Faden mit der linken Hand an Ort und Stelle, mit abgespreizten Fingern zwischen den Staken. Nehmen Sie auch die Finger der linken Hand, um die Staken zu führen und zu trennen und um die Flechtreihen nach jedem Durchgang zu verdichten. Wenn Sie Linkshänder sind, führen Sie alles seitenverkehrt durch. Um Ihnen die Arbeit zu erleichtern, können Sie auch Stützen aus Holz oder Schaumstoff anfertigen, um die Staken zu führen und die Form des Objekts zu erhalten.

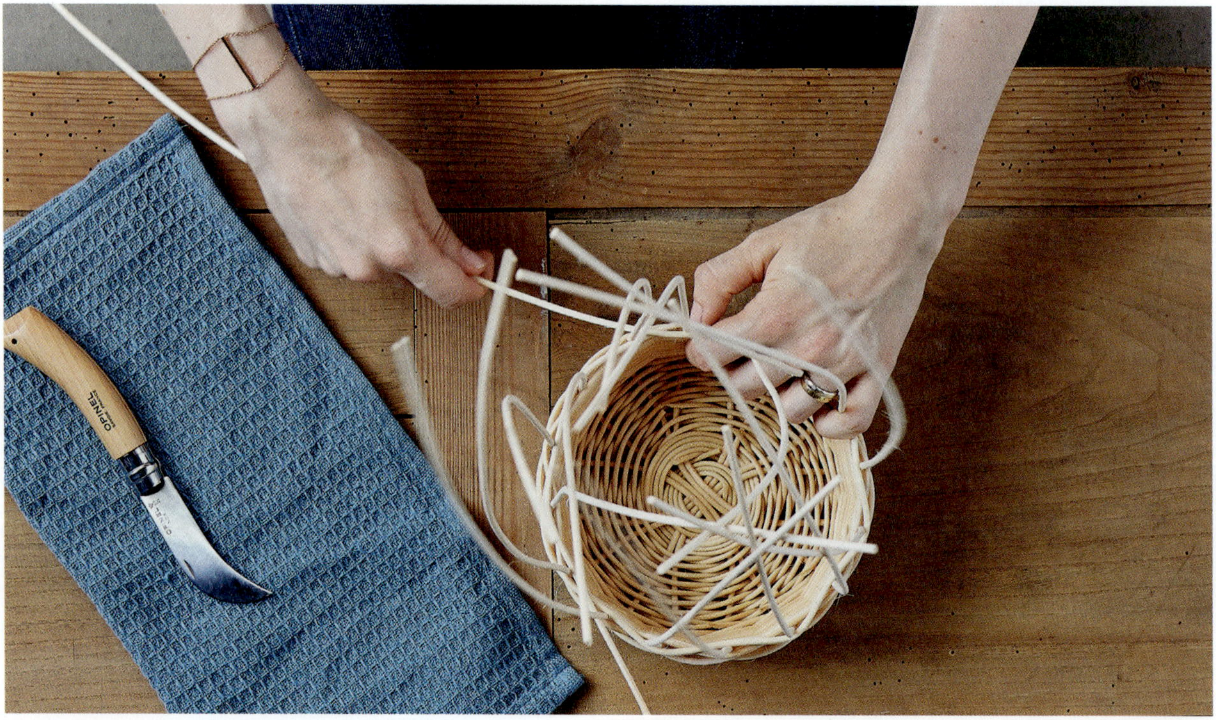

Die Spannung

Die Flechtfäden müssen gleichförmig in Wellen zwischen den Staken laufen. Die dafür nötige Spannung hängt von der Art des Geflechts ab, von der Objektgröße, dem Durchmesser der Fäden und weiteren Variablen. Auf jeden Fall müssen Ihre Fäden ein sehr enges Geflecht um die Staken herum bilden, jedoch nicht so, dass die Staken aufgrund der Spannung nicht mehr gerade stehen können.

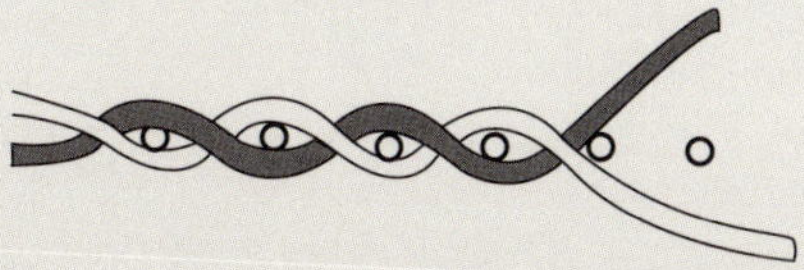

Eine Stake ersetzen

Falls eine Stake bricht, schneiden Sie sie bündig und wenn möglich schräg ab. Platzieren Sie eine neue Stake, ebenfalls schräg angeschnitten, neben der gebrochenen, um sie zu ergänzen, und verwenden Sie eine Ahle zum Einschieben.

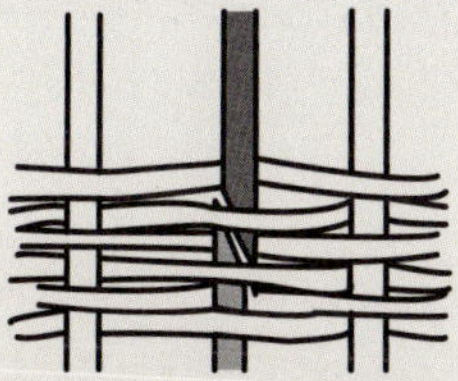

Einen Faden anschließen

Wenn Sie am Ende eines Fadens angekommen sind, lassen Sie ihn hinter einer Stake und beginnen Sie an dieser Stelle mit einem neuen. Die Enden der beiden Fäden dabei ein paar Zentimeter überlappen lassen und erst abschneiden, wenn das Objekt ganz fertiggestellt ist. Der neue Faden liegt unter dem Ende des vorigen. Wenn Sie Zweier- oder Dreiergeflecht verwenden, vermeiden Sie es, dass alle Fäden an derselben Stelle enden. In manchen Fällen können Sie die Enden der Fäden auch neben eine Stake in die Seitenwand führen.

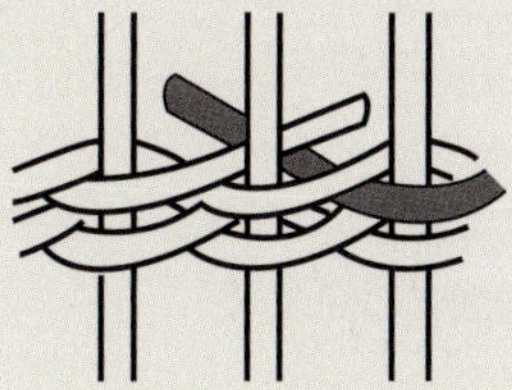

Anschalmen

Schneiden Sie die überstehenden Enden Ihrer Fäden und Staken erst ab, wenn das Objekt (oder ein Teil davon) fertig und trocken ist, sonst riskieren Sie, sie zu kurz abzuschneiden. Diesen Vorgang nennt man „anschalmen". Schneiden Sie alle Enden schräg ab, der Form des Objekts folgend, indem Sie sie mindestens ein paar Millimeter überstehen lassen.

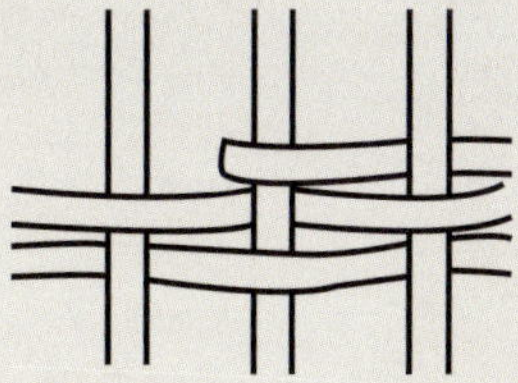

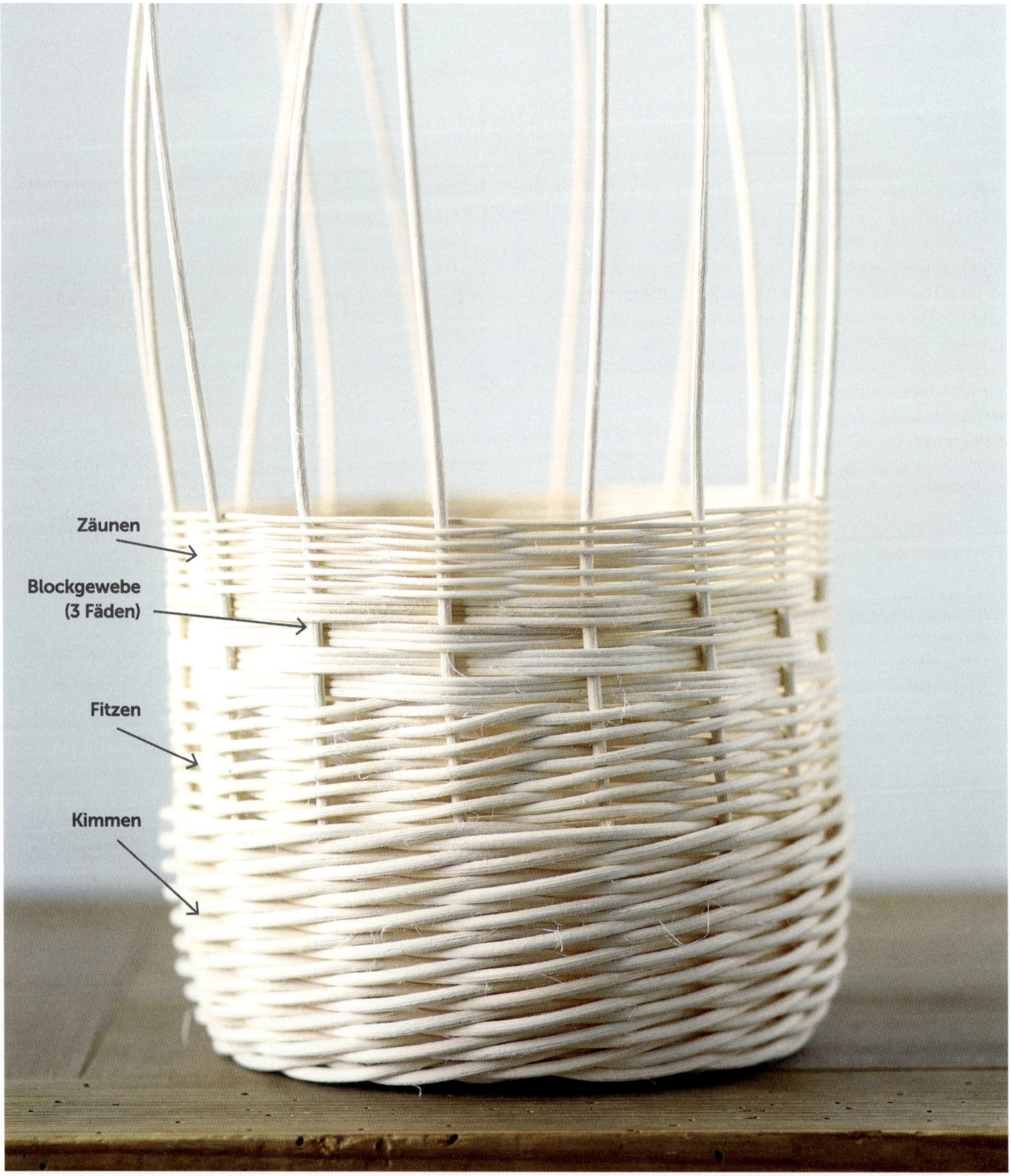
Zäunen
Blockgewebe (3 Fäden)
Fitzen
Kimmen

Flechtarten für die Seitenwände

Die Seite (oder der Körper des Werkstücks) wird hergestellt, indem die Fäden zwischen die Staken eingeflochten werden. Verschiedene Flechtarten geben Ihren Korbwaren unterschiedliche Effekte.

Aus wie vielen Fäden und Staken die Wände eines Objekts bestehen, hängt von der Größe, der Form und der Flechtart ab. Manche Wände sind daher stabiler als andere.
Alle Wände entstehen mithilfe langer Fäden, die zwischen den Staken hindurch geflochten werden. Eine vollständig geflochtene Runde nennt man auch „Reihe". Am Ende des Flechtens müssen die Fäden an der Stelle enden, wo mit dem Geflecht begonnen wurde, damit es mit einer vollständigen Runde beendet wird.

Im Folgenden finden Sie eine Übersicht der grundlegenden Flechtarten und ihre Besonderheiten.

Die drei ersten Flechtarten (Zäunen, Fitzen, Kimmen) sind besonders für Anfänger geeignet. Wer diese grundlegenden Flechtarten noch stärker variieren möchte, kann zudem andere Materialien oder Farben verwenden. Probieren Sie alles aus und lassen Sie Ihrer Fantasie freien Lauf!

Sie müssen bei einem Objekt nicht durchgängig dieselbe Flechtart verwenden, sondern können – auch mehrfach – wechseln. Dabei sollten Sie darauf achten, dass die verschiedenen Flechtarten sich nicht zu ähnlich sind (wie zum Beispiel Zäunen und Fitzen), da es andernfalls den Anschein erweckt, als hätten Sie sich „verflochten". In diesem Fall empfiehlt es sich, zwei komplett unterschiedliche Flechtarten zu wählen oder eine Art finden, wie man sie besser unterscheiden kann, zum Beispiel mit zwei verschiedenen Farben oder Materialarten.

Wenn Sie Lücken zwischen den Fadenreihen lassen (durchbrochenes Geflecht), verwenden Sie besser gewundenes Geflecht (Fitzen oder Kimmen), weil das Zäunen nicht gut hält.

Fortlaufendes Zäunen (Einergeflecht)

- **Man arbeitet mit einem Faden: vor 1, hinter 1.**
- **Am besten mit ungerader Stakenanzahl.**
- **Leicht umzusetzen, aber weniger stabil: nicht geeignet für durchbrochenes Geflecht.**

Dies ist die einfachste Flechtart. Man arbeitet mit einem Faden: Setzen Sie ihn hinter irgendeiner Stake an und führen Sie ihn vor der nächsten her, dann hinter die dritte. Bei gerader Stakenanzahl müssen Sie den Faden vor zwei Staken und hinter die dritte führen oder gleichzeitig mit zwei Fäden arbeiten. Auch mit dieser sehr einfachen Flechtart kann man schon unterschiedliche Effekte erzielen.
Wenn man das Zaungeflecht mit mehreren übereinandergelegten Fäden gleichzeitig umsetzt, entsteht ein „Blockgewebe".

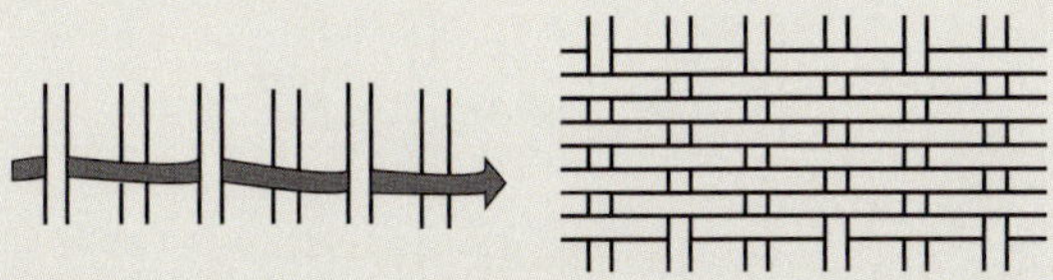

Zäunen

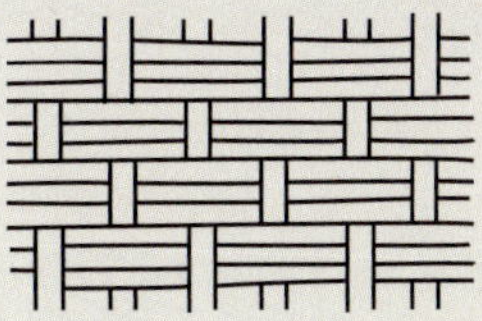

Blockgewebe

Fitzen (Zweiergeflecht)

- **Man arbeitet mit zwei Fäden: vor 1, hinter 1, wobei die Fäden abgewechselt werden.**
- **Stakenanzahl gerade oder ungerade.**
- **Sehr einfache und stabile Flechtart, gut für durchbrochenes Geflecht. Wird oft verwendet, um bei der Herstellung eines Bodens die Bodenstaken strahlenförmig zu formen.**

Diese Flechtart ist nicht viel komplizierter als das Zäunen, ergibt aber ein stabileres Flechtwerk. Führen Sie die beiden Fäden gleichzeitig, den einen hinter eine Stake, den anderen hinter die nächste Stake. Beginnen Sie mit dem linken Faden: Lassen Sie ihn vor eine Stake laufen, dann hinter die nächste Stake. Machen Sie dasselbe mit dem anderen Faden. Machen Sie dann immer mit dem Faden weiter, der weiter links ist. Flechten Sie die Fäden abwechselnd vor und hinter eine Stake, indem sich beide Fäden jedes Mal im Zwischenraum kreuzen.
Sie können das Fitzen auch variieren, indem Sie zum Beispiel eine Reihe Fitzen und in der nächsten Reihe die Richtung wechseln.

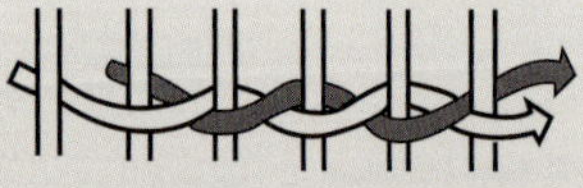

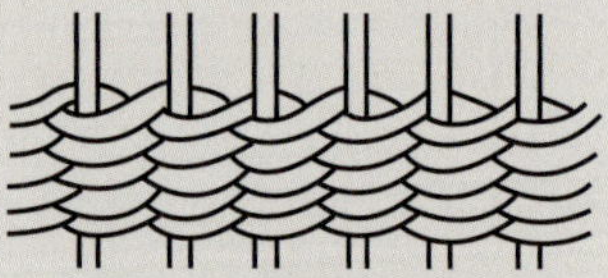

Fitzen

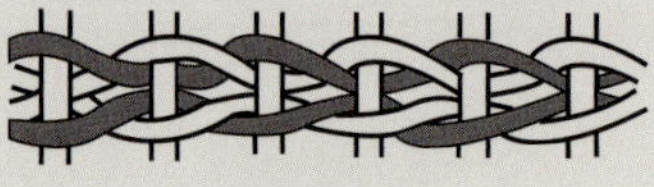

Variation

Kimmen (Dreiergeflecht)

- **Man arbeitet mit 3 Fäden: vor 2, hinter 1, wobei die Fäden abgewechselt werden.**
- **Gerade oder ungerade Stakenanzahl.**
- **Sehr stabile Wand, verdeckt die Staken praktisch vollständig. Wird für das Aufstaken der Wand vom Boden aus verwendet.**

Diese Flechtart arbeitet mit drei gleichzeitig geführten Fäden. Das damit gefertigte Flechtwerk ist sehr stabil und verdeckt die Staken fast komplett.
Führen Sie drei Fäden gleichzeitig, pro Zwischenraum einen Faden. Führen Sie Faden Nummer 1 vor zwei Staken und hinter eine Stake. Führen Sie dann Faden 2 vor zwei Staken und hinter eine Stake. Wiederholen Sie dann dasselbe mit Faden 3. Die Fäden kreuzen sich in den Zwischenräumen. Beginnen Sie immer mit dem Faden, der am weitesten links ist. Eine Reihe Kimmen nennt man „Kimmrunde".

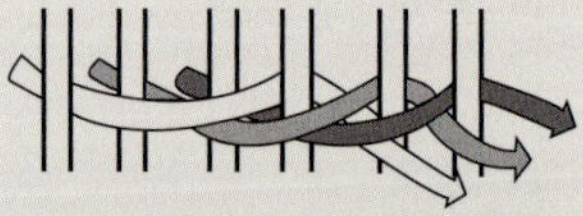

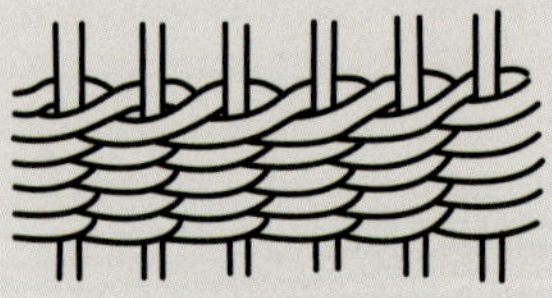

Bodenkimme

Schwingen

- **Man arbeitet mit einem Faden: vor 1, hinter 1.**
- **Gerade oder ungerade Stakenanzahl.**
- **Flechtart für rechteckige oder dreieckige Formen.**

Bei dieser Flechtart geht man wie beim Zäunen vor, aber um zwei Staken herum, die von jeder Seite das Geflecht begrenzen.
Flechten Sie mit einem langen Faden wie beim Zäunen: vor eine Stake, hinter die folgende Stake. Wenden Sie an jedem Ende und flechten Sie dann weiter. Bei jedem Ende können Sie bei Bedarf jeweils um eine Stake verringern, wenn das Modell es verlangt.
In diesem Buch sind keine viereckigen Körbe oder Böden enthalten. Wenn Sie mit einer viereckigen Struktur arbeiten möchten, müssen die Staken, die die Böden begrenzen, verdoppelt werden.

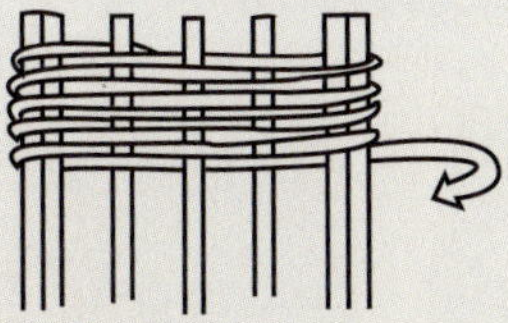

Schwingen

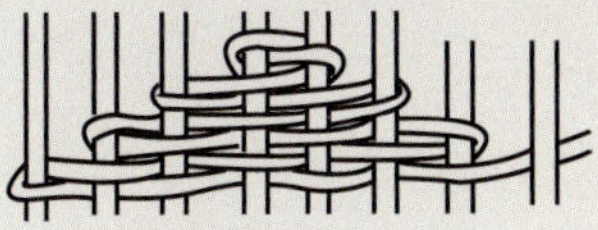

Schwingen mit Verringerung

Schichtgeflecht

- **Man arbeitet mit derselben Anzahl Fäden und Staken: vor 1, hinter 1.**
- **Gerade oder ungerade Anzahl an Staken.**
- **Flechtart wird für Böden und für die Seiten eines Gerüsts verwendet.**

Diese Flechtart sieht sehr regelmäßig aus, kann für einen Anfänger aber schwerer zu bewerkstelligen sein. Hinter jeder Stake wird ein Faden platziert, und alle werden gleichzeitig hinter eine Stake, dann vor die folgende Stake geführt, ohne dass sie sich kreuzen. Es wird also diagonal geflochten.

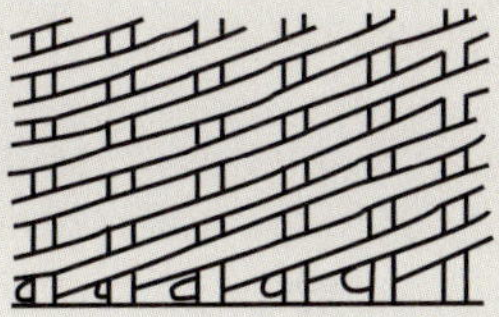

Durchbrochenes Geflecht

Beim durchbrochenen Geflecht kann man seine Fantasie spielen lassen, indem man die Staken zwischen den Flechtreihen über Kreuz legt, entweder jeweils pro Paar oder in komplexerer Struktur, je nachdem, welchen Effekt man bei dem Objekt erzielen will. Für Kreuzstrukturen ist es gut, eine gerade Anzahl an Staken zu haben.

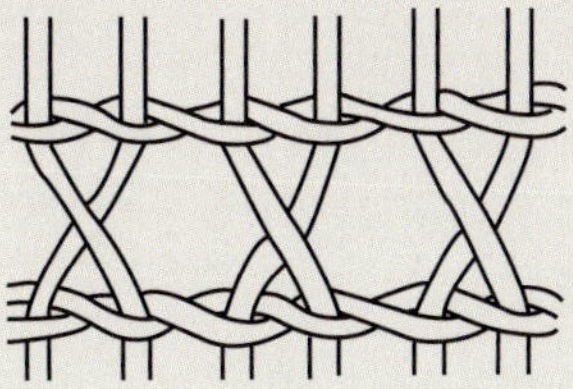

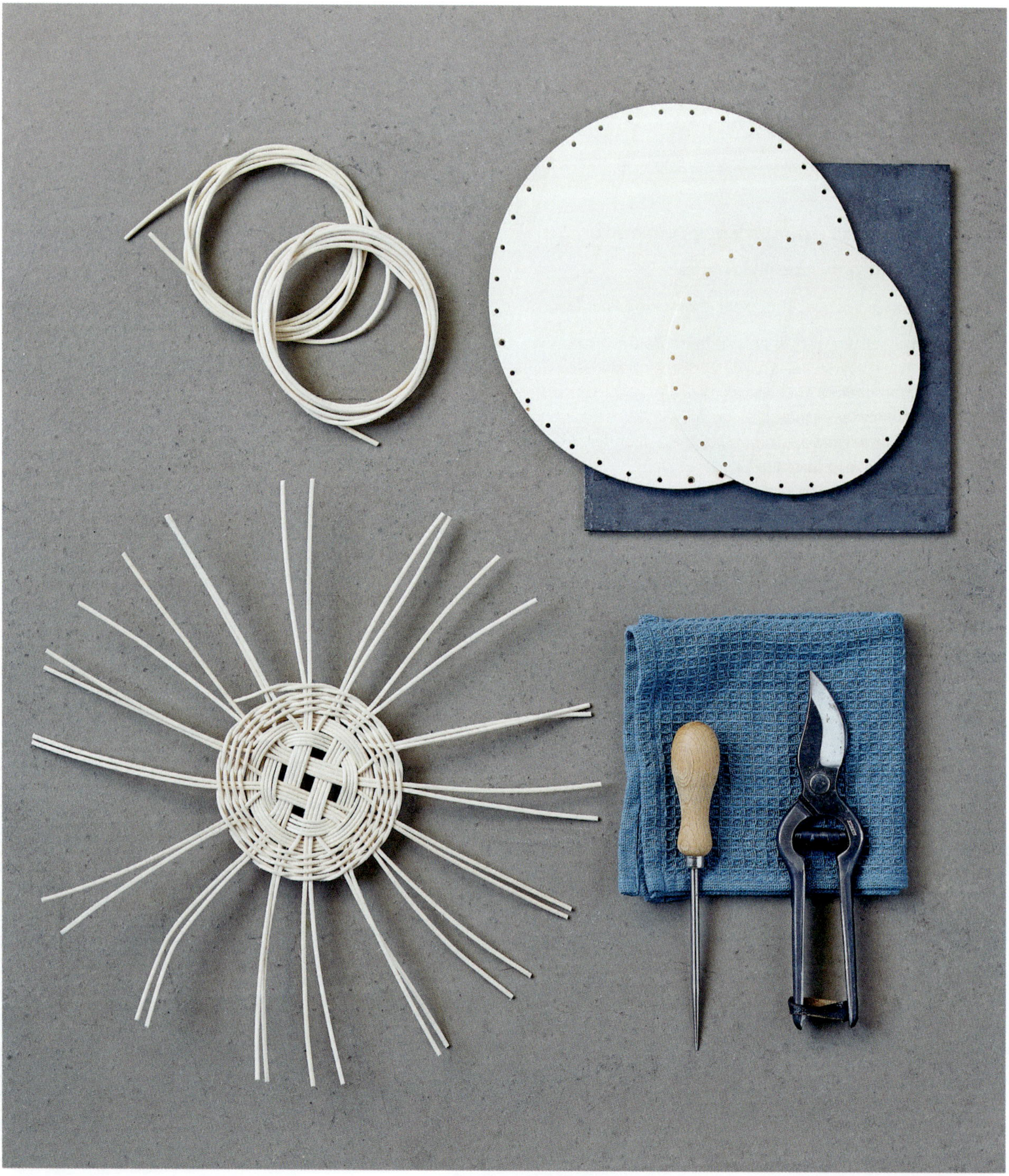

Die Böden

Ein sauber gearbeiteter Boden ist essenziell beim Korbflechten, weil er die Grundlage des Werkstücks bildet und seine Stabilität sichert. Dieselbe Technik wird bei allen flachen Werkstücken verwendet (Untersetzer, Tabletts, Deckel etc.).

In diesem Kapitel stellen wir einige gängige Techniken vor, aber es gibt noch viele weitere Variationen. Versuchen Sie ruhig, andere oder eigene Formen zu verwenden. Die Wahl des Bodens hängt von der Größe, der Form und dem gewünschten Stil des Endprodukts ab. Die Technik für viereckige Stücke oder durchbrochenes Geflecht lassen wir hier aus, weil sie besondere Aufmerksamkeit erfordern.

Die Bodenstruktur

Der Boden wird aus „Bodenstaken" (dickere Peddigrohrstücke, die das Grundgerüst bilden, wie die Staken für die vertikalen Wände) und Fäden gebildet, die man um die Bodenstaken herum flicht, um die Bodenwand zu erhalten. Man beginnt, indem man aus den Bodenstaken ein Kreuz legt und verbindet (siehe Seite 33), anschließend teilt man sie in Strahlen. Anzahl und Länge der Bodenstaken hängen von den Korbmaßen ab; allgemein entspricht die Länge der Bodenstaken dem Bodendurchmesser plus 2 cm oder 3 cm. Wenn der Boden fertig ist, bilden diese Bodenstaken die Staken für die Wände. Ist der Abstand zwischen den Staken zu klein, erschwert das das Flechten, ist der Abstand jedoch zu groß, verliert das Geflecht an Stabilität. Oft beschneidet man die Bodenstaken, wenn der Boden fertig ist, und schiebt neue Staken hinein, die die vertikalen Wände bilden, doch in bestimmten Fällen bietet es sich auch an, mit den langen Bodenstaken weiterzuarbeiten und diese umzubiegen, um sie als Staken zu nutzen.

Wenn Sie an der Herstellung eines Tabletts oder Deckels arbeiten, ist es sehr wichtig, dass das Gerüst ganz flach bleibt. Nehmen Sie sich Zeit und prüfen Sie regelmäßig, ob das Werkstück die gewünschte Form annimmt. Sie können auch Gewichte verwenden, um die Bodenstaken in die gewünschte Lage zu bringen.

Wenn Sie dagegen den Boden eines Korbs fertigen wollen, geben Sie ihm eine konvexe Form. Dies stabilisiert den Korb besser. Ziehen Sie die Bodenstaken bei jeder Runde nach der Verbindung und der Teilung (siehe Seite 26) in die richtige Form.

Beginnen Sie mit einfachen Modellen und lassen Sie sich von den Mustern inspirieren.

Runder Boden mit Bodenkreuz

Nach der Bestimmung der Anzahl und Größe der Bodenstaken und nach dem Zuschneiden bilden Sie ein Kreuz, um sie zu verbinden. Es gibt mehrere Kreuzarten, die leichteste ist das einfache Kreuz. Das Kreuz besteht aus fünf bis zwölf Bodenstaken. Dabei werden diese entweder gespaltet oder aufeinandergelegt.
Für ein aufgespaltenes Kreuz nehmen Sie die Hälfte der Bodenstaken und spalten Sie sie mit der Hippe vorsichtig in der Mitte, bis zu zwei Drittel des Durchmessers. Dann schieben Sie die übrigen Bodenstaken hindurch, um ein Kreuz zu formen. Diese Methode formt einen stabileren Boden. Die andere Methode ist für kleinere Rattandurchmesser geeignet. Hier bilden Sie das Kreuz einfach durch Übereinanderlegen.

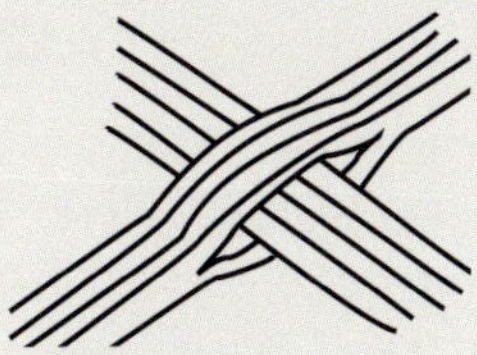

Aufgespaltenes Kreuz

Die Füllung des Bodens: Verbindung und Teilung

Um das Kreuz zu verbinden und mit dem Flechten des Bodens zu beginnen, gibt es mehrere Methoden. Am häufigsten erfolgt die Verbindung mit dem Zweiergeflecht um die Bodenstaken herum.

1 Halten Sie das Kreuz in einer Hand und flechten Sie mit der anderen, indem Sie zu Beginn Runden um die gesamten gekreuzten Fäden flechten. Die Fäden kreuzen sich in jedem Zwischenraum. Wenn Sie mit einem aufgespaltenen Kreuz begonnen haben, können Sie die äußeren Enden in den Spalt neben den Bodenstaken schieben.

2 Wenn Sie genügend Runden geflochten haben (abhängig von der Dicke und Anzahl der Bodenstaken und der Dicke der Fäden), beginnen Sie mit der Teilung der Bodenstaken. Spreizen Sie diese wie die Strahlen der Sonne und halten Sie sie dabei gut fest. Flechten Sie im Zweiergeflecht weiter und achten Sie auf regelmäßige Abstände.

Wenn nötig, können Sie Strahlen hinzufügen, indem Sie sie zwischen zwei Bodenstaken in die Wand schieben.

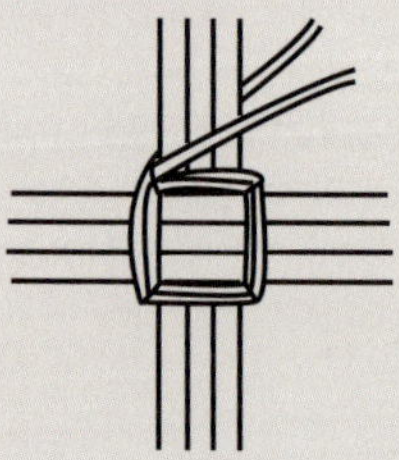

1

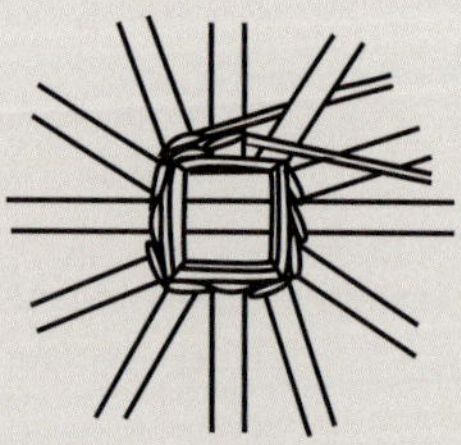

2

Varianten für das Bodenkreuz

Zum Bodenkreuz gibt es viele Varianten, zum Beispiel:

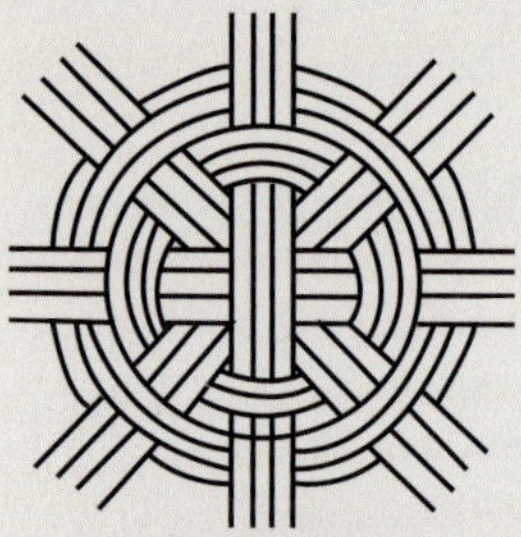

Doppeltes Bodenkreuz:
Gehen Sie wie beim einfachen Bodenkreuz vor, aber legen Sie zwei dieser Kreuze übereinander.

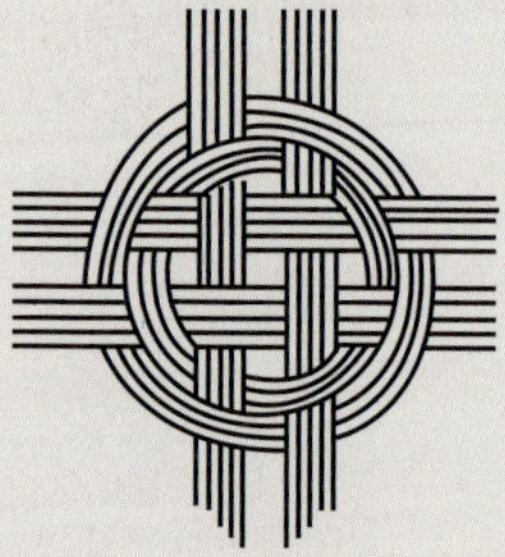

Verflochtener Boden:
Verflechten Sie vier Bodenstaken-Abschnitte, indem Sie sie aufspalten oder übereinanderlegen.

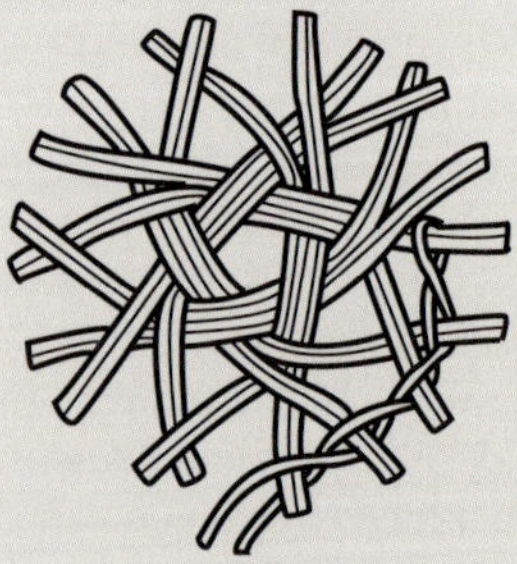

Dekorativer Boden:
Ob in Form eines Sterns oder einer anderen Figur – das bleibt ganz Ihrer Fantasie überlassen!

Wie Sie auf den Abbildungen sehen können, kann man bei vielen dekorativen Varianten vor der Aufteilung der Bodenstaken statt des Fitzens auch Blockgeflecht verwenden. Bei einigen Modellen, wie z.B. dem Stern, kann man auch sofort mit dem Fitzen um die einzelnen Bodenstaken herum beginnen.

Das Bodengeflecht

Nach der Verbindung und der Aufteilung der Bodenstaken haben Sie die Wahl, denn das Auffüllen des Bodens kann mit allen Flechttechniken erfolgen, die im vorigen Kapitel erläutert wurden. Für Anfänger eignet sich vor allem das Fitzen, das wir auch bei den meisten Beispielen im Buch verwendet haben.

Ersetzen Sie alle Fäden so, dass sie sich im Innern des Werkstücks oder darunter befinden. Wie auch immer Sie flechten, beenden Sie den Boden immer mit einer Fitzen- oder eine Kimmrunde (Anleitung siehe Seite 22).

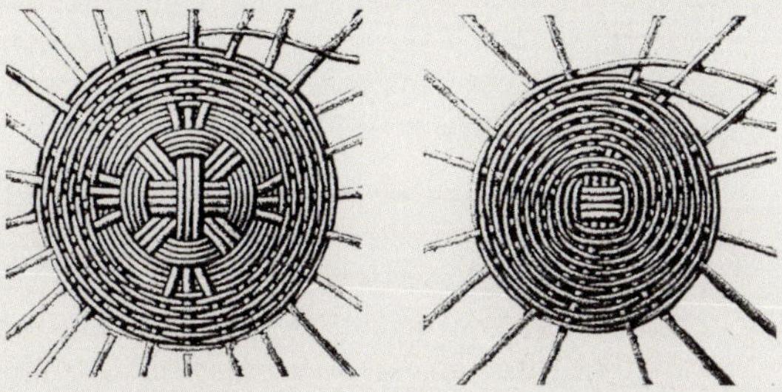

Auffüllen durch Zäunen:
etwas weniger stabil, aber einfach zu bewerkstelligen. Um diese Wand zu formen, braucht man eine ungerade Anzahl an Bodenstaken oder man beginnt mit zwei Fäden gleichzeitig.

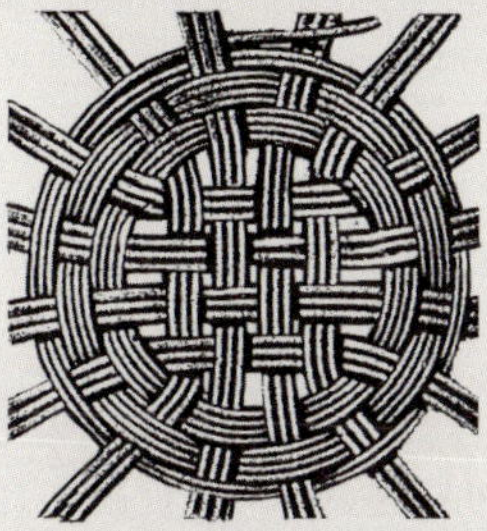

Auffüllen durch Blockgewebe:
Ähnelt dem Zäunen, es werden jedoch mehrere Flechtreihen übereinandergelegt. Es handelt sich um eine schnelle Flechtart, erfordert jedoch etwas Übung.

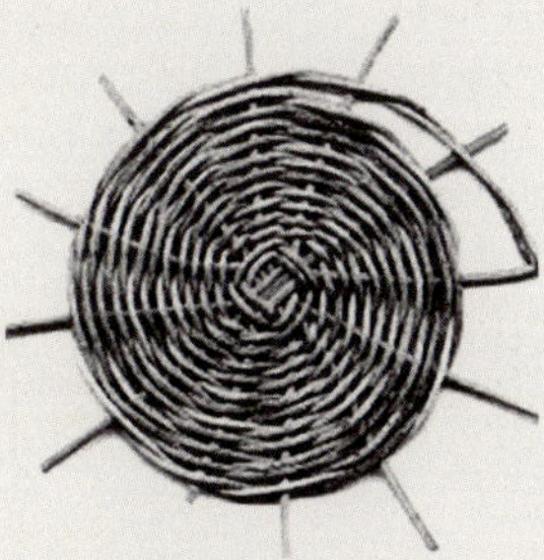

Auffüllen durch Fitzen:
Wird für Böden am häufigsten verwendet, weil man damit die Strahlen sehr regelmäßig verteilen kann. Beginnen Sie mit dem Fitzen nach der Teilung der Bodenstaken bis zum gewünschten Bodenumfang.

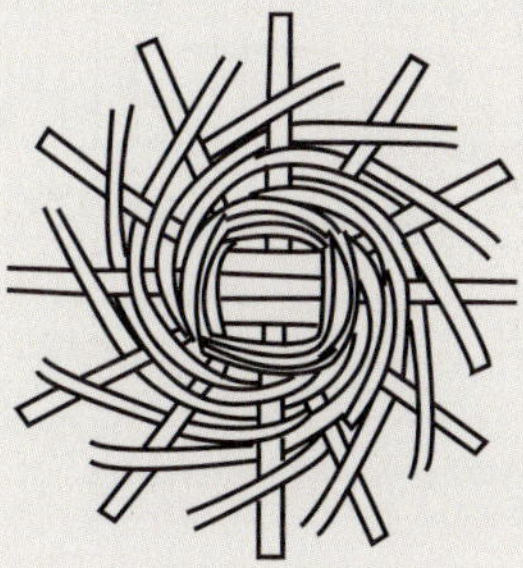

Auffüllen durch Schichtgeflecht:
Sieht sehr regelmäßig aus, ist aber die schwierigste Flechtart. Fügen Sie hinter jeder Bodenstake einen Faden hinzu, um zu flechten.

Ovaler Boden

Die sogenannte „französische" Methode eines ovalen Bodens ist der für einen runden Boden sehr ähnlich. Sie brauchen zwischen drei und fünf Längsstaken und mindestens vier Querstaken für das Grundgerüst. Die beiden Außenquerstaken links und rechts sind doppelt gelegt. Spalten Sie die Querstaken und schieben Sie die Längsstaken durch. Flechten Sie gleichzeitig mit zwei Fäden: durch Zäunen auf den Längsseiten und Fitzen auf den kurzen Seiten. Beim ausschließlichen Fitzen zu Beginn besteht die Gefahr, dass ein ovaler Boden verformt wird. Nach einigen Runden teilen Sie die Bodenstaken und arbeiten dann vollständig mit Fitzen weiter.

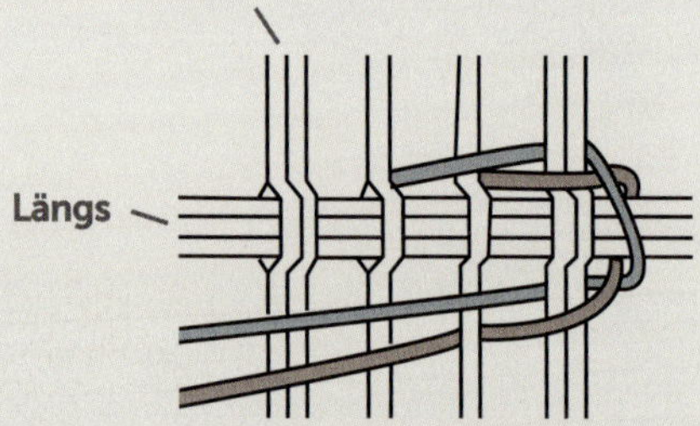

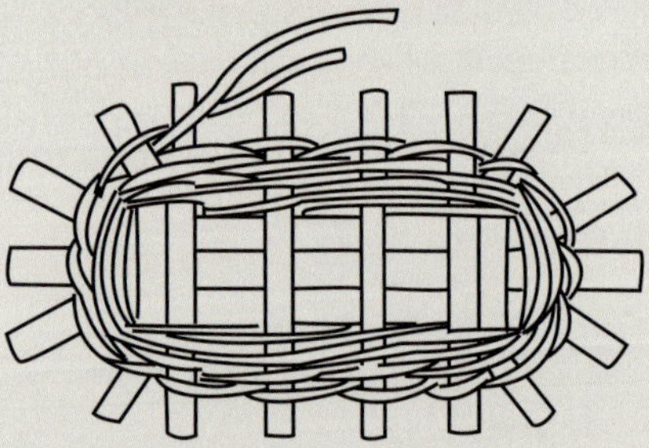

Abschluss von Kreuzböden

Wenn Sie ein flaches Objekt wie einen Untersetzer oder einen Deckel herstellen, beenden Sie den Boden mit einem Rand und achten Sie darauf, dass das Objekt flach bleibt. Bei Körben beenden Sie den Boden, indem Sie die Enden der Fäden, wenn möglich, in die letzte Flechtrunde einstecken. Schneiden Sie die Bodenstaken bündig ab, um dort Wandstaken einstecken zu können.

Einstecken der Wandstaken

Schneiden Sie die unteren Enden der Staken schräg ein und feuchten Sie sie an. Mit einer Ahle stechen Sie neben jeder Bodenstake ein Loch zum Erweitern **2**. Stecken Sie die Staken rechtwinklig ein. Mit einer Zange können Sie dickere Staken leicht an der Stelle zusammendrücken, an der sie geknickt werden sollen. Wenn Sie die Zahl der Staken erhöhen möchten, können Sie auf jeder Seite jeder Bodenstake eine hinzufügen **3**. Für Ihr erstes Werkstück, vor allem, wenn es klein ist, können Sie lange Bodenstaken auch einfach aufrichten; bei größeren Objekten funktioniert diese Technik nicht **1**. Vor dem Flechten der Bodenkimme können Sie die Staken oben mit einer Schnur zusammenbinden, um sie zu halten.

Für die Bodenkimme flechten Sie ein Dreiergeflecht über etwa 3 cm, bevor Sie mit der gewählten Flechtart weitermachen **4**. Auf diese Weise werden die Staken regelmäßig verteilt, gerade gehalten und unten am Boden gut kaschiert. Halten Sie das Flechtwerk mit etwas Spannung und verdichten Sie die Reihen. Achten Sie auf eine ordentlich geflochtene Bodenkimme, sie ist die Grundlage für den weiteren Flechtvorgang.

Wenn man mit Peddigrohr, vor allem mit kleinem Durchmesser, arbeitet, kann man nach Fertigstellung der Bodenkimme die Staken verdoppeln, um das Objekt zu stabilisieren. Diesen Vorgang nennt man „Aufstaken". Stecken Sie die zusätzlichen Staken rechts neben die regulären Staken und verwenden Sie sie nicht, um den Rand zu flechten.

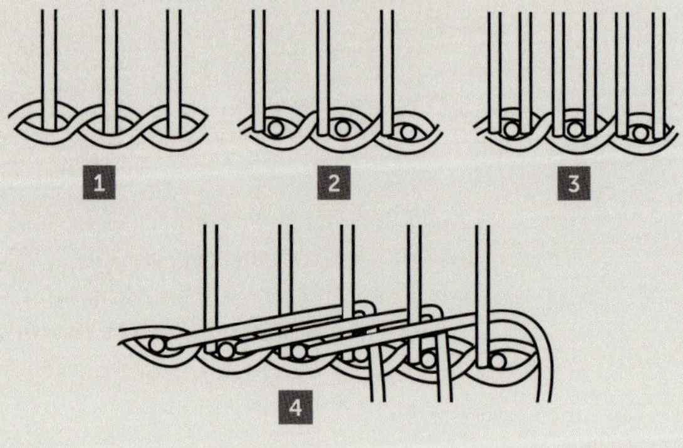

Ränder und Verbindungen

Der Rand bildet den Abschluss der Flechtarbeit, verstärkt es und ist gleichzeitig ein dekoratives Element. Er wird aus den Wandstaken gefertigt, die dabei nach und nach umgeklappt werden.

Ränder können ganz unterschiedlich aussehen, die Wähl hängt oft von der Art des Objekts ab. Meistens bedeutet das: schlichte Ränder für kleine Objekte und aufwendigere beziehungsweise dekorativere Ränder für größere Objekte. Dem Rand geht normalerweise eine Runde Fitzen oder Kimmen voraus.

Vor Beginn des Randgeflechts ist es sehr wichtig, alle Staken einzuweichen oder gut zu befeuchten, damit sie ihre Geschmeidigkeit wiedererlangen. Meistens arbeitet man bei den Staken von links nach rechts, aber man kann die Richtung auch ändern.

Wir zeigen Ihnen hier mehrere Möglichkeiten, aber auch hier gilt, dass Sie alle Formen nach Belieben anpassen können.

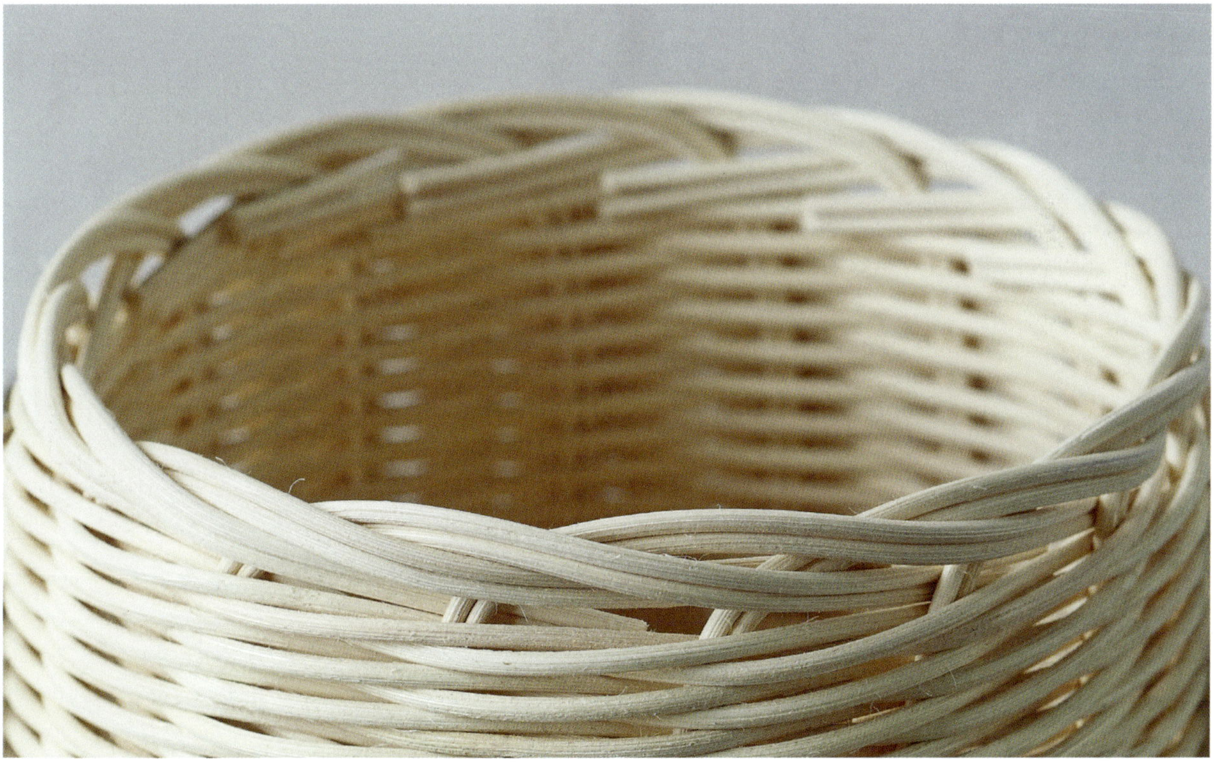

Einfache Bogenränder

Dieser Rand ist leicht zu flechten, aber etwas weniger stabil. Verwenden Sie ihn für dekorative Objekte oder Körbe mit kleinem Umfang.
Schneiden Sie zuerst die Staken auf dieselbe Länge. Dann biegen Sie das Ende einer Stake um und stecken es links neben die folgende Stake. Verwenden Sie eine Ahle, um den Durchgang zu weiten.
Hierzu gibt es verschiedene Variationen, so können Sie den Bogen auch neben die übernächste Stake stecken. Auch können Sie einen zweiten Faden neben jede Stake stecken, um sie zu verdoppeln, bevor Sie die Bögen stecken, um einen dichteren Rand zu erhalten.

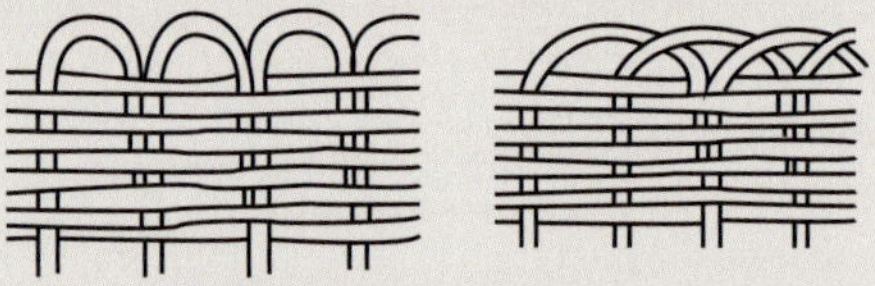

Einfache Ränder

Auch „Kippränder" genannt; sie sind einfach zu flechten und es gibt sie in vielen Variationen. Auch einfache Ränder können sehr dekorativ sein, sind aber etwas weniger stabil als beispielsweise Zopfränder. Bei der ersten Variante führen Sie einen Faden vor den nächsten Faden und hinter den folgenden. Bei der zweiten Variante arbeiten Sie hinter einen Faden, vor einen Faden, hinter einen Faden. Weitere Varianten sind möglich (z.B. vor zwei Fäden, hinter einen Faden, ...) oder Sie verdoppeln alle Staken vor dem Flechten. Alternativ können Sie die Staken mit dem gewünschten Abstand biegen, um mehr Dicke in den Rand zu bekommen. Diese Ränder kann man auch verwenden, um den Fuß zu formen, wenn man mit einem Holzboden arbeitet.

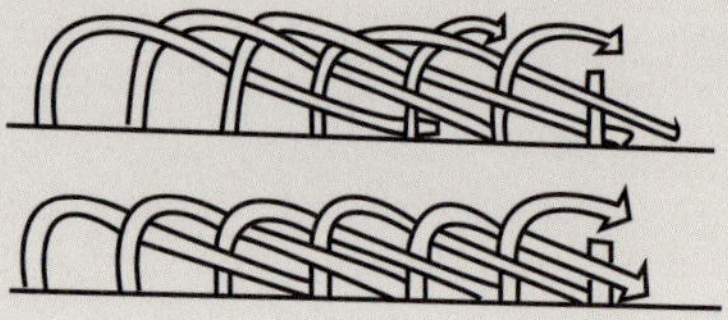

Der gewöhnliche Kipprand

Diese Umrandung wird häufig verwendet, weil sie leicht zu flechten und gleichzeitig sehr stabil ist.

1 Klappen Sie eine Stake um, indem Sie sie hinter die nächste Stake führen. Machen Sie dasselbe mit den beiden folgenden Staken. Lassen Sie etwas Raum beim Biegen, damit die Endstaken hindurchpassen.

2 Führen Sie die erste Stake vor die vierte und hinter die fünfte Stake. Biegen Sie die vierte Stake hinter die folgende (sie verdoppelt die erste). Wiederholen Sie dies mit der zweiten Stake: vor 2 Staken, hinter 1 Stake, und biegen Sie die Stake zur Verdoppelung.

3 Wiederholen Sie diesen Vorgang mit allen Staken; machen Sie immer nur mit der längsten Stake weiter, damit Sie eine haben, die zwischen den beiden Grundstaken nach vorne durchgeht.

4 Für die Fertigstellung führen Sie die letzten Staken durch die am Anfang vorgesehenen Lücken durch und bleiben Sie bei der Fadenführung. Lassen Sie das Werkstück trocknen und schneiden Sie die hervorstehenden Staken bündig und schräg ab.

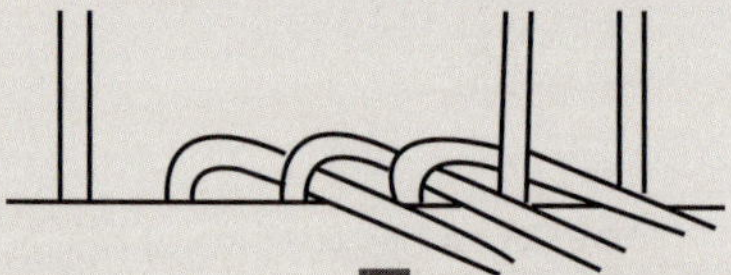

1

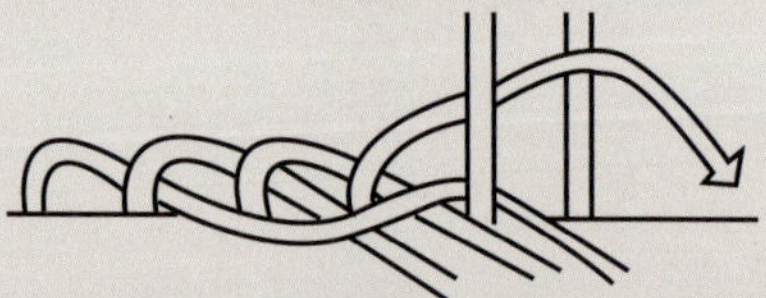

2

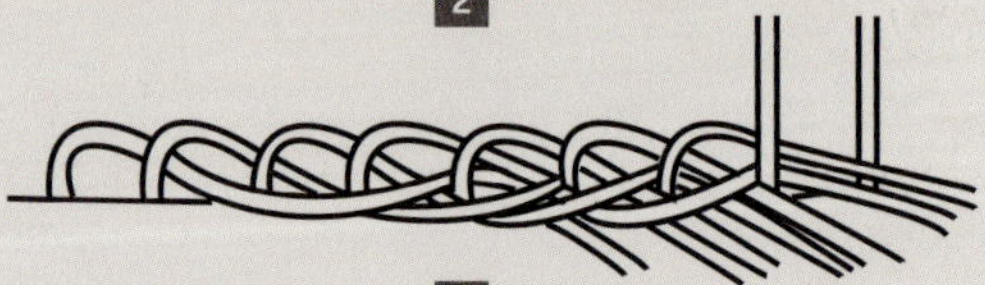

3

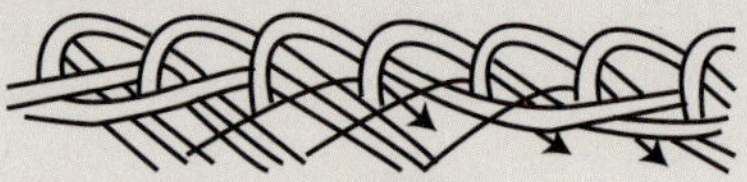

4

Der Zopfrand

Dieser Rand ist sehr dekorativ, benötigt aber am Anfang etwas Konzentration. Er passt besonders gut zu flachen Körben ohne Henkel. Der Rand ist dicker als die Wand des Objekts, was es schwierig macht, einen Henkel anzubringen.

Zu Beginn knicken Sie zwei Staken zur Vorderseite des Werkstücks. Platzieren Sie zwei Zusatzfäden rechts davon. Führen Sie das erste Paar Staken vor das folgende Paar, ins Innere des Korbs. Knicken Sie diese Stake über das folgende Paar und platzieren Sie einen Zusatzfaden rechts davon. So erhalten Sie drei Staken-Paare. Führen Sie das zweite Paar über das dritte, dann vor die folgende Stake und ins Innere des Korbs. Biegen Sie diese Stake darüber und holen Sie das erste Paar nach außen zurück, indem Sie es nach rechts biegen. Beginnen Sie erneut mit dem dritten Paar: über das folgende Paar Staken führen, ebenso wie vor eine nicht gebogene Stake nach innen, dann diese Stake mit dem vorhergehenden Staken-Paar nach außen biegen. Fahren Sie nach innen jedes Mal nur mit den längsten Fäden fort (ein Paar) und lassen Sie die kürzesten nach vorne.

Sie erhalten ein dreifaches Flechtwerk auf der Innenseite und ein zweifaches auf der Außenseite, mit einem Faden, der unter jedem Zopfknoten nach außen hervorkommt. Um den Zopf fertigzustellen, folgen Sie dem Muster mit den letzten drei Paaren – wenn Sie möchten, können Sie die drei Zusatzfäden, die Sie am Anfang eingefügt haben, wieder herausziehen und durch die letzten Staken ersetzen. Trocknen lassen und die hervorstehenden Staken bündig und schräg abschneiden.

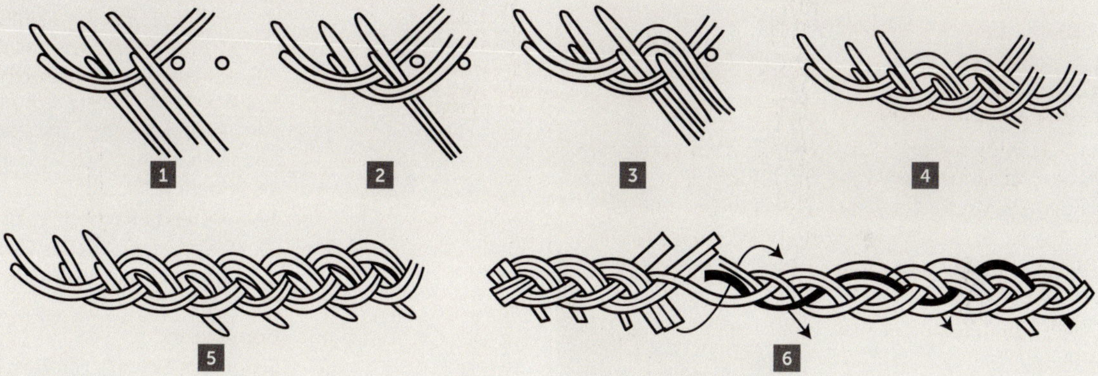

Der Fuß

Der Fuß ist ein Rand, der unter dem Korb geflochten wird, um ihn zu stabilisieren und einen Abstand zum Boden herzustellen. Er wird gefertigt, wenn die Wände fertiggestellt sind. Drehen Sie das Werkstück um und stechen Sie die Staken in die Wand, neben den vorhandenen Staken. Dann flechten Sie ein paar Kimmrunden, bevor Sie den Rand herstellen (häufig ein einfacher Flechtrand). Sie können auch einen Ring passend zur Objektgröße fertigen und am Boden befestigen.

Einen Faden verdrehen

Wenn ein Faden verdrillt werden muss – was zum Beispiel bei der Fertigung von Bögen und Griffen der Fall ist – ist es gut, ihn vorab zu verdrehen, um ihn locker zu machen. Stecken Sie ein Ende des Fadens in das Werkstück, um ihn einzuklemmen, oder halten Sie ihn in der linken Hand gut fest, dann machen Sie mit der freien Hand eine leichte Drehbewegung. Achten Sie darauf, dass die Fasern des Fadens nicht brechen und dass der Faden während des Vorgangs gut angefeuchtet ist.

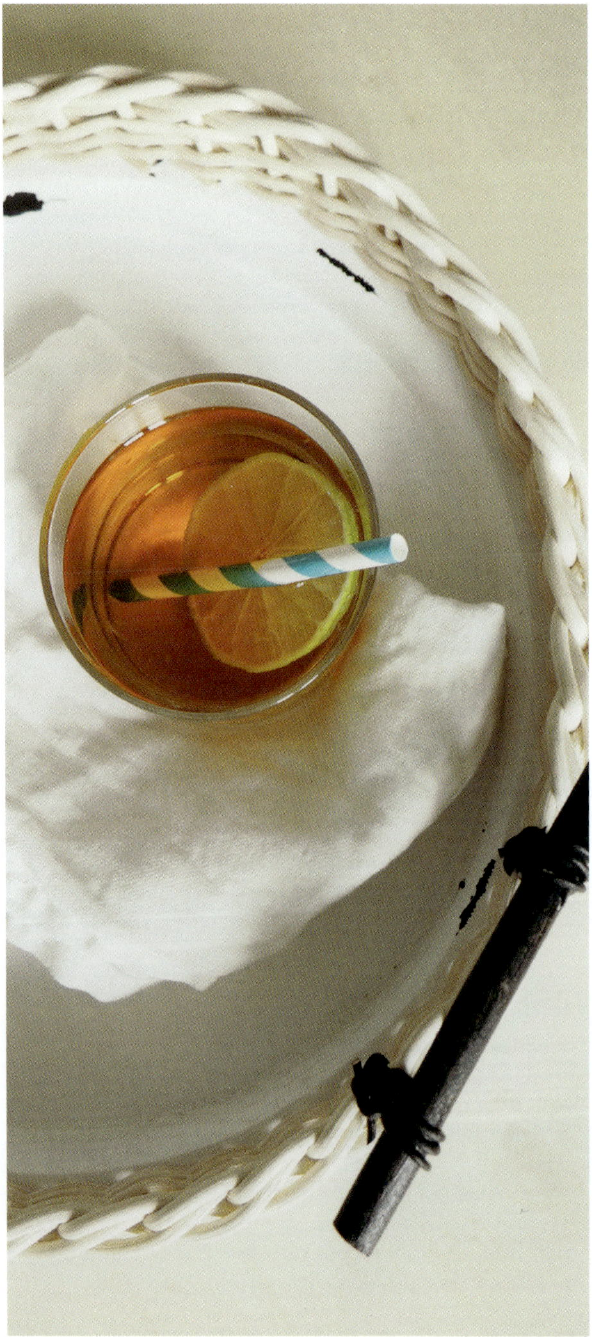

Die Griffe

Es gibt viele Arten von Griffen; in diesem Buch konzentrieren wir uns auf kleine, recht einfache Griffe, da große Henkel mehr Arbeit erfordern. Wenn Sie ein durchbrochenes Werkstück anfertigen, können Sie die Griffe leicht formen, indem Sie nicht zu weit vom Rand entfernt eine Lücke lassen, die es erlaubt, den Griff hindurchzuziehen.

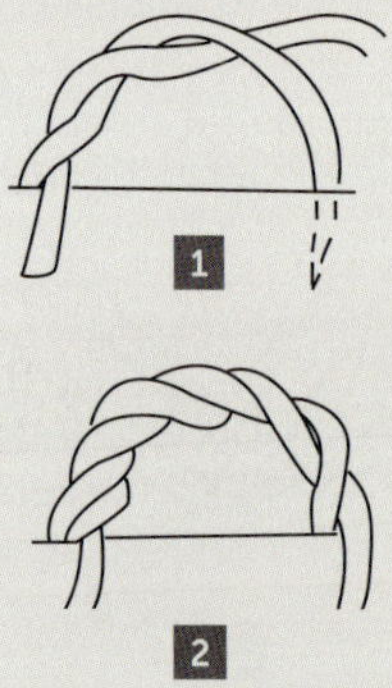

Einfacher selbstverdrehter Griff:
Schneiden Sie einen Faden schräg ab und stecken Sie ihn neben eine Stake. Formen Sie einen Halbkreis und führen Sie den Faden unter dem Rand durch, damit er im Innern des Korbs heraustritt. Verdrehen Sie den Faden auf der Seele des Griffs, um wieder am Ausgangspunkt anzukommen. Dann stecken Sie den Faden von innen nach außen und wiederholen den Vorgang in die andere Richtung. Sie erhalten ein Seil mit dreifachem Strang. Dann verstechen Sie das Ende des Fadens in der Flechtwand.

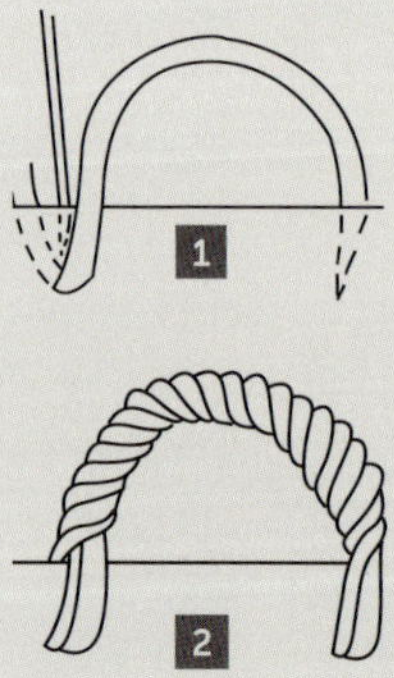

Doppelgriff:
Schneiden Sie einen dicken Faden schräg ab und schieben Sie ihn neben eine Stake. Für den Grundgriff einen Halbkreis bilden und das andere Fadenende in die Wand stechen. Stechen Sie einen zweiten, dünneren Faden rechts vom ersten ein. Verdrehen Sie diesen mehrmals um den Grundgriff herum. Den Faden am Ende des Griffs von außen nach innen führen und von vorn beginnen, dabei den Grundlagen für die Bögen folgen. Das Ende des Fadens in der Flechtwand verstechen.

Bögen und Ringe

1 Für die Fertigung eines Bogens oder Rings beginnen Sie, indem Sie einen Ring formen und die Fadenenden verknoten.

2 Winden Sie den langen Faden mehrmals um den so erhaltenen Ring herum, um wieder am Anfang anzukommen (die Zahl der Runden hängt vom Ringumfang und vom Durchmesser des Rattans ab und liegt meistens zwischen drei und sechs). Beginnen Sie von Neuem und folgen Sie der Führung des Strangs der Vorrunde. Wiederholen Sie dies so oft wie nötig und schneiden Sie dann die Enden an der Unterseite ab.

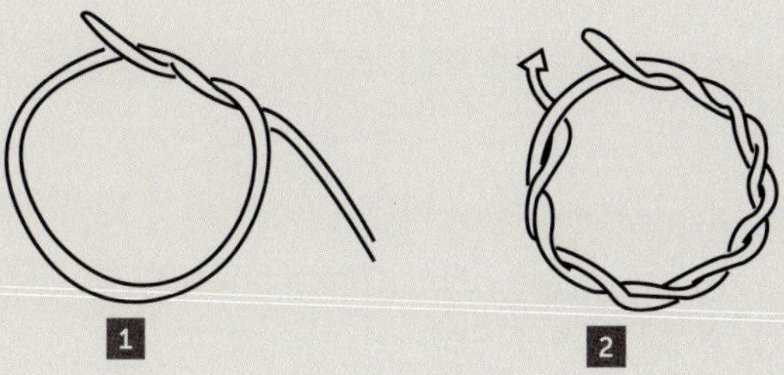

Arbeit mit Schienen und Verbindern

Bei den meisten Werkstücken können Sie auch Bänder verwenden, um die Rundstäbe zu ersetzen. Sie sind besonders dafür geeignet, Bodenschablonen oder Holz- und Metallringe abzudecken und um Staken zu verbinden.

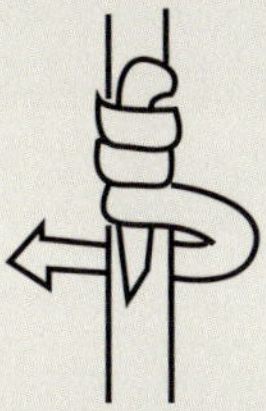

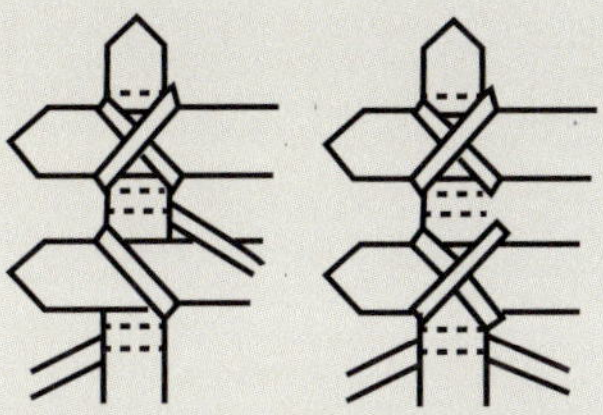

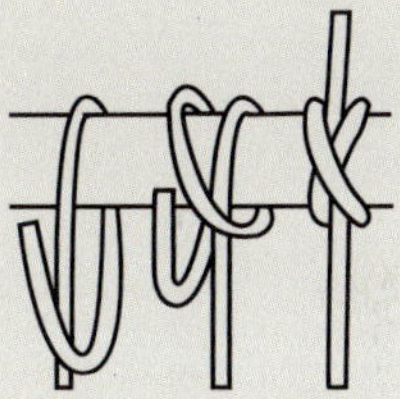

Für die normale Verkleidungsarbeit an einem Peddigrohrband-Objekt verwendet man eine Wickeltechnik. Richten Sie das Ende des Bands auf dem zu bedeckenden Objekt aus. Biegen und wickeln Sie das Band um das Objekt, es kann dabei auch überlappen. Bei den ersten Umwicklungen wird das Ende des Fadens eingeklemmt. Beenden Sie das Wickeln, indem Sie das andere Ende des Fadens unter den letzten Umwicklungsrunden einklemmen. Flechten Sie mit einem neuen Band weiter, indem Sie es unter dem ersten Band auf der Rückseite einklemmen.

Um horizontale Staken auf einer vertikalen Stake zu verbinden, verwenden Sie ein gefaltetes Band. Platzieren Sie die Schlaufe des Bands unterhalb, an der Stelle, wo Sie die erste Stake befestigen möchten. Kreuzen Sie zuerst den linken Faden diagonal über die zwei Fäden und führen Sie ihn dann über die Rückseite der linken Seite zurück, ohne zu kreuzen. Gehen Sie mit dem rechten Faden genauso vor. Verbinden Sie alle Ihre Staken und achten Sie dabei auf regelmäßige Abstände.

Um zwei Staken miteinander zu verbinden, können Sie auch einen sogenannten Mastwurf verwenden. Beginnen Sie, indem Sie das Band einmal um die Achse legen, dann kreuzen Sie es darüber. Legen Sie es noch einmal in dieselbe Richtung um die Achse und klemmen Sie das Ende unter das Kreuz.

Ein paar Modelle für den Anfang

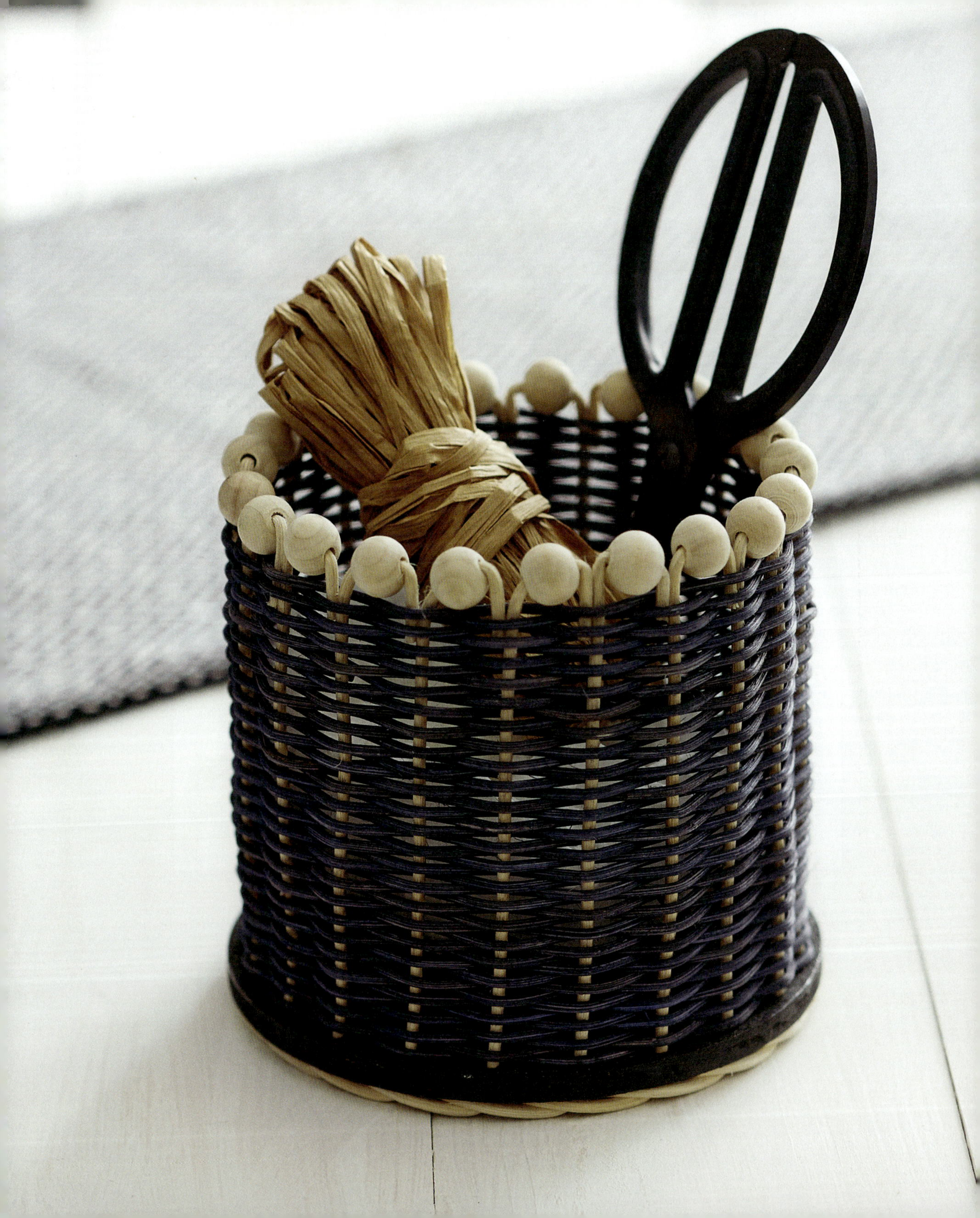

Übertopf

Schwierigkeitsgrad
★★

Größe:
12 cm hoch

Dieses Modell aus gefärbtem Rattan und mit einem erhöhten Perlenrand eignet sich perfekt für Stifte und Accessoires oder als Übertopf für eine Blume.

Material:

- 1 Boden, 12,5 cm ø (21 Löcher)
- 21 Peddigrohrfäden, 2,5 mm ø, 21 cm lang (oder länger, wenn Sie ein höheres Gefäß herstellen möchten), in Natur
- Peddigrohr, 1,5 mm ø, in Schwarz oder in einer anderen Farbe Ihrer Wahl
- Holzlack in Schwarz oder in einer anderen Farbe Ihrer Wahl
- 1 Pinsel
- 21 Holzperlen, 1,2 cm ø, in Natur

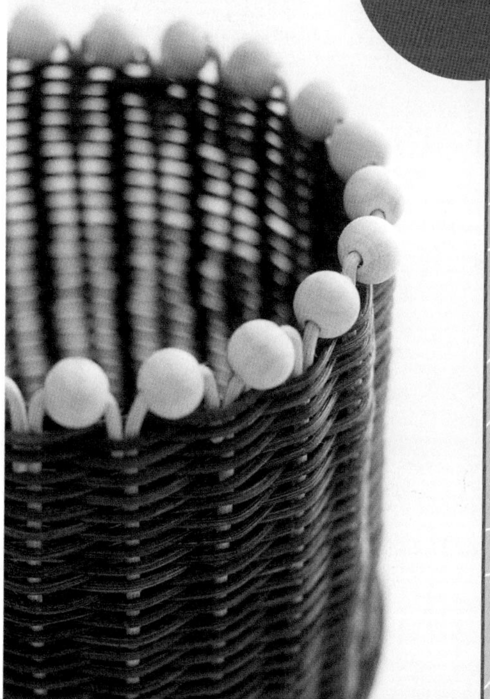

Übertopf | ANLEITUNG

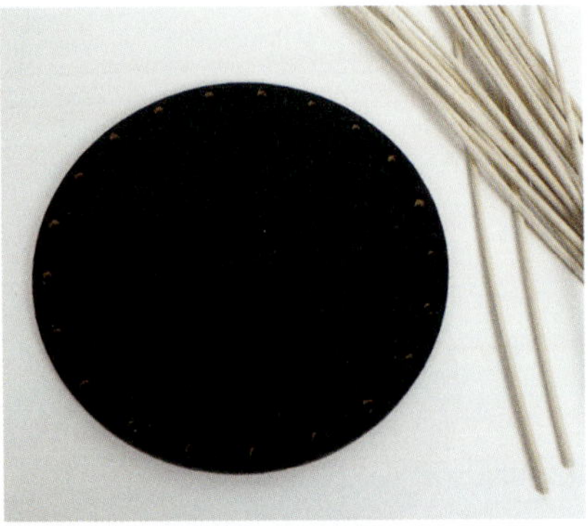

1 Streichen Sie den Boden in einer Farbe Ihrer Wahl oder verwenden Sie ihn naturbelassen. Schneiden Sie die Staken zu und weichen Sie sie ein.

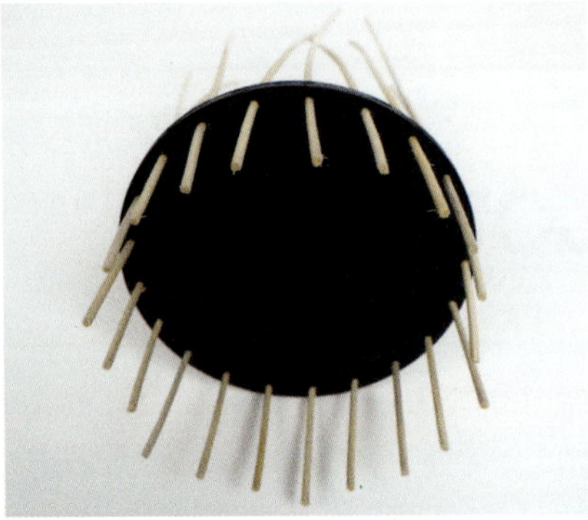

2 Führen Sie die Staken in die Löcher des Bodens und lassen Sie sie auf der Unterseite etwa 5 cm überstehen, um den Fuß zu flechten.

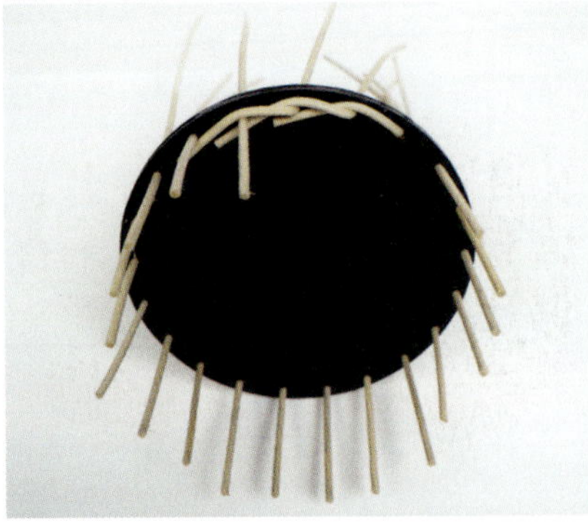

3 Flechten Sie einen einfachen Fuß: Führen Sie eine Stake vor den nächsten Faden und dann hinter den folgenden. Die Stake muss am Ende nach innen zeigen und nah am Holzboden liegen. Flechten Sie alle Staken auf diese Weise.

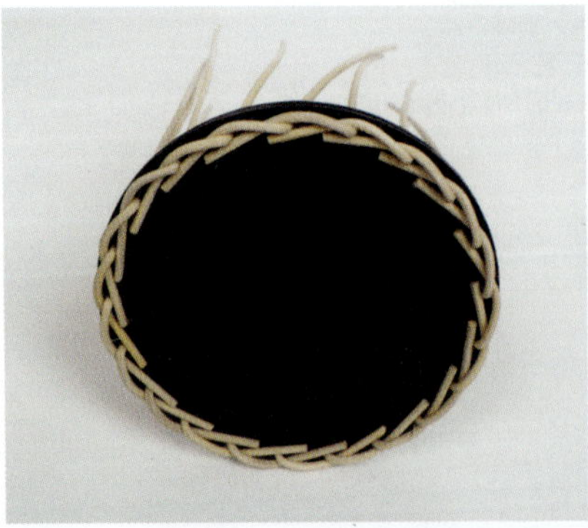

4 Um die letzten beiden Staken zu flechten, nehmen Sie die Ahle, um die ersten geflochtenen Staken etwas zu heben, damit Sie sie darunterschieben können. Ziehen Sie alle Staken nach.

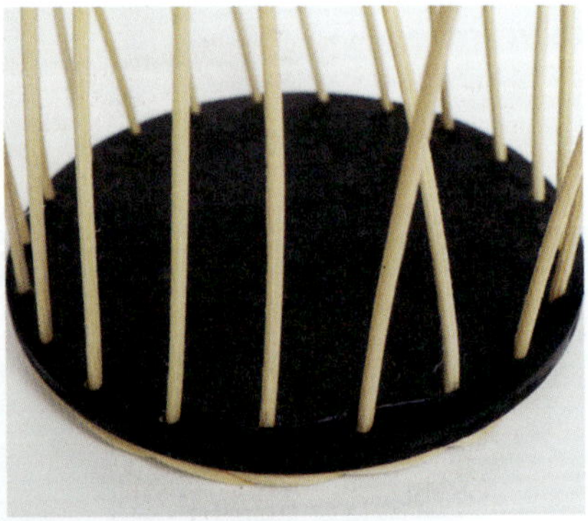

5 Drehen Sie das Werkstück um und weichen Sie ein paar schwarze Rattanfäden ein, um die Wand mit Einergeflecht (Zäunen) zu fertigen (Anleitung siehe Seite 21).

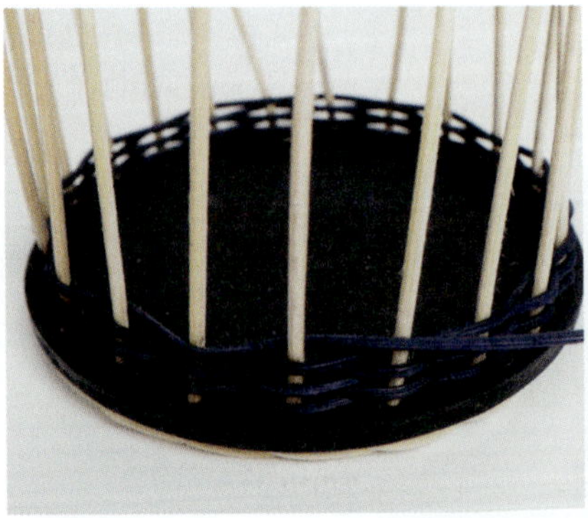

6 Flechten Sie im Einergeflecht weiter. Achten Sie darauf, dass die Staken gerade bleiben.

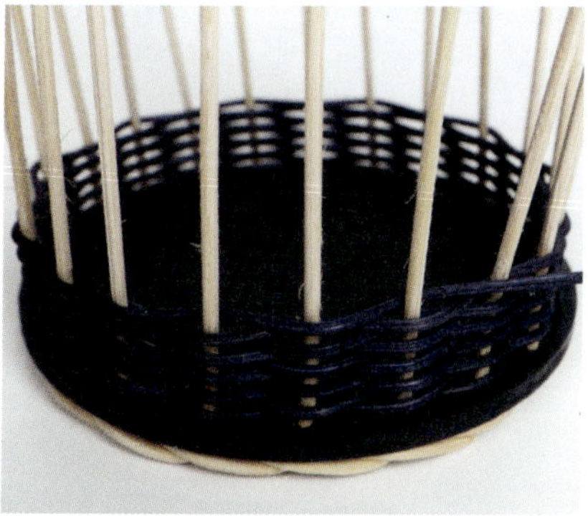

7 Um den Faden zu wechseln, folgen Sie den Anleitungen auf Seite 19.

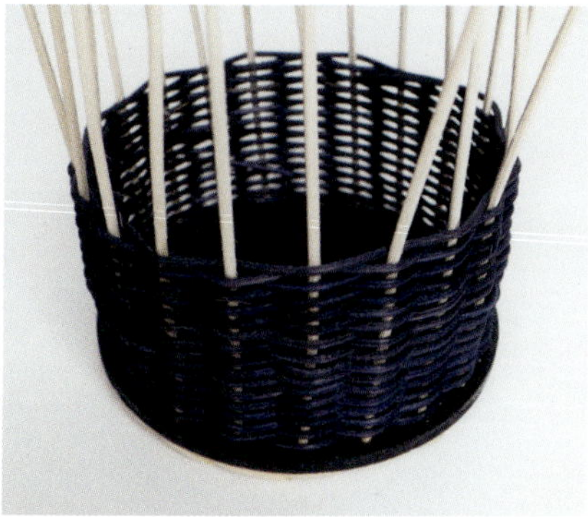

8 Flechten Sie mit dem schwarzen Rattan weiter. Wenn Sie möchten, können Sie auch von Schwarz auf naturbelassenes Rattan wechseln.

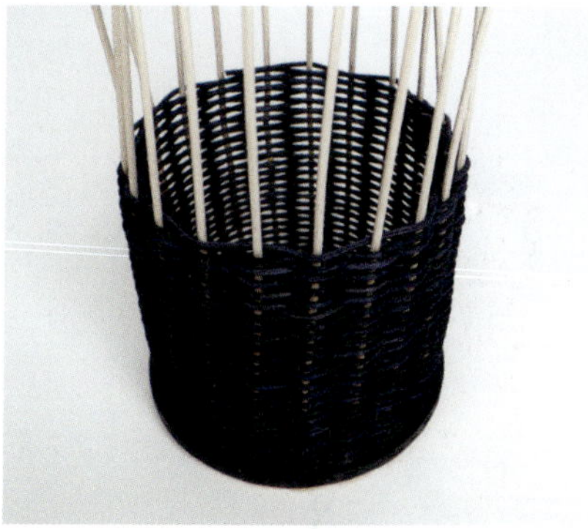

9 Flechten Sie insgesamt 47 Runden oder bis zur gewünschten anderen Höhe.

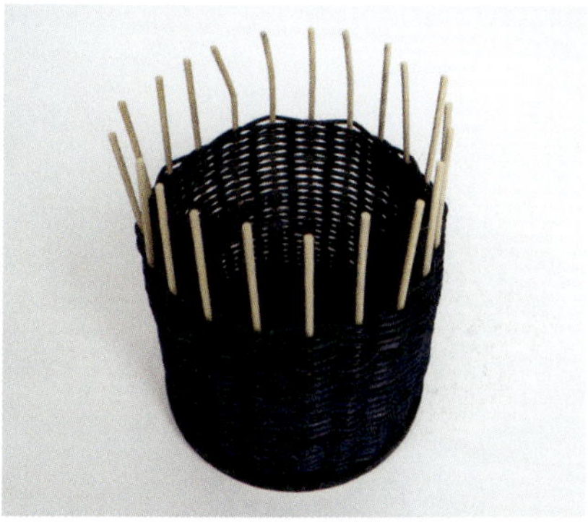

10 Weichen Sie die Staken ein und kürzen Sie sie auf etwa 4,5 cm vom Rand des Flechtwerks aus.

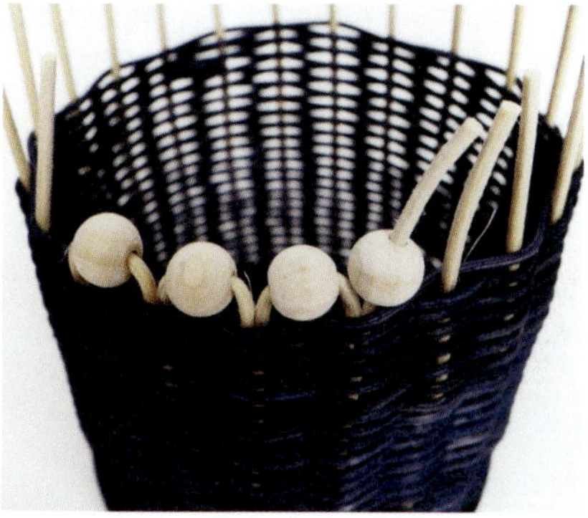

11 Beginnen Sie mit einem einfachen Bogenrand (Anleitung siehe Seite 30). Fädeln Sie eine Perle in eine Stake ein. Biegen Sie die Stake leicht und stecken Sie sie neben dem folgenden Bogen ein.

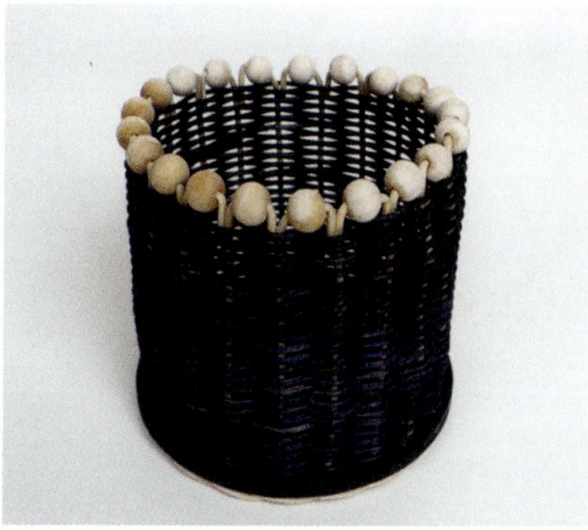

12 Wiederholen Sie diesen Vorgang bei allen Staken. Lassen Sie das Ganze trocknen, bevor Sie alle überstehenden Fäden abschneiden.

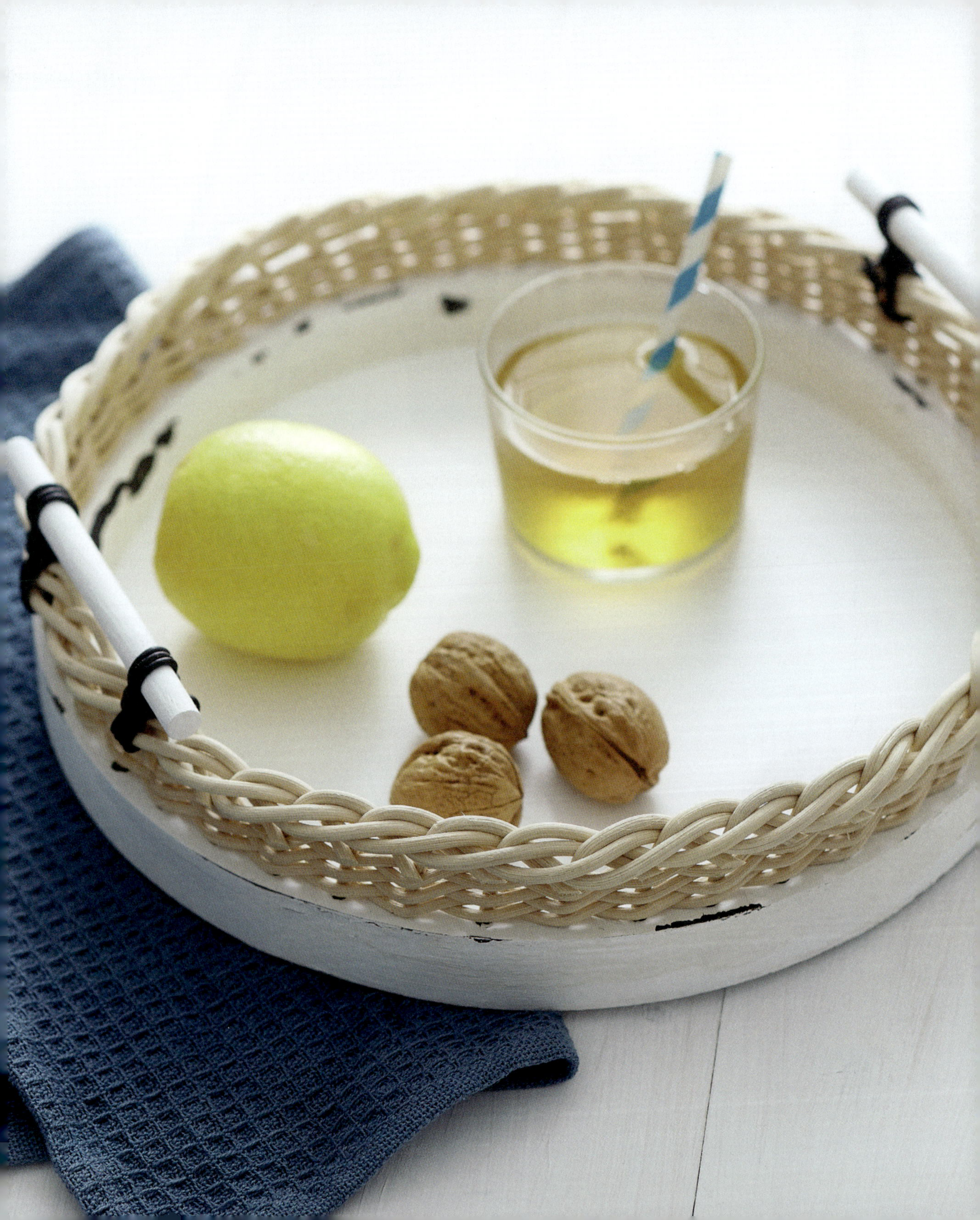

Tablett

Ein elegantes Modell, gefertigt aus einem Holzboden und einem dekorativen Rand.

Schwierigkeitsgrad **

Material:

- 1 Holzplatte mit Rand
- Flüssigkleber
- Ahle
- Bohrschrauber (oder Säulenbohrmaschine) mit Holzbohraufsatz, 4 mm ø
- 44 Fäden (oder wahlweise andere Anzahl), 25 cm lang (1 cm Tiefe für das Einstecken in den Boden + 2 cm Seitenwand + 15 cm Rand + Abschlüsse), 4 mm ø, für die Staken
- Peddigrohr, 2,5 mm ø, für das Geflecht
- 2 Holzstöcke, 12,5 mm lang, weiß lackiert (optional)
- Kunstlederband für die Griffe (optional)

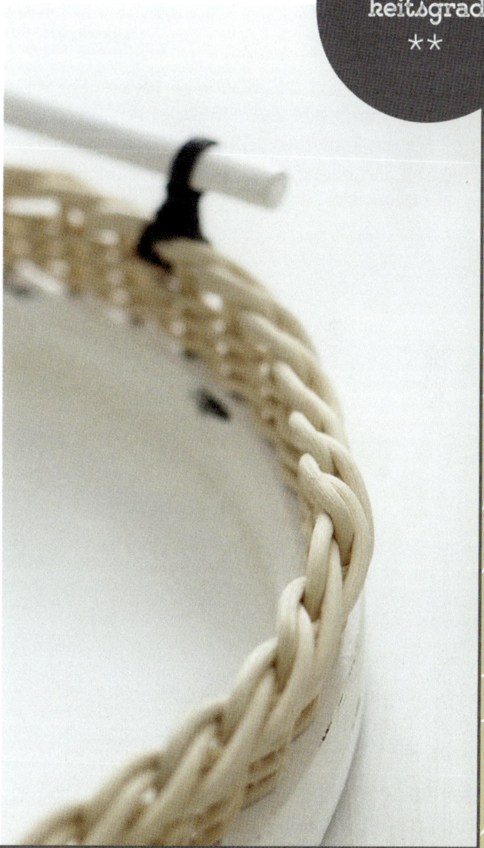

Tablett | ANLEITUNG

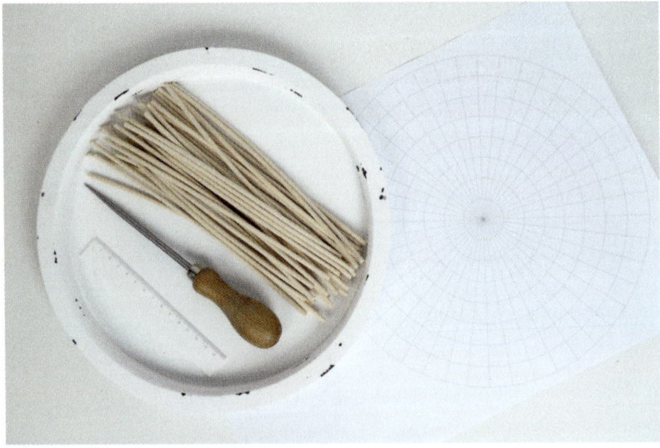

1 Bestimmen Sie die Anzahl und Platzierung der zu stechenden Löcher (dafür gibt es im Internet kostenlose Software). Für ein Tablett mit 30 cm ø haben wir 44 Löcher gewählt. Drucken Sie die Schablone aus dem Internet aus und legen Sie sie auf den Boden. Markieren Sie die Löcher mit einer Ahle.

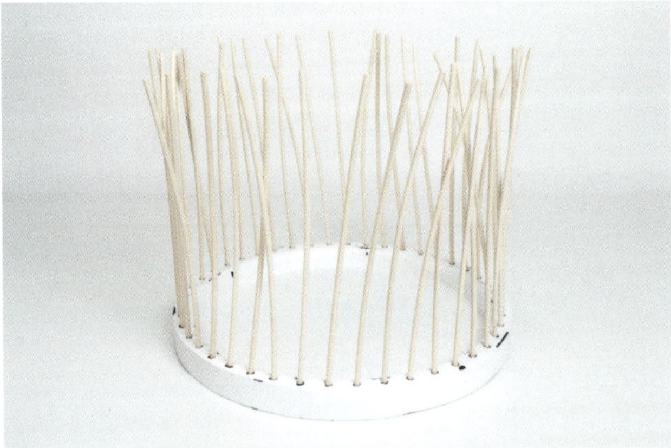

2 Bohren Sie die 1 cm tiefen Löcher mit dem Bohrschrauber. Bohren Sie möglichst gerade. Geben Sie ein wenig Haushaltskleber in jedes Loch und stecken Sie die Staken hinein. Lassen Sie den Kleber trocknen.

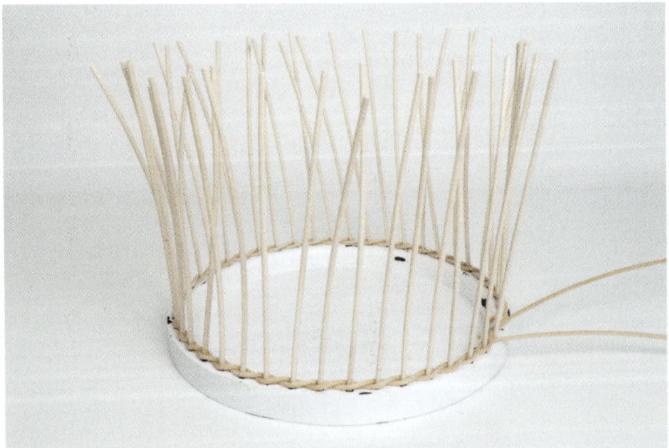

3 Beginnen Sie mit Zweiergeflecht (Fitzen) mit einem langen Rattanfaden (3 mm ø), Anleitung siehe Seite 22. Vergessen Sie nicht, die Fäden einzuweichen, bevor Sie mit dem Flechten beginnen.

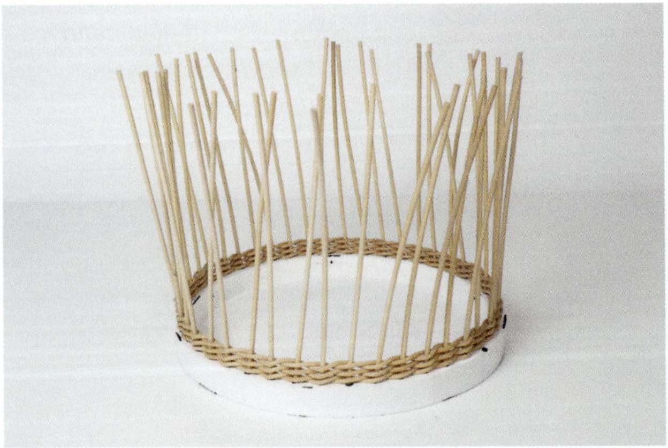

4 Flechten Sie drei Reihen. Achten Sie darauf, dass Sie das Geflecht gut verdichten. Beenden Sie das Geflecht nach innen.

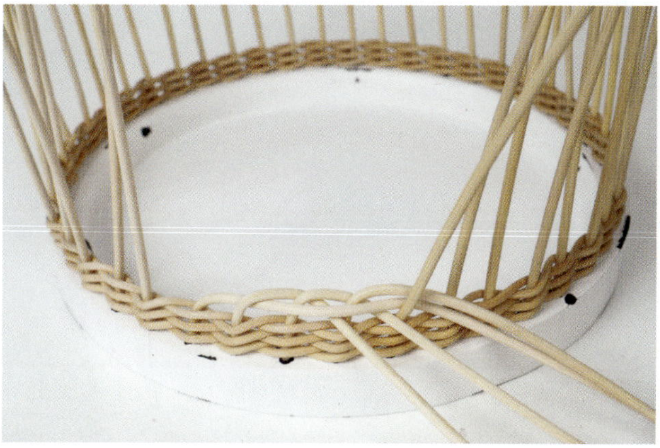

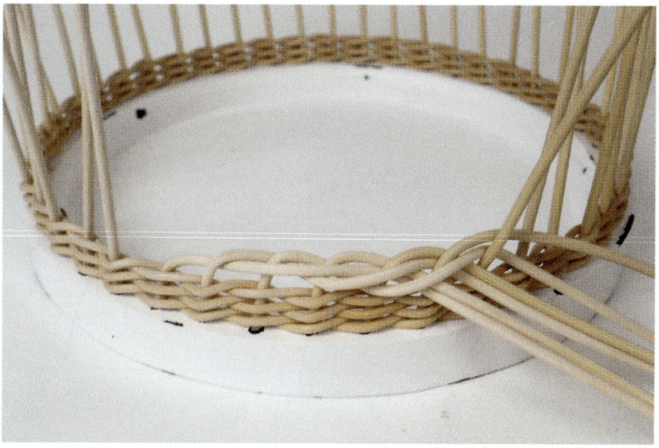

5 Weichen Sie alle Staken ein, bevor Sie mit dem Rand beginnen (Anleitung siehe Seite 30). Biegen Sie drei Staken nach außen. Dann führen Sie die erste Stake hinter die fünfte, indem Sie die vierte Stake mitbiegen.

6 Setzen Sie das Flechten des Rands fort; jede Stake wird hinter eine Stake und dann vor zwei Staken geführt, schließlich hinter eine Stake.

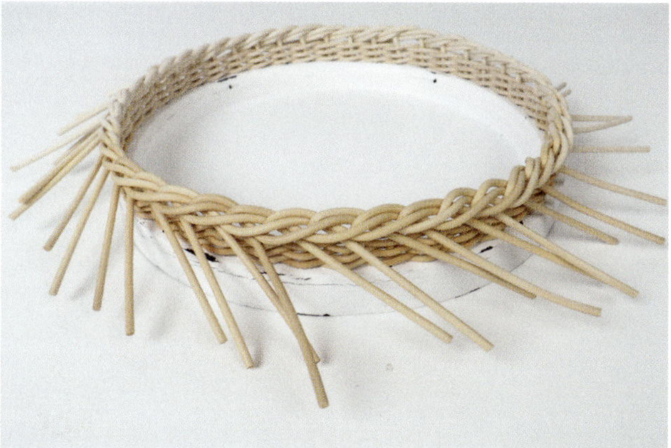

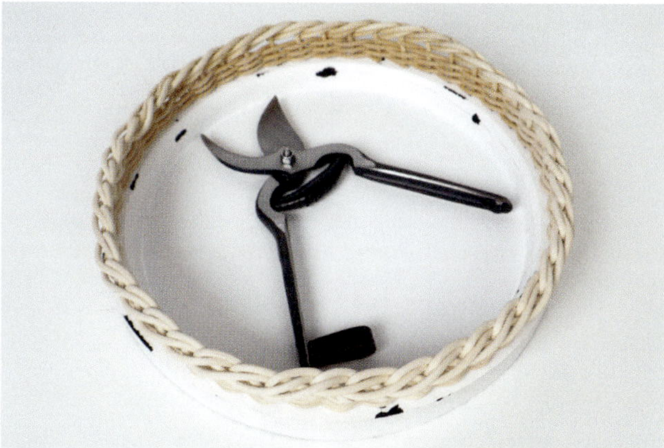

7 Beenden Sie das Flechten des Rands, indem Sie die letzten Fäden in die ersten führen. Klemmen Sie sie gut fest.

8 Lassen Sie das Ganze trocknen. Kappen Sie die Staken leicht schräg in Richtung der Flechtarbeit. Schneiden Sie die überstehenden Fäden ab. Wenn Sie Griffe haben möchten, können Sie mit Kunstleder an der Seite je einen kleinen Holzstab befestigen.

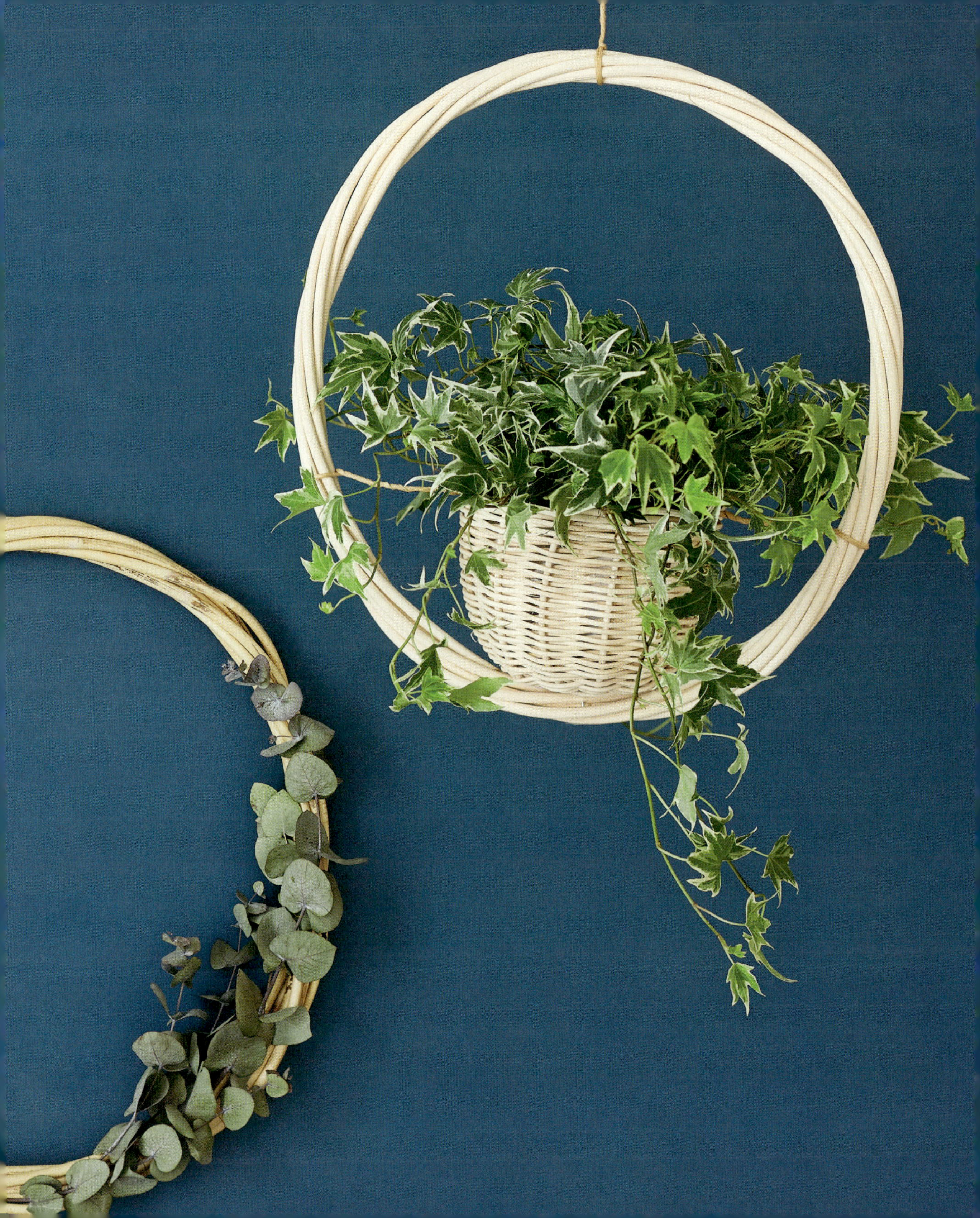

Hängekranz

Ob umwickelt oder mit einem kleinen Blumentopf – aus diesem einfachen Rattanring wird im Handumdrehen ein dekorativer Wandschmuck.

Schwierigkeitsgrad
**

Größe:
35 bis 40 cm ø

Material:

FÜR DEN EINFACHEN RING:

- 1 sehr langer Peddigrohrfaden, 6 mm ø (oder 2 kürzere)

FÜR DEN UMWICKELTEN RING (SIEHE SEITE 49):

- 1 langer, unbehandelter Rattanfaden, 4 oder 6 mm ø (hier: Leonty-Variante)
- Äste, getrocknete Blumen, Bänder, Schleifen oder andere Materialien, um den Kranz zu dekorieren

FÜR DEN TOPF:

- 6 Peddigrohrfäden, 55 cm lang, 4 mm ø, für die Staken
- Peddigrohr, 2,5 mm ø, für das Geflecht
- Kordel/Schnur
- Kleber oder ein kleiner Nagel, um den Topf zu befestigen

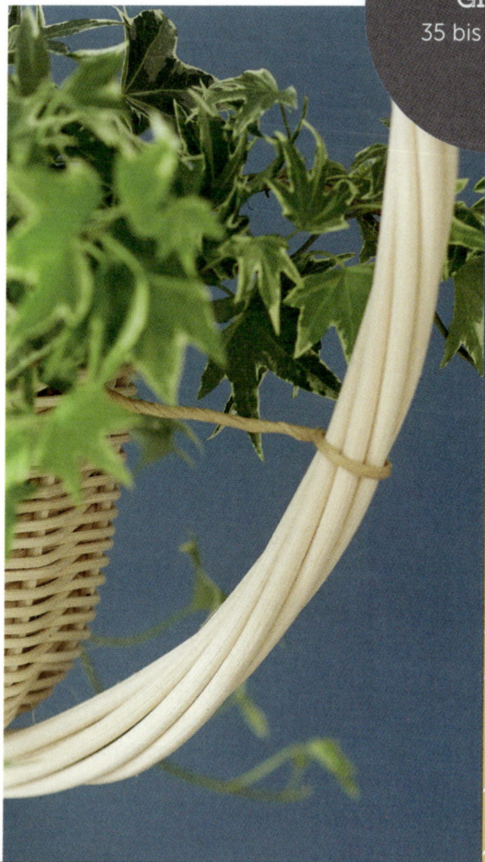

Hängekranz | ANLEITUNG

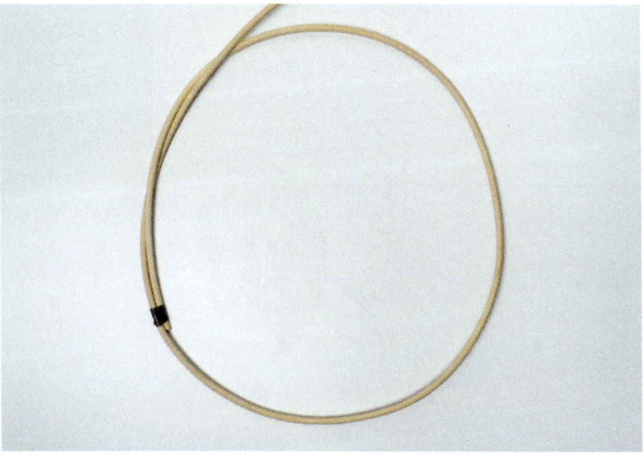

1 **Kranz herstellen:** Suchen Sie einen sehr langen Rattanfaden aus und weichen Sie ihn ein. Bilden Sie einen Ring, um den Durchmesser zu bestimmen (in diesem Fall waren es 35 cm). Verknoten Sie die Enden. Um den Anfang jeder Flechtrunde zu markieren, können Sie Klebeband verwenden.

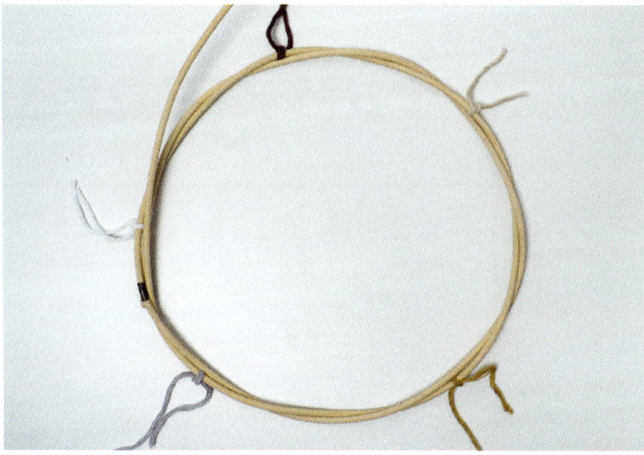

2 Wickeln Sie den Faden fünfmal um den Grundring, um eine vollständige Runde zu erhalten. Sie können Faden verwenden, um die Stellen für die Stränge zu markieren. Wenn Sie einen Ring anderer Größe herstellen möchten, passen Sie die Zahl der Stränge an.

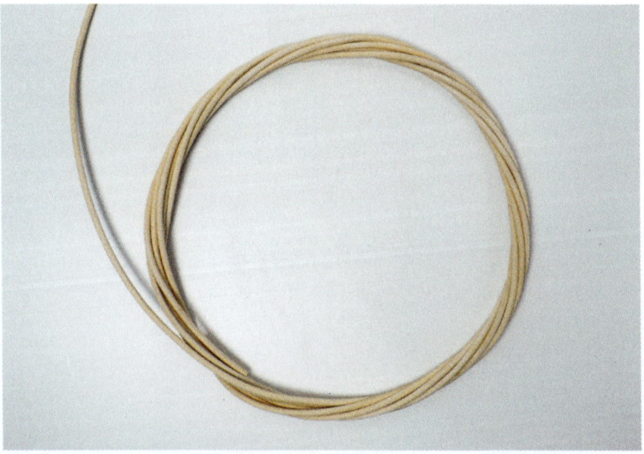

3 Wickeln Sie mehrere Runden, indem Sie den Faden immer fünfmal um den Ring wickeln. Schließen Sie immer fortlaufend an den vorigen Strang an. Verdrillen Sie den Faden dabei ein wenig, damit er nicht bricht.

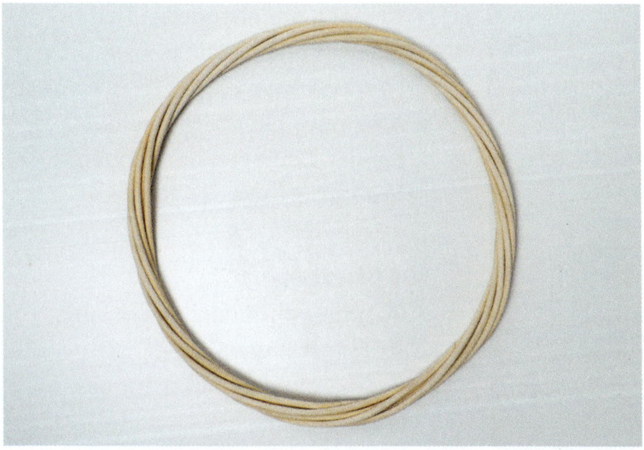

4 Nach acht Runden (oder mehr, wenn Sie einen dickeren Ring haben möchten) verklemmen Sie das Ende des Fadens unter den Strängen in Richtung Ringinneres, in Fortführung des Anfangsfadens. Schneiden Sie die Enden schräg ab, damit eines auf dem anderen liegt, und lassen Sie den Ring trocknen. Wenn Ihr Faden nicht lang genug ist, können Sie auf dieselbe Weise mit einem weiteren Faden fortfahren.

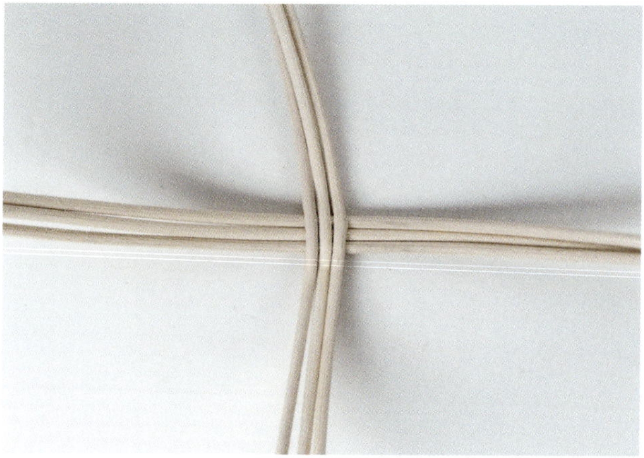

5 **Topf herstellen:** Für das Bodenkreuz schneiden Sie die Bodenstaken zu und weichen Sie sie ein. Fertigen Sie ein aufgespaltenes Kreuz (Anleitung siehe Seite 25).

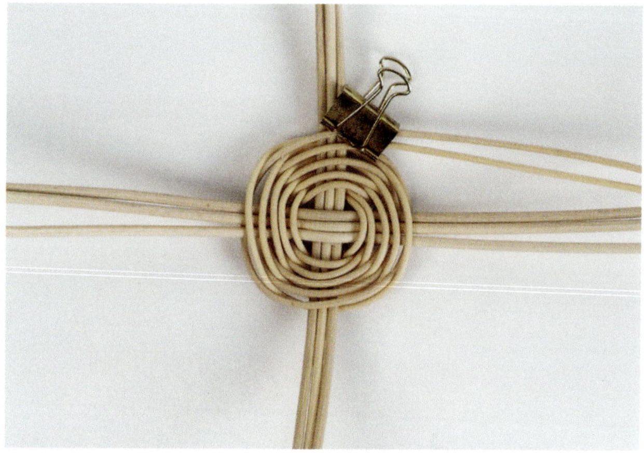

6 **Verbindung:** Weichen Sie zwei Rattanfäden (2,5 mm ø) ein. Beginnen Sie mit Zweiergeflecht um die Dreier-Stakenpäckchen herum (Anleitung siehe Seite 22). Flechten Sie insgesamt fünf Runden.

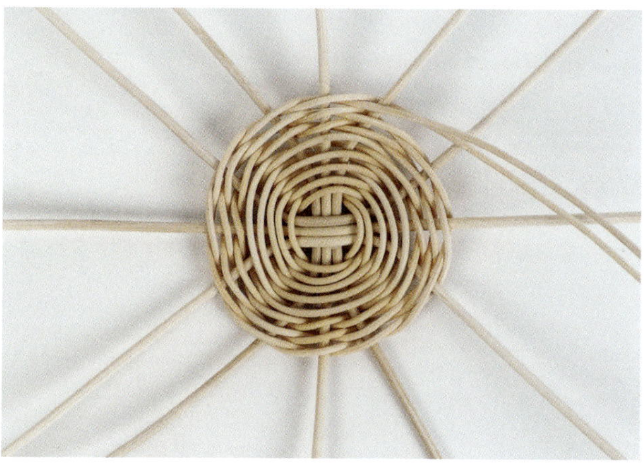

7 **Teilung und Bodenwand:** Beginnen Sie mit der Teilung in Strahlen, wobei Sie weiter mit Fitzen arbeiten (Anleitung siehe Seite 26). Trennen Sie die Strahlen gut und spannen Sie das Geflecht. Flechten Sie insgesamt drei Runden.

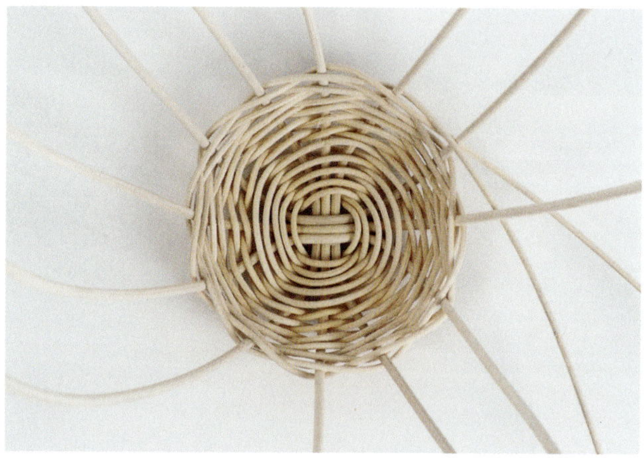

8 Biegen Sie die Staken nach oben und flechten Sie weiter im Zweiergeflecht. Spannen Sie das Geflecht gut, damit der Topf langsam Form annimmt.

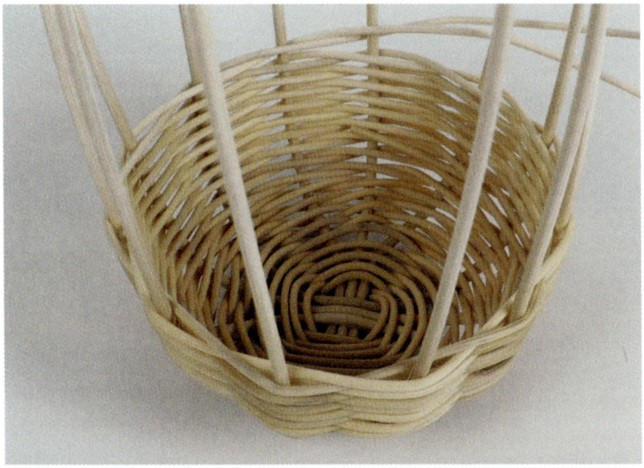

9 Flechten Sie weiter. Achten Sie darauf, dass die Staken gerade sind und einen regelmäßigen Abstand haben.

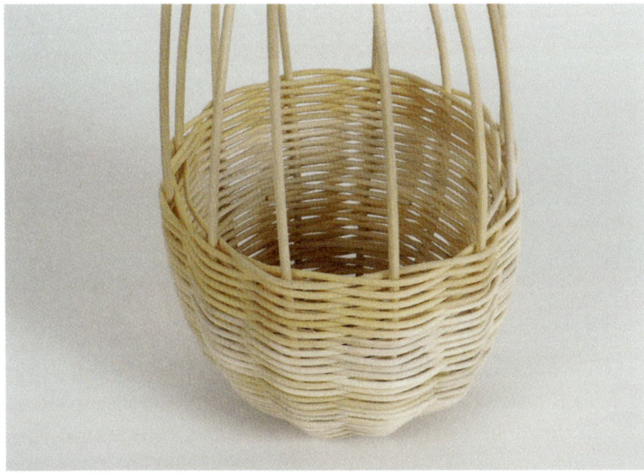

10 Flechten Sie weiter, bis der Topf 10 cm hoch ist.

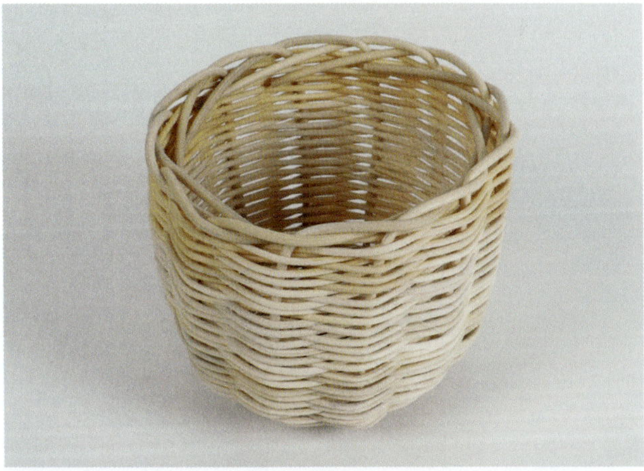

11 Weichen Sie die Staken ein. Stellen Sie einen einfachen Flechtrand her: Führen Sie jeden Faden vor den folgenden und hinter den darauffolgenden Faden (Anleitung siehe Seite 30). Lassen Sie das Ganze trocknen und schneiden Sie die überstehenden Fäden ab.

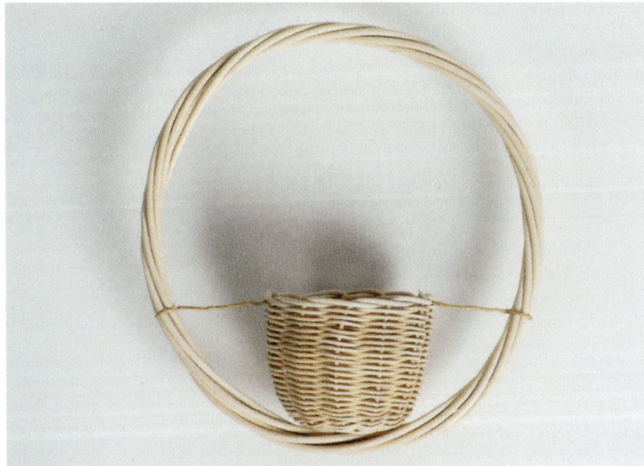

12 Befestigen Sie den Topf mithilfe eines Nagels, der durch den Boden geht, und mit zwei Schnüren an den Seiten am Kranz.

Sie können den Kranz auch aus unbehandeltem Rattan herstellen. Unbehandelt braucht das Rattan eine längere Einweichzeit, die Sie durch warmes Wasser verkürzen können. Bitte tragen Sie zudem Schutzhandschuhe, wenn Sie mit unbehandeltem Rattan arbeiten.

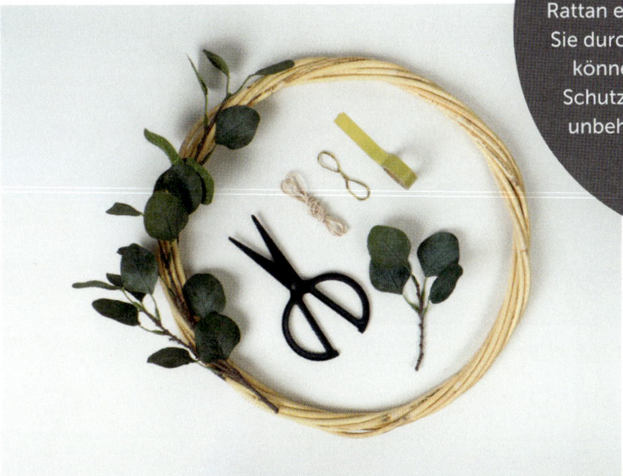

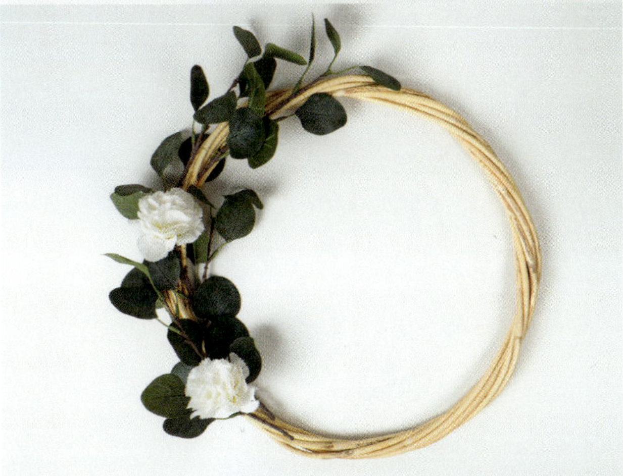

13 Jetzt können Sie den Kranz mit Blumen, Ästen oder anderen dekorativen Elementen Ihrer Wahl verzieren. Der Kranz kann an einer Schleife, einer Kordel oder an einer Metallkette aufgehängt werden.

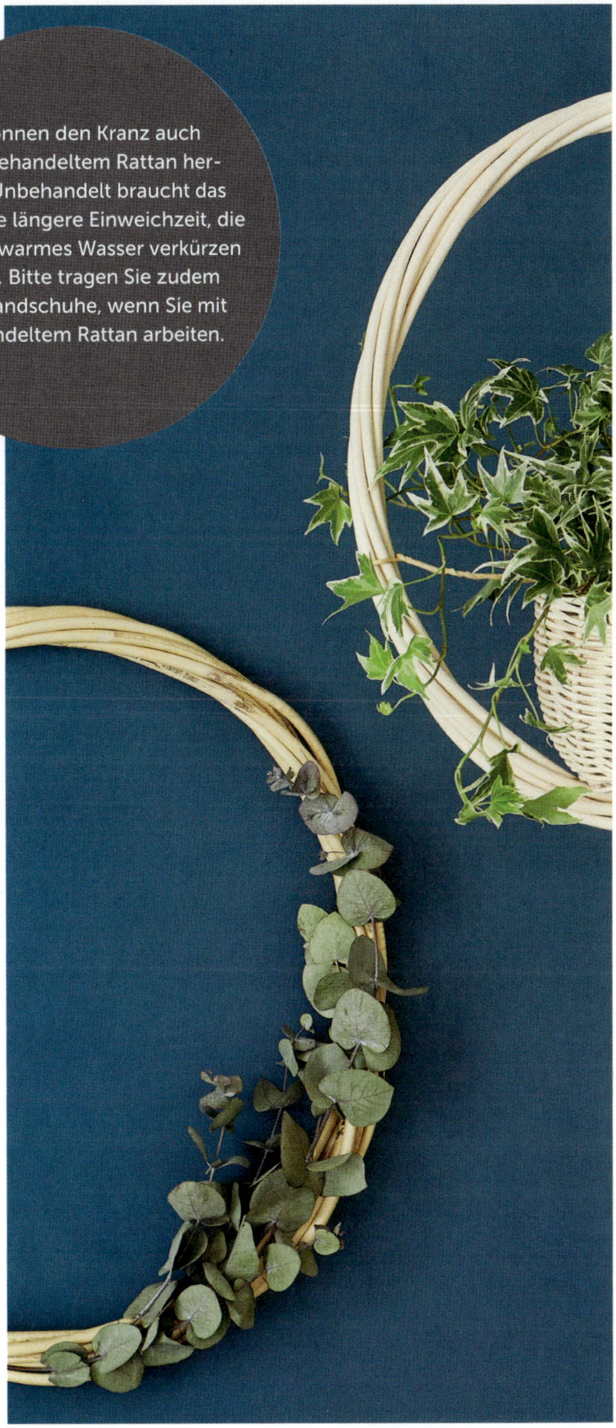

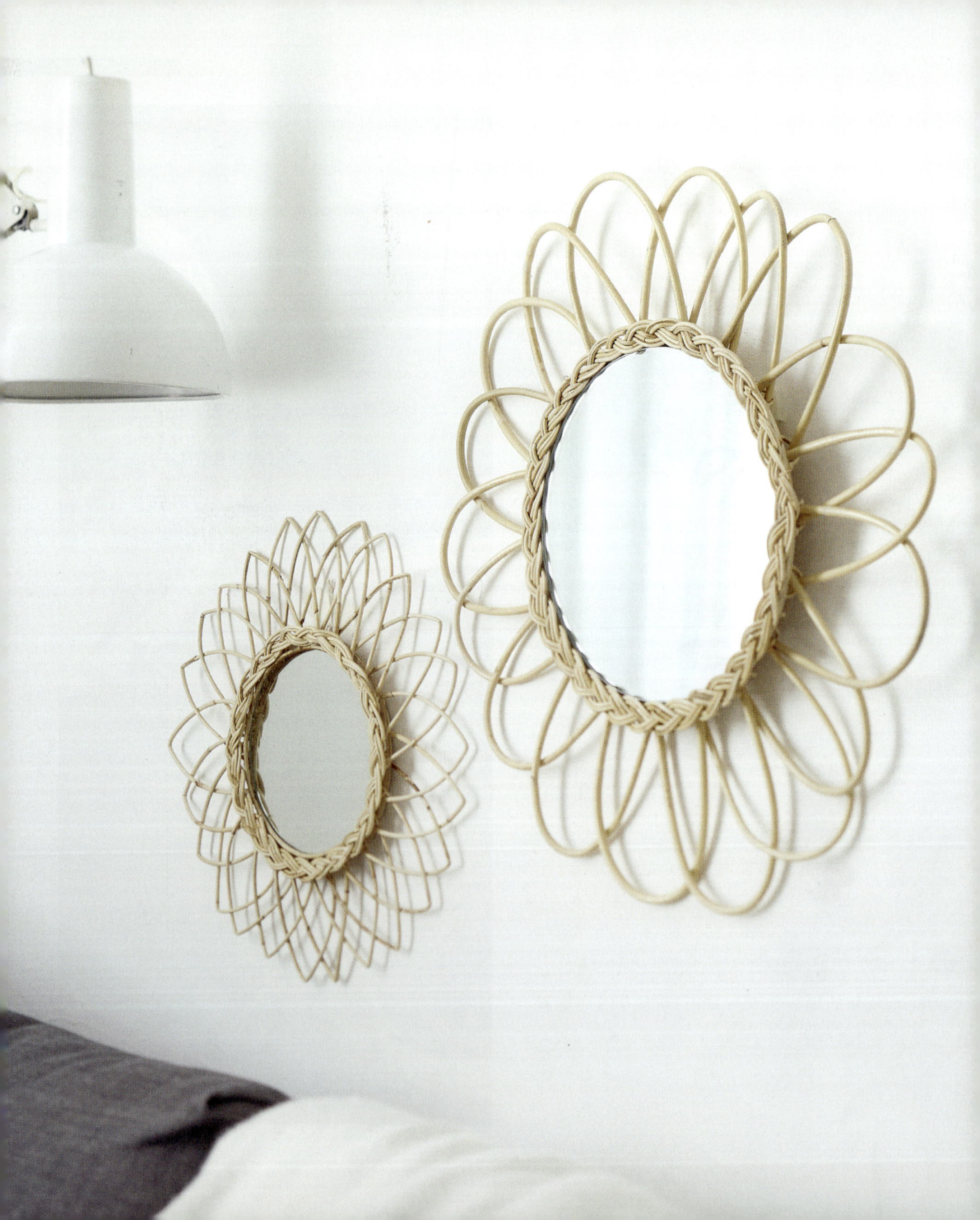

Spiegelrahmen

Dieser stylische Sonnenspiegel mag kompliziert aussehen, ist aber auch für Anfänger gut geeignet.

Schwierigkeitsgrad ★★★

Material:

- 1 Boden für die Flechtarbeit, 30 cm ø (44 Löcher)
- 1 Spiegel, 28 cm ø
- Neoprenklebstoff
- 20 unbehandelte Rattanfäden, 60 cm lang, 2 oder 4 mm ø, für den Rand
- 18 unbehandelte Rattanfäden, 40 cm lang, 4 oder 6 mm ø, für die Schlaufen
- Handbohrer

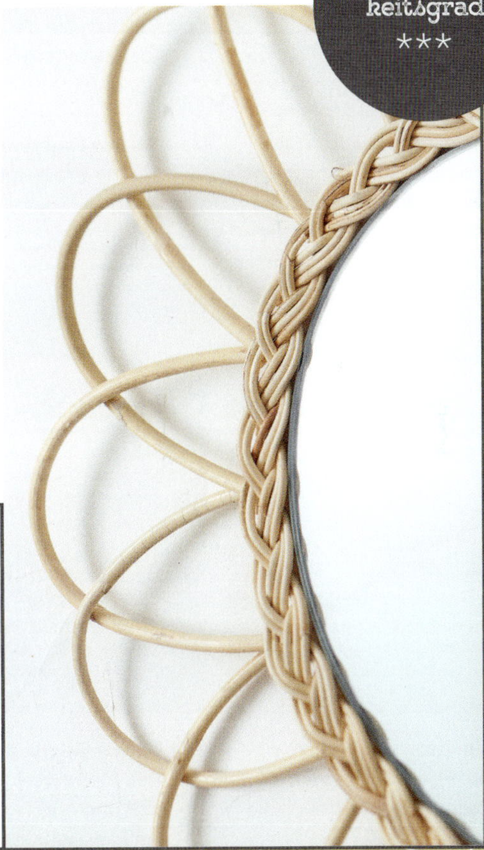

ANMERKUNG

Sie können den Spiegel auch mit anderen Maßen fertigen, sofern der Spiegel einen kleineren Durchmesser hat als der Boden und Sie eine gerade Anzahl an Löchern haben. Bei ungerader Anzahl können Sie nur einen Zopf- oder einen anderen geeigneten Flechtrand verwenden. Das unbehandelte Rattan verleiht dem Ganzen einen dekorativeren Effekt, Sie können aber auch Peddigrohr nehmen, das leichter zu bearbeiten ist.

Spiegelrahmen | ANLEITUNG

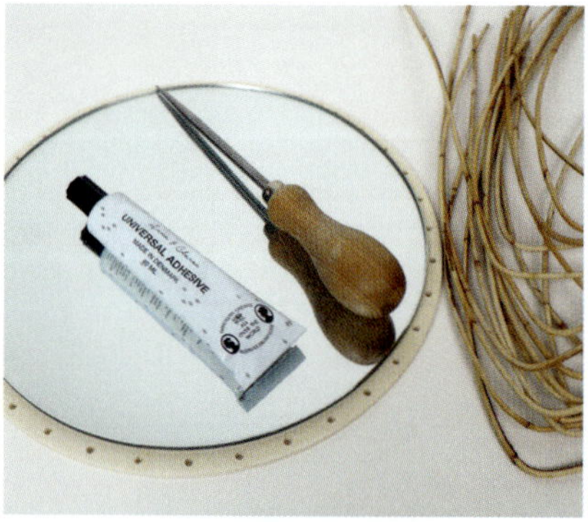

1 Kleben Sie den Spiegel mit Neoprenkleber auf den Boden. Schneiden Sie die Staken für den Flechtrand zu, wobei Sie eine kleinere Größe wählen, und weichen Sie sie ein. Denken Sie daran, dass unbehandeltes Rattan oft eine etwas längere Einweichzeit benötigt. Beginnen Sie, die Fäden umzubiegen, um sie geschmeidig zu machen.

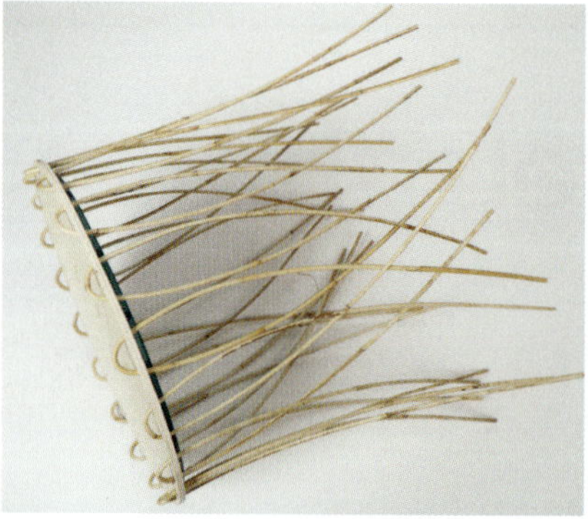

2 Stecken Sie die Fäden in die Bodenlöcher, indem Sie sie umbiegen. Spannen Sie sie gut. Drehen Sie das Werkstück um und befeuchten Sie alle Fäden, bevor Sie mit dem Flechtrand beginnen.

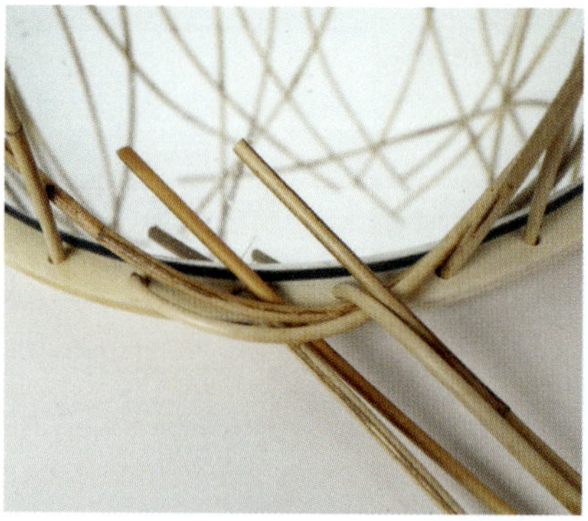

3 Für einen Zopfrand folgen Sie der Anleitung auf Seite 31. Beginnen Sie damit, indem Sie drei Staken nach außen biegen. Verdoppeln Sie sie jeweils mit den übrigen Fäden. Führen Sie dann das erste Fadenpaar über den folgenden Faden und unter den Faden danach.

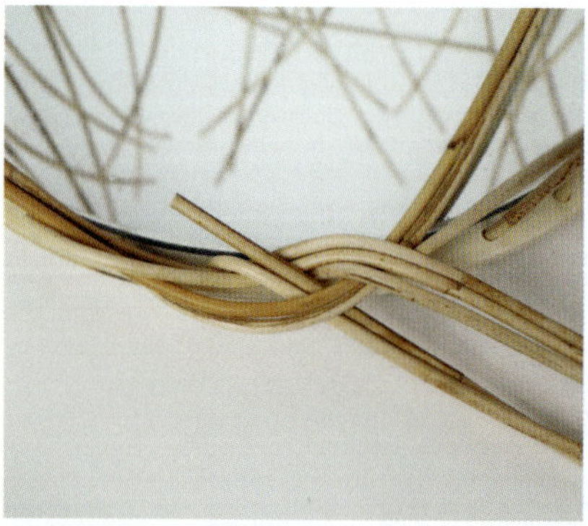

4 Beginnen Sie dann von Neuem mit dem zweiten Paar. Knicken Sie dann das erste Paar mit der vierten Stake nach außen.

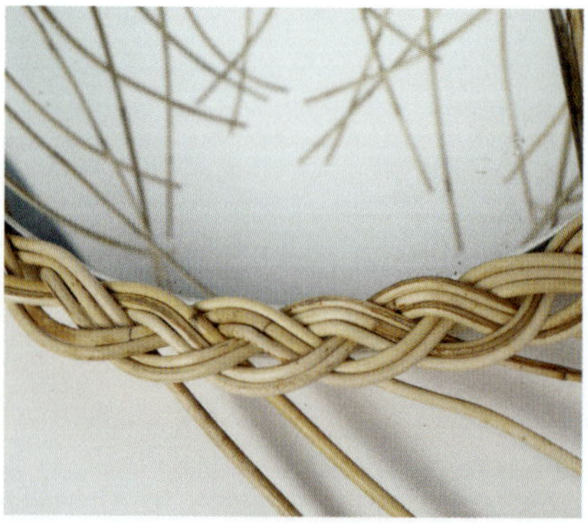

5 Fahren Sie mit dem Zopfrand fort. Das Flechtwerk ist nach außen doppelt und nach innen dreifach, wobei ein Faden für jede neue Schleife des Geflechts nach außen vorsteht.

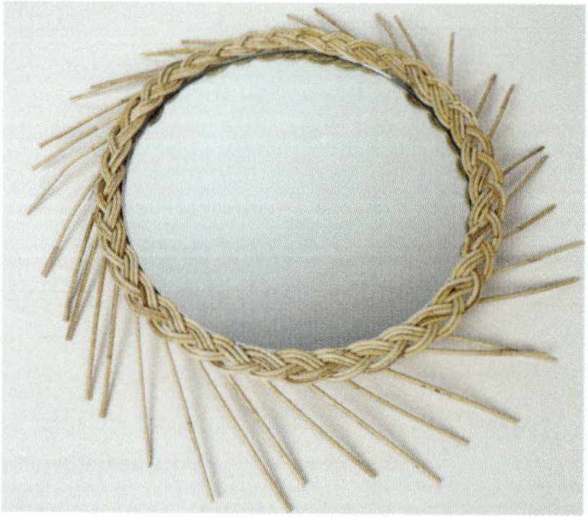

6 Spannen Sie das Ganze gut und befeuchten Sie die Fäden ab und zu, falls notwendig. Es ist sehr wichtig, dass der Flechtrand sehr gut festgezogen ist, damit er nicht zu sehr über den Rahmen hinausgeht.

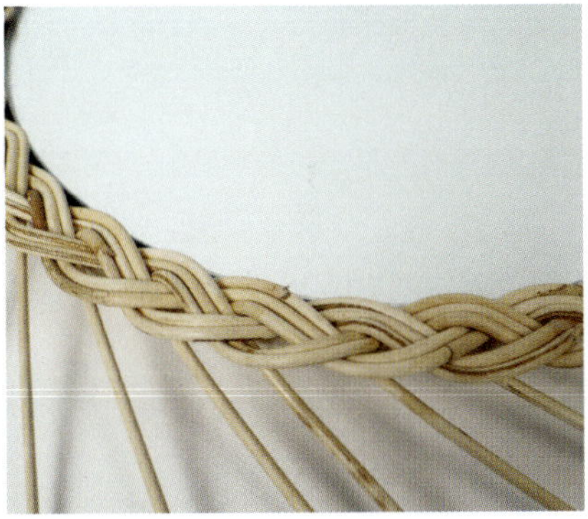

7 Beenden Sie den Zopfrand, indem Sie die drei hinzugefügten Fäden vom Anfang einen nach dem anderen entfernen. Folgen Sie dem Flechtverlauf mit den letzten drei Fäden, um das Flechtwerk regelmäßig zu beenden.

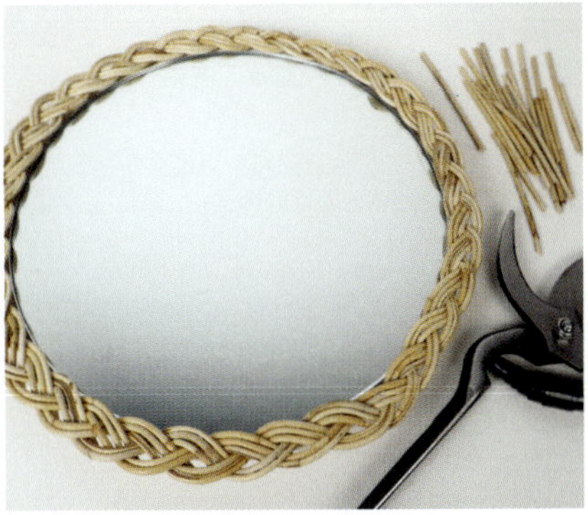

8 Schneiden Sie die Rattanenden bündig und leicht schräg ab. Drehen Sie das Werkstück für die weitere Arbeit um.

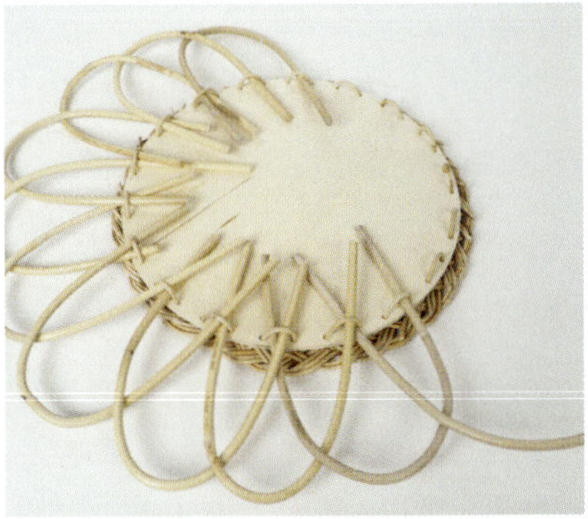

9 Schneiden Sie die dicken Rattanfäden zu und weichen Sie sie ein. Nehmen Sie immer eine Stange und biegen Sie sie um, wobei Sie sie leicht verdrillen, damit die Fasern nicht brechen. Führen Sie die Stange in eine der Schlaufen auf der Bodenunterseite, sodass das Ende ein paar Zentimeter weiter innen liegt. Stecken Sie dann das andere Ende in die übernächste Schlaufe.

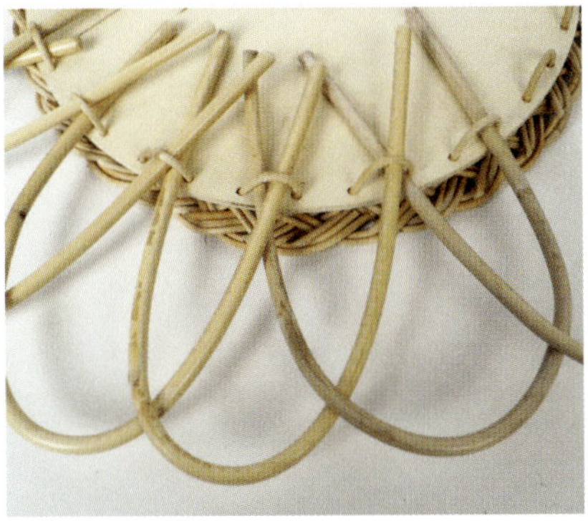

10 Nehmen Sie die nächste Stange und wiederholen Sie den Vorgang, wobei Sie in der Schlaufe beginnen, die zwischen den Enden der vorigen Stange liegt.

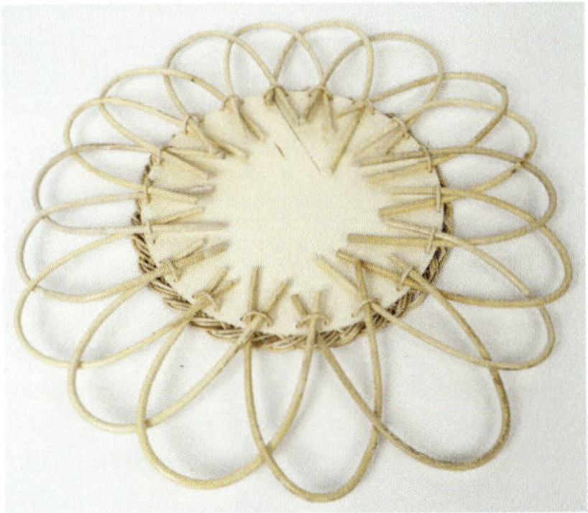

11 Stecken Sie alle Stangen entsprechend ein. Führen Sie die letzte Stange auf der einen Seite über, auf der anderen Seite unter einer anderen Stange durch, um das Flechtwerk gleichmäßig zu halten.

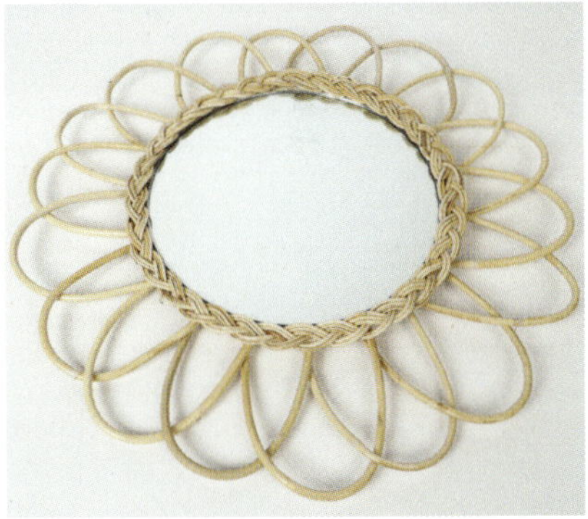

12 Drehen Sie das Werkstück um. Gleichen Sie die Größe der Schlaufen an. Lassen Sie das Ganze trocknen und kappen Sie die Enden der Fäden auf der Unterseite, falls notwendig. Achten Sie darauf, dass der Spiegel fest verklebt ist.

Vollgeflecht

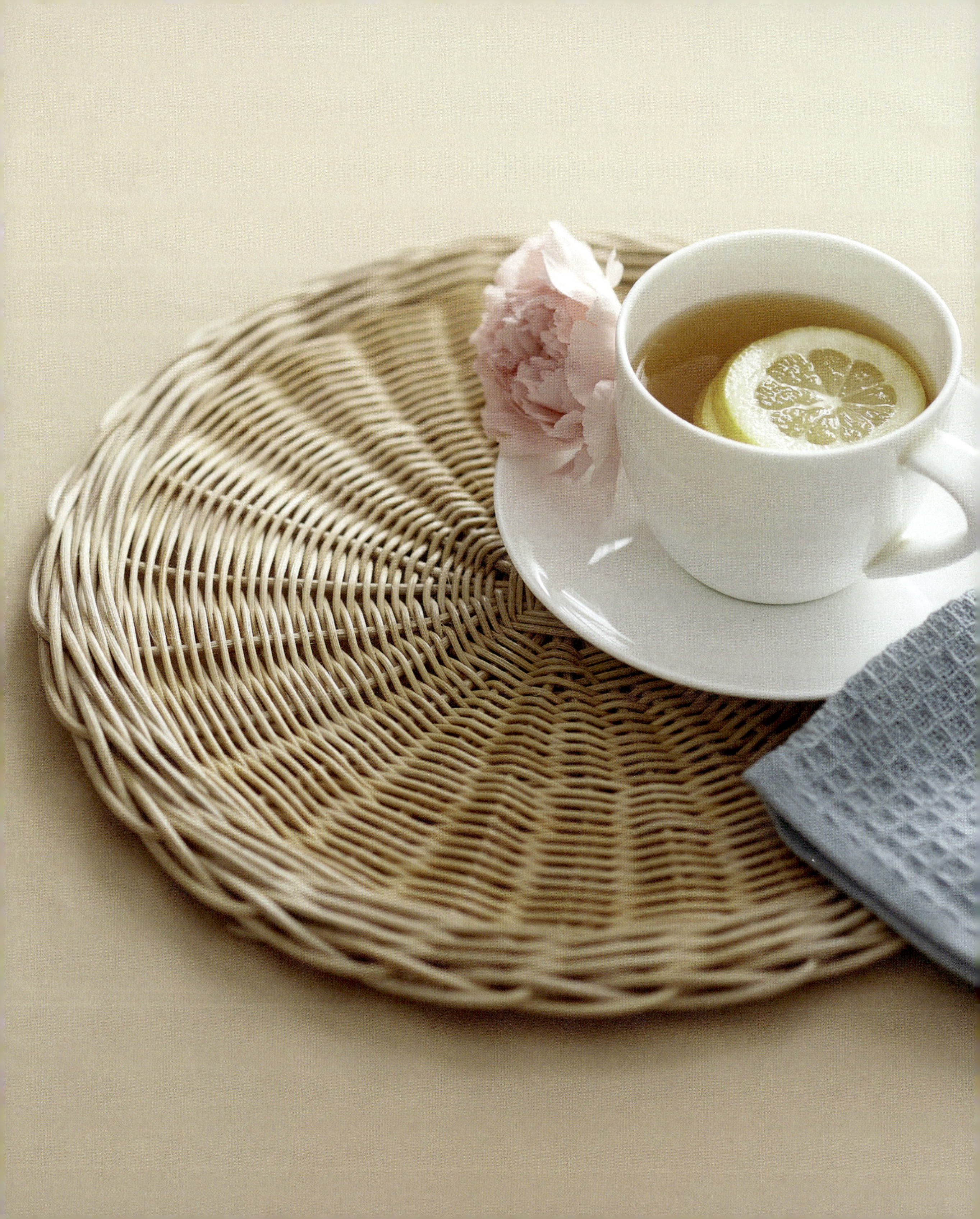

Untersetzer

Das perfekte Modell zum Üben, das sich ganz nebenbei auch noch auf dem Couchtisch sehr gut macht!

Schwierigkeitsgrad
★★★

Material:

- 12 Peddigrohrfäden, 60 cm lang (aufgespaltenes Bodenkreuz + 28 cm Seitenwand + 12 cm Rand + Abschlüsse), 3 mm ø, für die Bodenstaken
- Peddigrohr, 2 mm ø, für das Geflecht
- 3 lange Peddigrohrfäden, 3 mm ø, für die Kimme
- Rattanlack (optional)

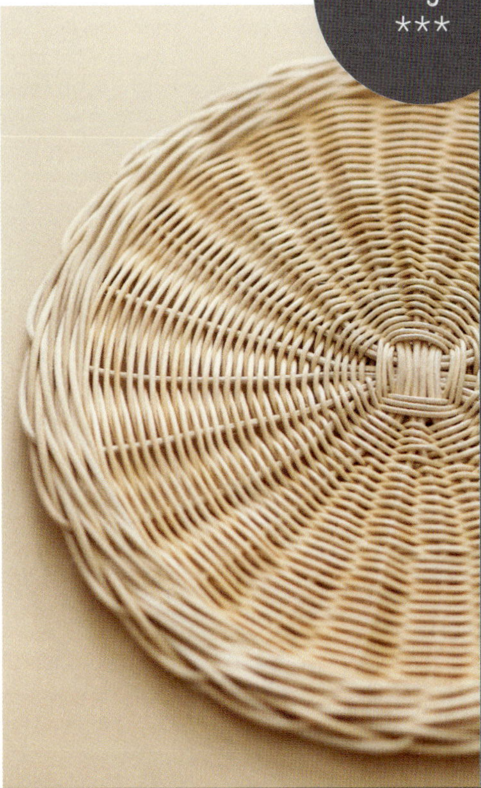

Untersetzer | ANLEITUNG

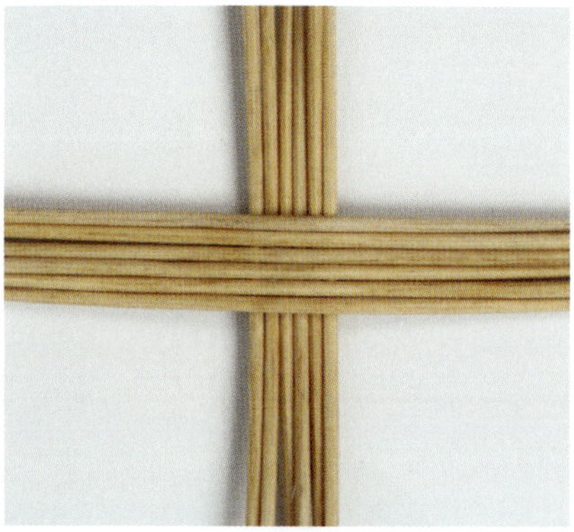

1 **Bodenkreuz:** Schneiden Sie die Bodenstaken zu und weichen Sie sie ein. Folgen Sie der Anleitung auf Seite 25, um ein einfaches aufgespaltenes Bodenkreuz zu fertigen.

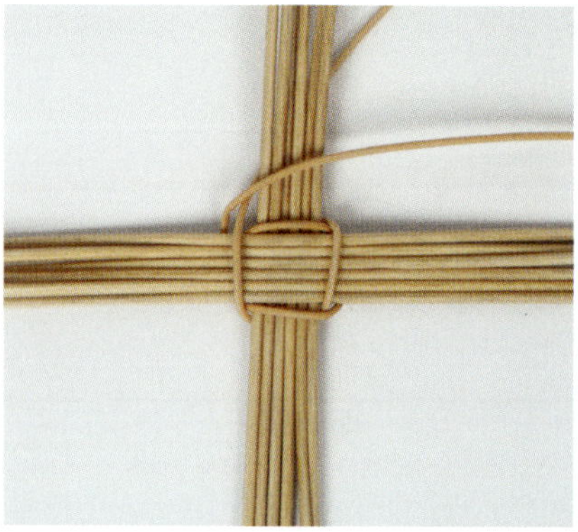

2 **Verbindung:** Weichen Sie zwei lange Fäden ein. Fädeln Sie die Fäden von links bei den Staken in das Bodenkreuz ein oder halten Sie sie auf der Rückseite des Werkstücks fest, um mit dem Flechten zu beginnen. Arbeiten Sie drei Runden im Zweiergeflecht (siehe Seite 26) und achten Sie dabei auf ausreichend Spannung.

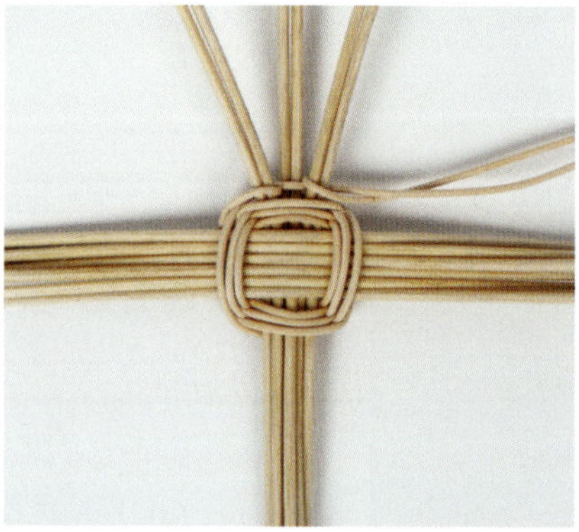

3 **Teilung:** Beginnen Sie mit der paarweisen Teilung in Strahlen, weiterhin im Zweiergeflecht. Teilen Sie die Strahlen gut und spannen Sie das Geflecht.

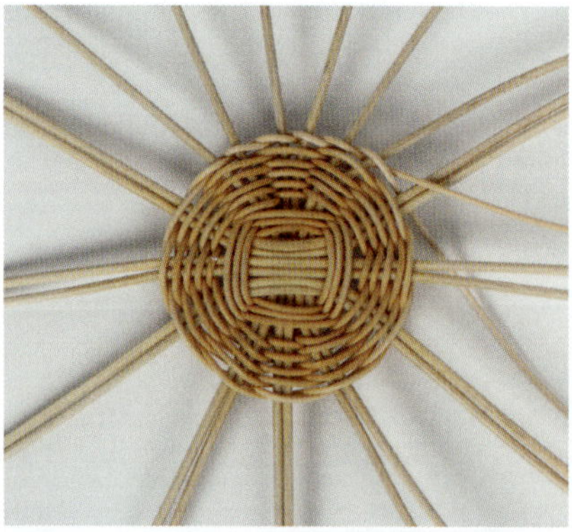

4 Arbeiten Sie fünf Runden mit Fitzen weiter, bevor Sie die Strahlen erneut teilen, sodass jeweils eine Bodenstake einen Strahl bildet.

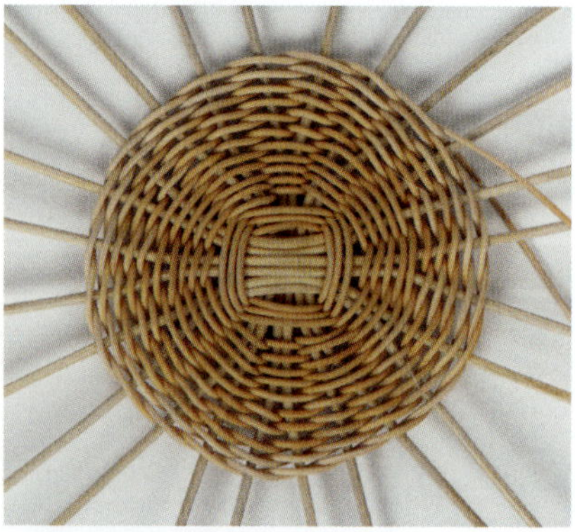

5 **Bodenwand:** Flechten Sie im Zweiergeflecht weiter. Verdichten Sie die einzelnen Reihen gut, damit keine Lücken entstehen, und achten Sie darauf, dass die Bodenstaken regelmäßig aufgeteilt werden.

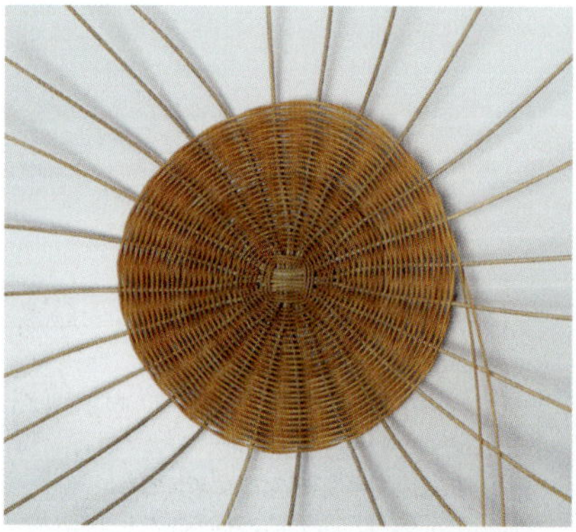

6 Flechten Sie insgesamt 22 Runden (ergibt 20 cm ø). Achten Sie darauf, dass Sie mit den letzten Fäden hinter den Bodenstaken enden, bei denen Sie begonnen haben, damit eine volle Runde entsteht. Führen Sie die Enden auf die Rückseite.

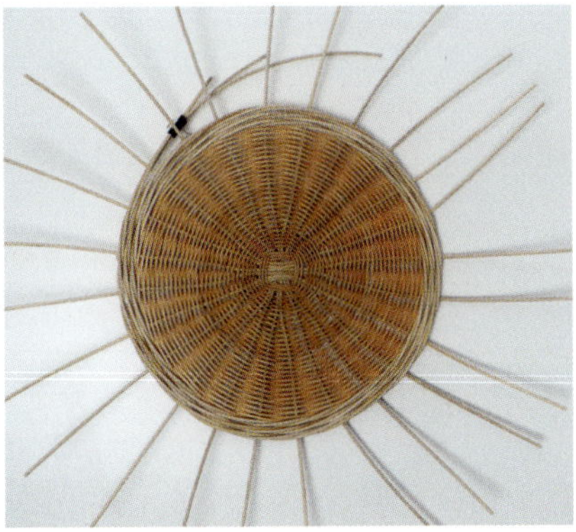

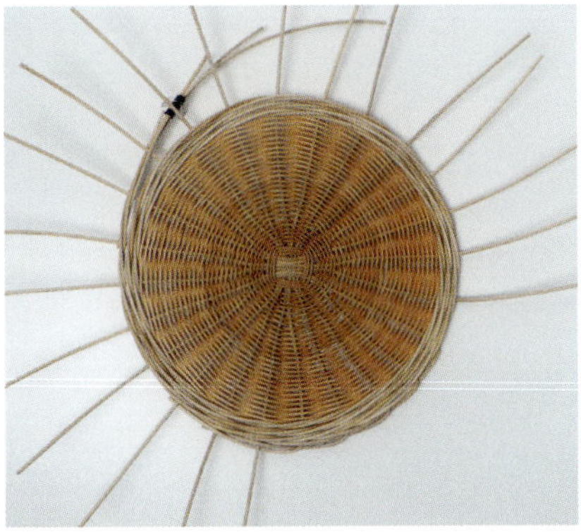

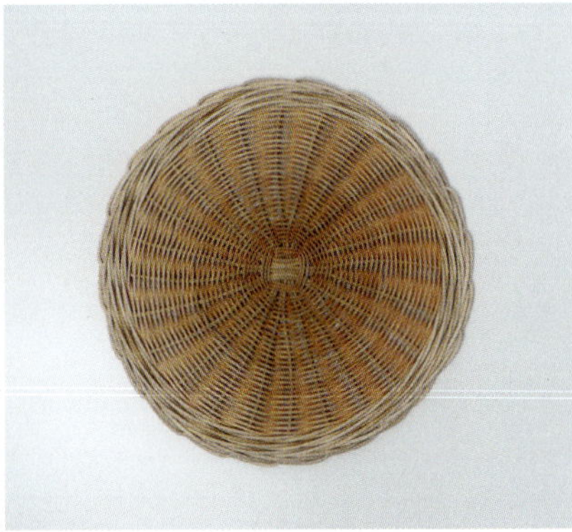

7 Nehmen Sie Ihre drei langen Rattanfäden (3 mm ø) und beginnen Sie mit der Bodenkimme (Anleitung siehe Seite 22) an der Stelle, wo die Fäden der Vorarbeit enden. Flechten Sie drei Runden.

8 **Flechtrand:** Weichen Sie die Bodenstaken ein. Beginnen Sie mit einem einfachen Flechtrand in Flechtrichtung der Wand (Anleitung siehe Seite 30). Führen Sie eine Bodenstake hinter die nächste, dann vor die darauffolgende und zum Schluss hinter die dritte (3 Schritte).

9 Beenden Sie den Flechtrand mit einem vollständigen Abschluss (hinter – vor – hinter).

TIPP

Nehmen Sie ruhig Gewichte zu Hilfe (zum Beispiel einen mit Wasser gefüllten Topf oder mit Servietten überzogene Ziegelsteine), damit das Werkstück flach bleibt.

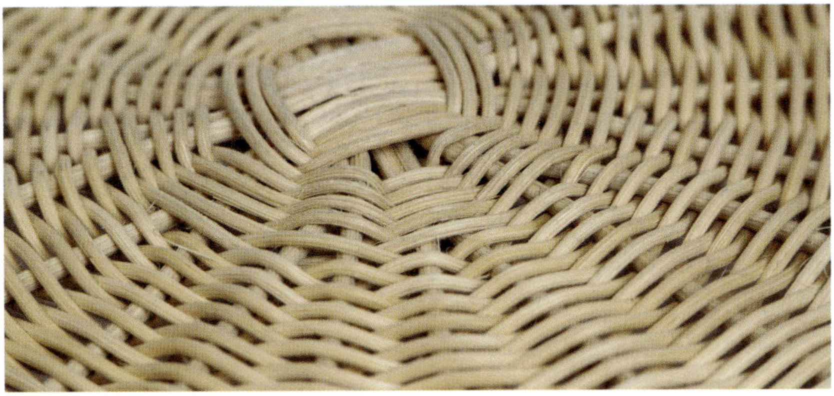

10 **Abschluss:** Lassen Sie das Ganze trocknen, bevor Sie alle überstehenden Fäden abschneiden. Tragen Sie eine Schicht Wasserlack auf. Wenn der Untersetzer direkten Kontakt mit Lebensmitteln hat, stellen Sie sicher, dass der Lack lebensmittelgeeignet ist.

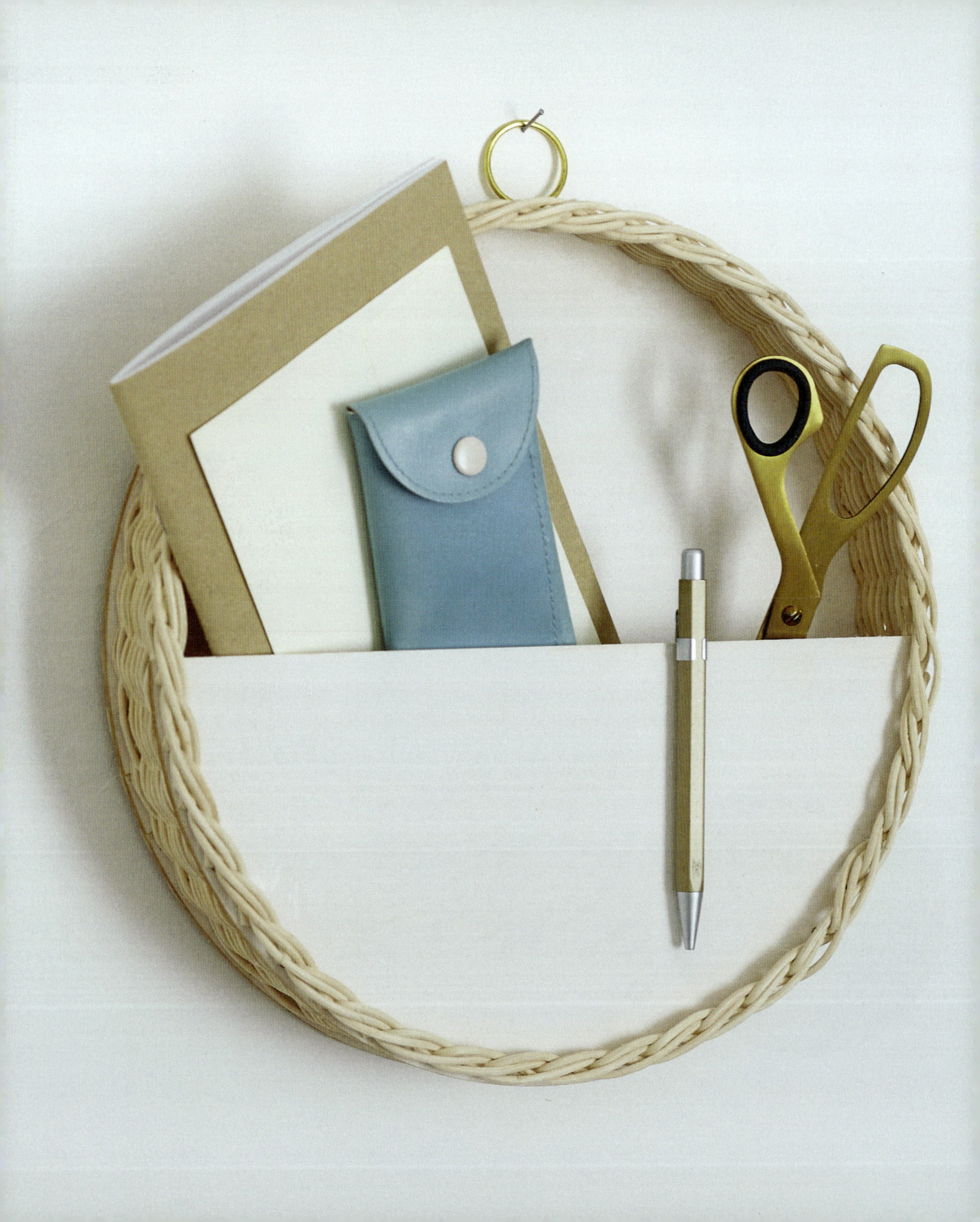

Utensilo für die Wand

Ein raffiniertes und ungewöhnliches Regal, bei dem die beiden Böden durch Flechtwerk zusammengehalten werden.

Schwierigkeitsgrad
★★

Material:

- 2 Flechtböden, 30 cm ø
- Holzfarbe + Pinsel (optional)
- Handsäge
- 45 Peddigrohrfäden (oder Anzahl entsprechend der gewählten Lochzahl), 25 cm lang (6 cm Bodenwand + 4 cm Wand + 10 cm Flechtrand + Abschluss), 3 mm ø, für die Staken
- Peddigrohr, 2,5 mm ø, für das Flechtwerk

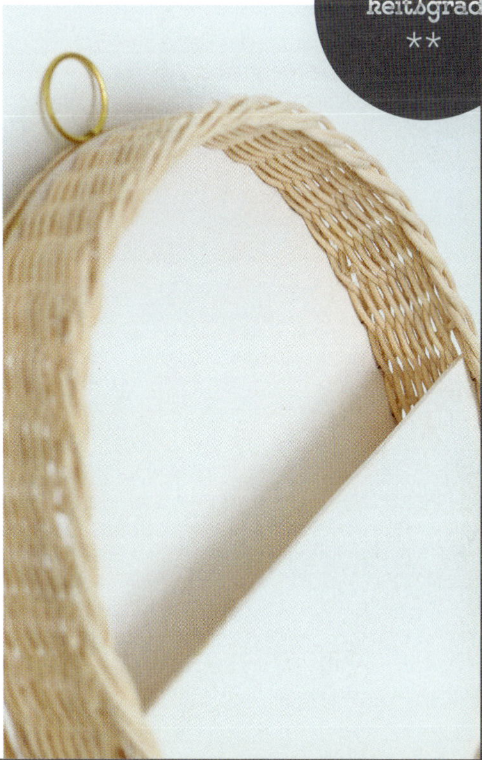

Utensilo für die Wand | ANLEITUNG

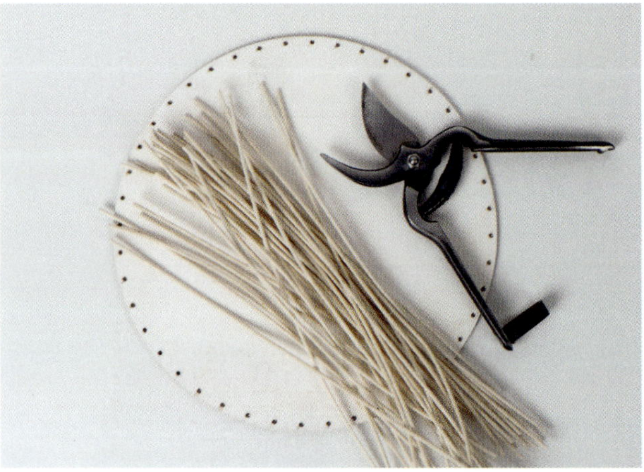

1 Streichen Sie die beiden Böden in der Farbe Ihrer Wahl oder belassen Sie sie in ihrer Naturfarbe. Wir haben einen weißen Anstrich gewählt. Schneiden Sie die Staken zu und weichen Sie sie ein.

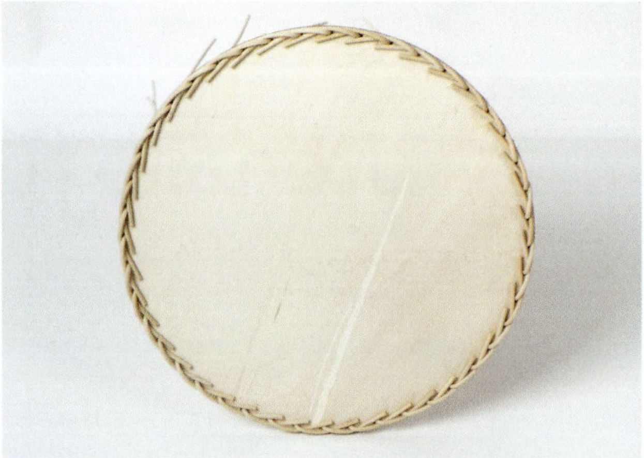

2 Führen Sie die Staken durch die Löcher eines Bodens und kalkulieren Sie 5 cm für den Fußrand ein. Auf der ungestrichenen Seite einen einfachen Fuß flechten, dafür einen Faden vor den folgenden und hinter den darauffolgenden Faden führen. Mit den restlichen Staken ebenso verfahren.

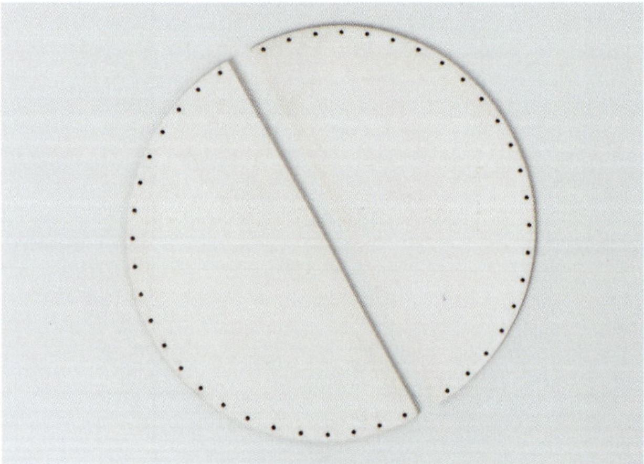

3 Sägen Sie den zweiten Boden in zwei Hälften.

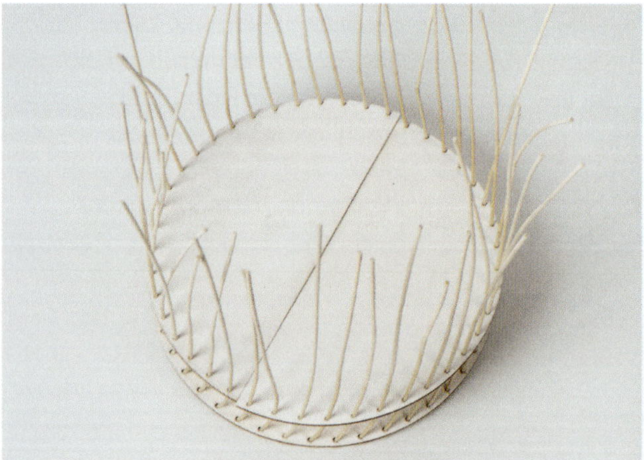

4 Drehen Sie das Werkstück um. Führen Sie die Staken durch die Löcher der beiden Hälften, mit der gestrichenen Seite nach oben. Lassen Sie zwischen den beiden Böden eine Lücke von etwa 8 cm. Die Böden bieten eine gute Schablone und sorgen dafür, dass die Staken gerade bleiben.

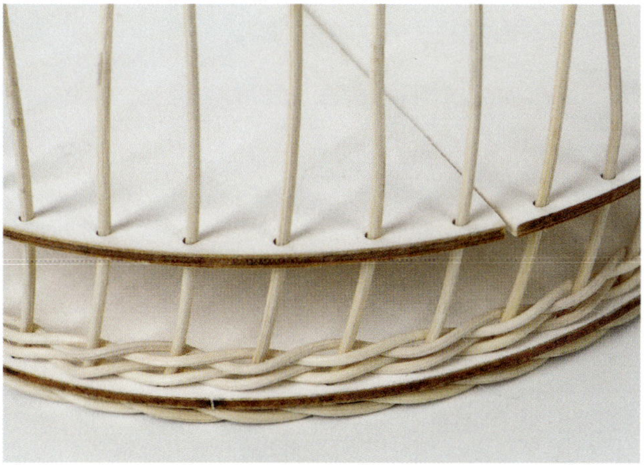

5 Weichen Sie einige Peddigrohrfäden (2,5 mm ø) ein. Beginnen Sie mit dem Fitzen (Anleitung siehe Seite 22).

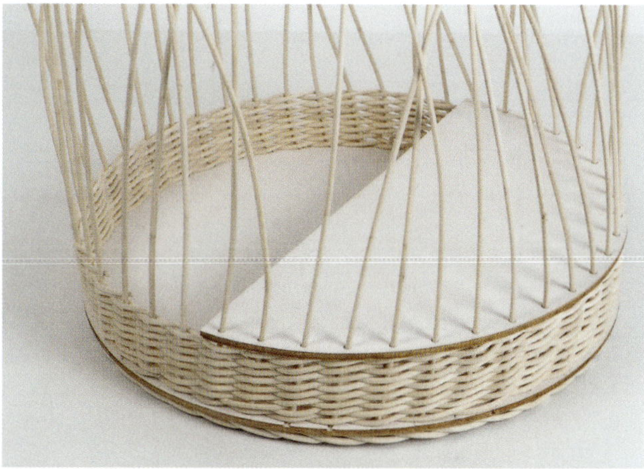

6 Flechten Sie insgesamt acht Runden. Achten Sie darauf, dass die Staken gerade bleiben. Anschließend entfernen Sie eine Hälfte des zweiten Bodens. Achten Sie darauf, dass die verbleibende Hälfte dicht an der Flechtwand anliegt.

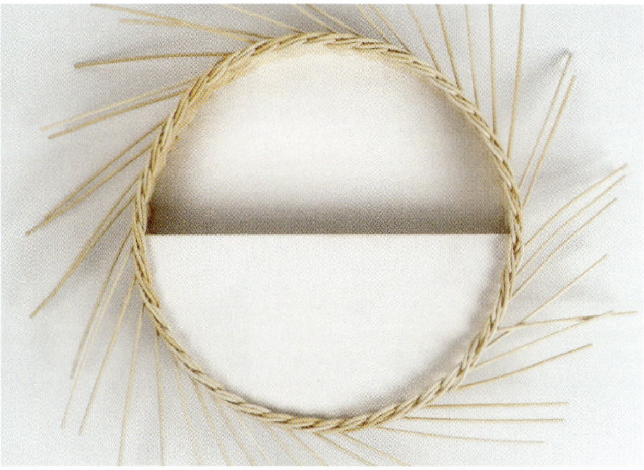

7 Weichen Sie die Staken ein. Aus allen Staken flechten Sie einen Kipprand (Anleitung siehe Seite 30).

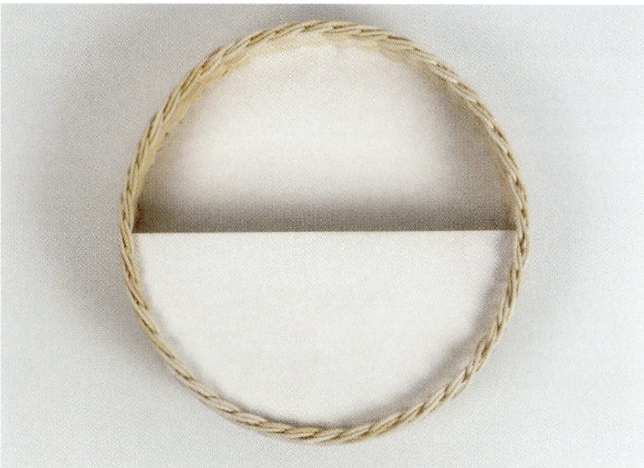

8 Schneiden Sie die Staken leicht schräg in Richtung Flechtwerk ab. Kappen Sie alle überstehenden Fäden. Lassen Sie das Ganze trocknen.

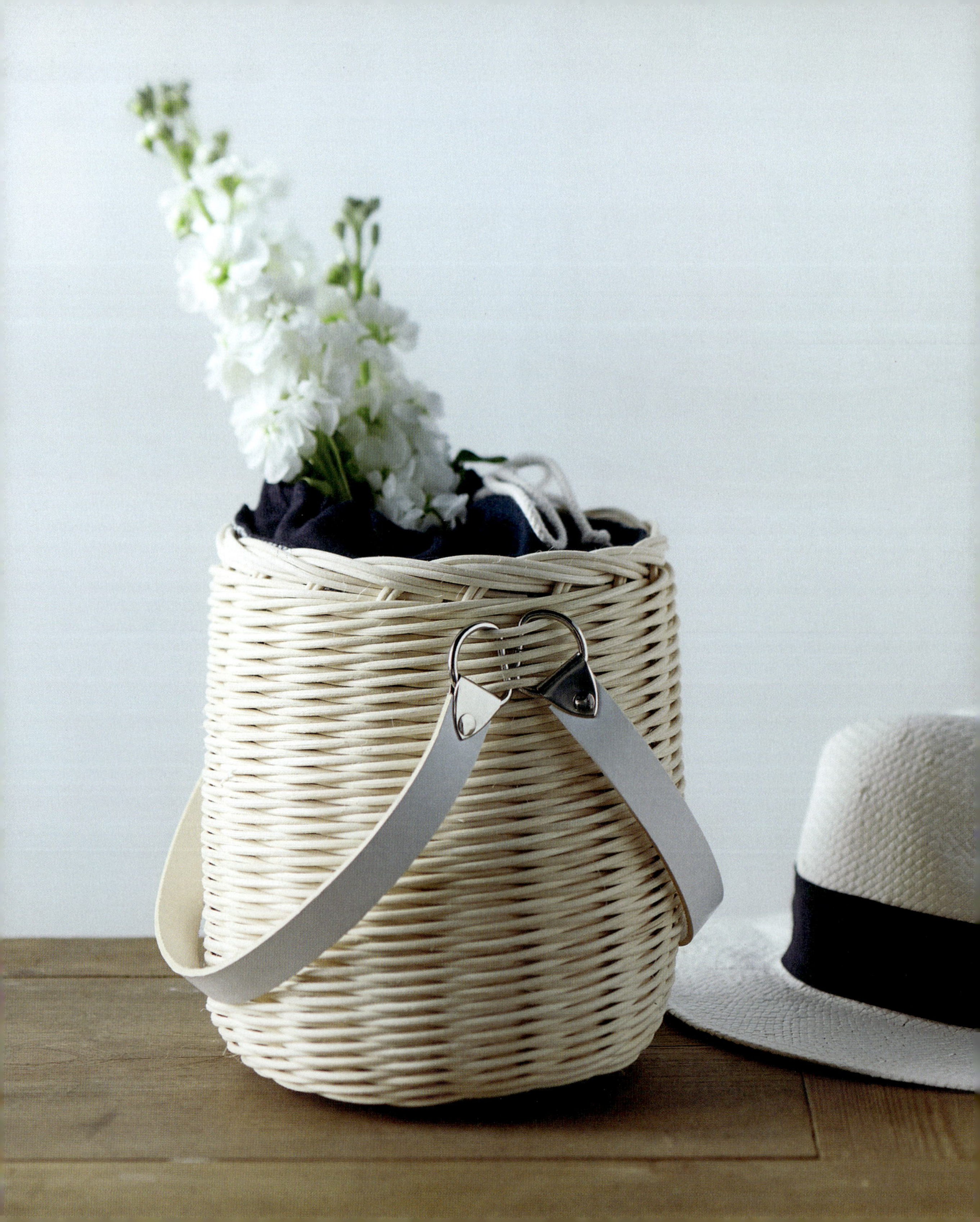

Einkaufskörbchen

Dieser kleine Einkaufskorb besticht durch sein kontrastierendes Innenfutter.

Schwierigkeitsgrad
***

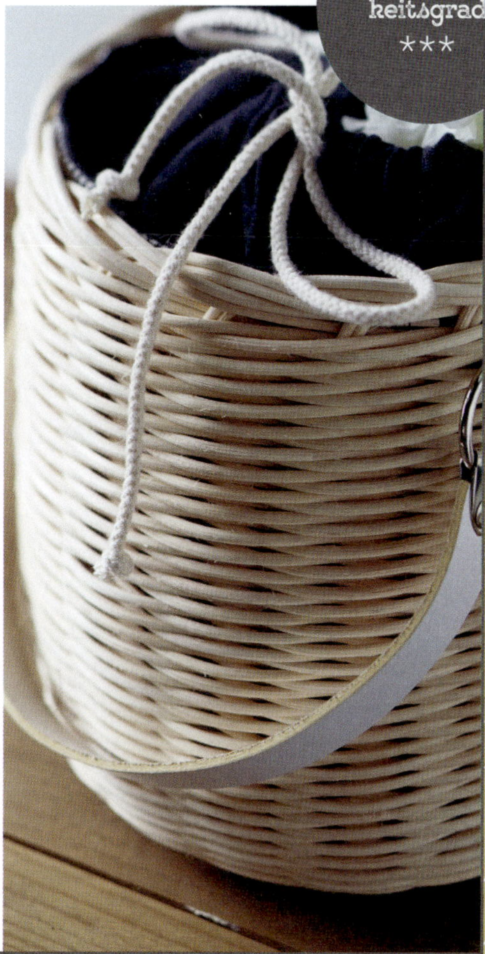

Material:

FÜR DAS FLECHTEN DES KORBS:

- 16 Peddigrohrfäden, 100 cm lang (10 cm für Bodenkreuz und Verbindung + 21 cm Wand auf jeder Seite + 14 cm Flechtrand auf jeder Seite + Abschluss), 3 mm ø, für die Bodenstaken/Staken
- Peddigrohr, 2 mm ø, für das Geflecht
- Holzfarbe + Pinsel (optional)

FÜR DAS ZUBEHÖR:

- 1 Paar flache Lederriemen in Weiß, 40 cm lang
- Halbrunde Ringe in Silber zum Befestigen
- 4 Korbfüße in Silber

FÜR DAS INNENFUTTER (OPTIONAL):

- Baumwollstoff
- Nähmaschine
- Nadel und Faden
- Kordel

Einkaufskörbchen | ANLEITUNG

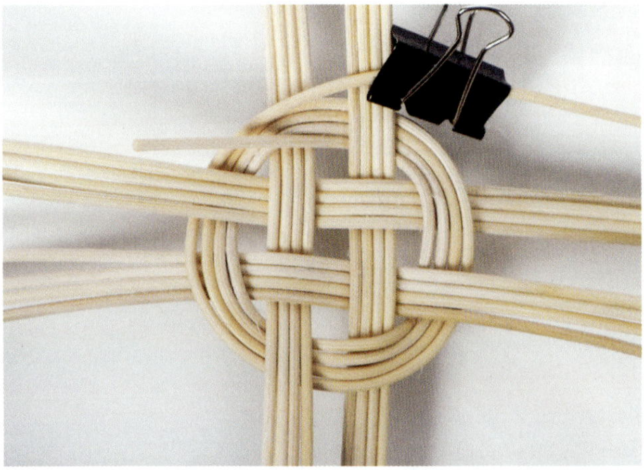

1 **Bodenkreuz und Verbindung:** Schneiden Sie die Bodenstaken zu und weichen Sie sie ein, ebenso wie einige lange Rattanfäden (3 mm ø). Stellen Sie ein verflochtenes Bodenkreuz her, wie auf dem Foto abgebildet (Anleitung siehe Seite 26). Flechten Sie im Blockgewebemuster (Anleitung siehe Seite 27) insgesamt vier Runden.

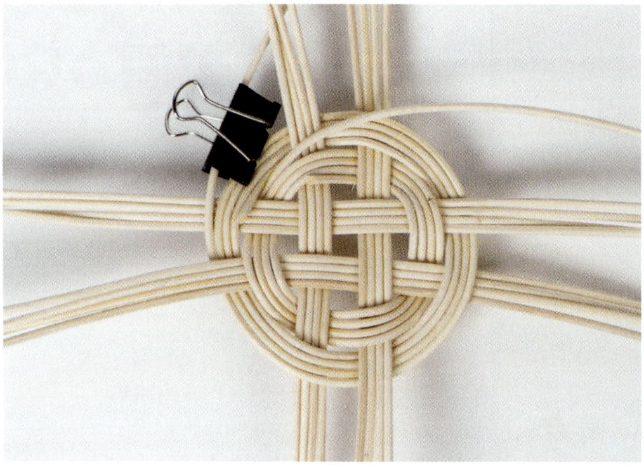

2 Mit einem neuen Faden flechten Sie auf dieselbe Weise vier Runden Blockgewebe in die andere Richtung. Die Enden der Fäden lassen Sie über dem Flechtwerk stehen, Sie können sie später angleichen.

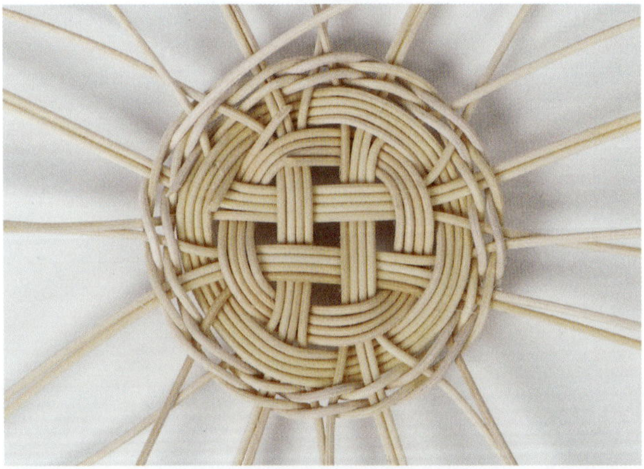

3 **Teilung der Bodenwand:** Beginnen Sie mit der paarweisen Teilung der Bodenstaken in Strahlen und flechten Sie im Zweiergeflecht (Anleitung siehe Seite 22). Trennen Sie die Strahlen und spannen Sie das Geflecht gut.

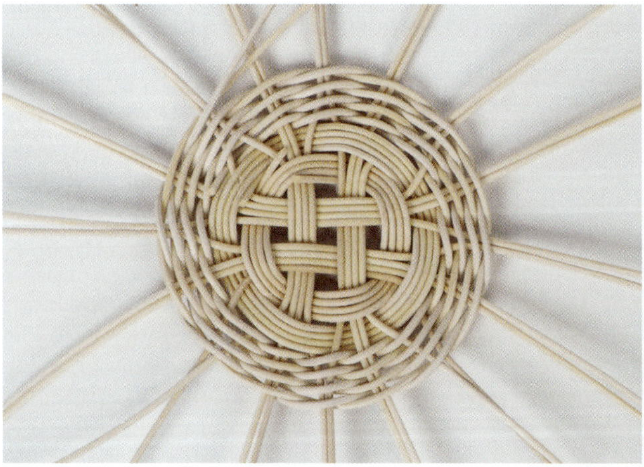

4 Flechten Sie insgesamt vier Runden. Achten Sie darauf, dass das Werkstück ganz flach bleibt.

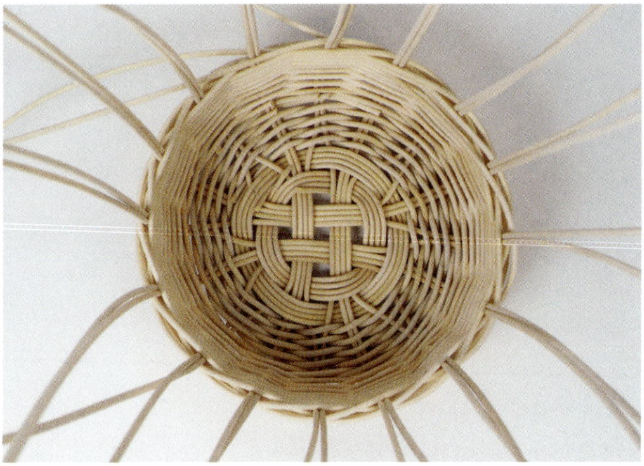

5 **Bodenkimme und Wandgeflecht:** Weichen Sie die Staken ein und biegen Sie sie nach oben. Beginnen Sie mit dem Kimmen und spannen Sie das Geflecht gut (Anleitung siehe Seite 22).

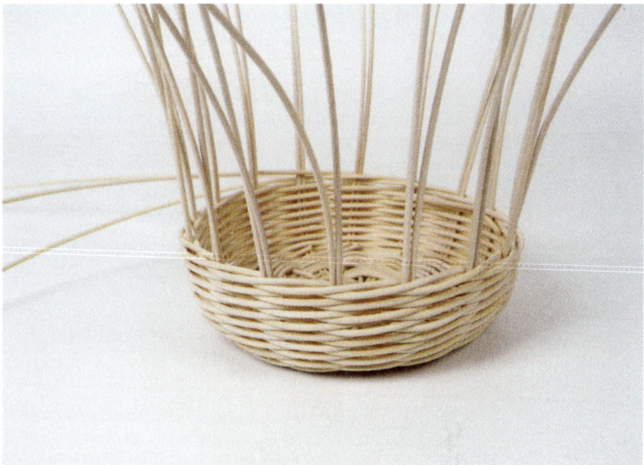

6 Kimmen Sie weiter um die Stakenpaare herum.

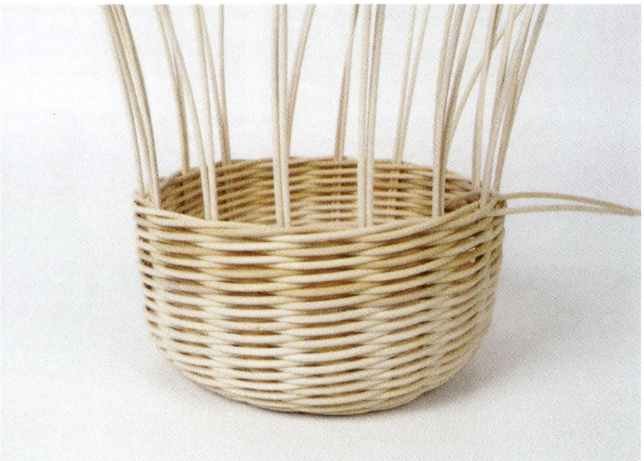

7 Achten Sie auf die regelmäßige Form des Korbs. Sie können die Staken entweder gerade halten oder nach außen beziehungsweise leicht nach innen biegen.

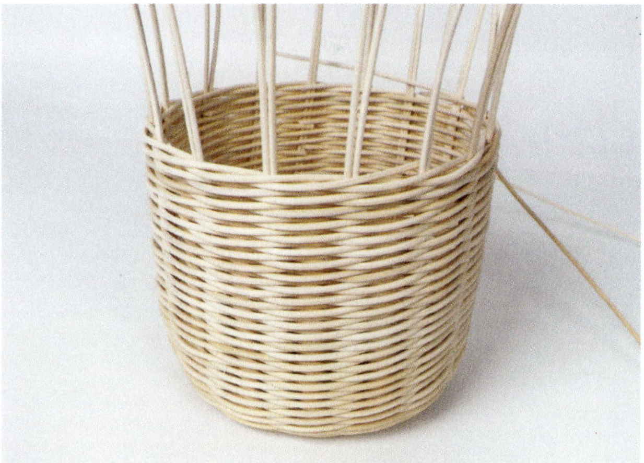

8 Flechten Sie insgesamt 26 Runden.

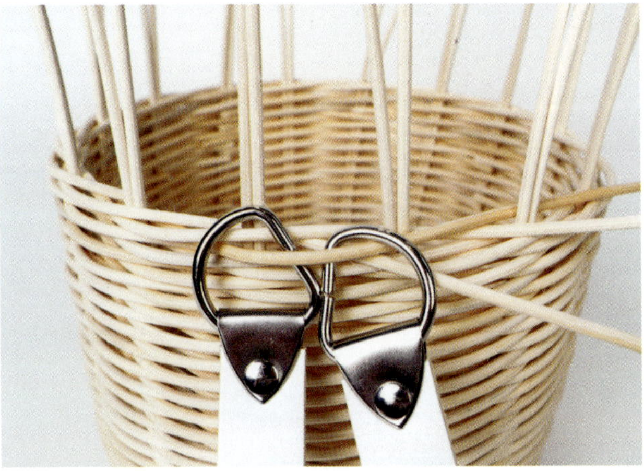

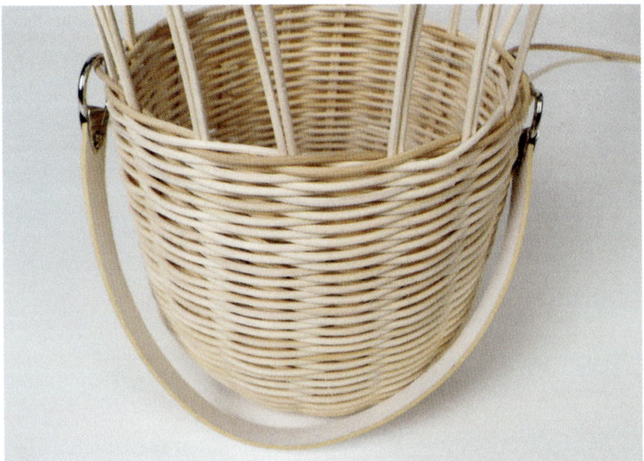

9 **Die Henkel:** Wir erstellen das Geflecht um die Riemen herum. Sie können sie, wenn es Ihnen lieber ist, auch nach vollendeter Arbeit anbringen (entweder mit einer Verbindungsschraube mit Hülse oder durch Vernähen mit dem Flechtwerk). Wenn Sie die nächste Reihe beginnen, flechten Sie durch die Ringe, indem Sie den Faden hindurchführen.

10 Gehen Sie auf der anderen Seite des Korbs genauso vor. Jetzt sind die beiden Lederriemen fester Bestandteil des Werkstücks.

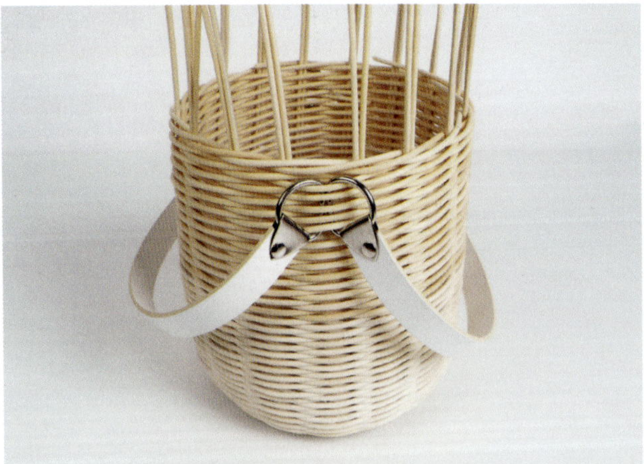

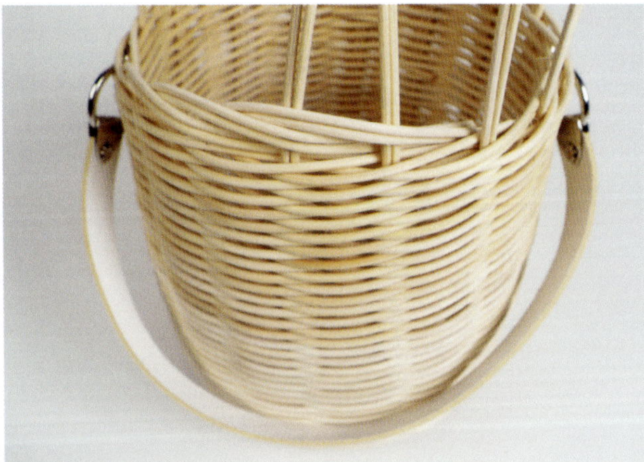

11 Flechten Sie auf dieselbe Art fünf weitere Runden. Dann flechten Sie noch eine normale Wandgeflechtreihe.

12 **Rand:** Weichen Sie die Staken ein. Beginnen Sie mit dem Flechtrand, indem Sie die Staken vor zwei Stakenpaare führen und dann hinter das folgende Paar. Spannen Sie das Ganze gut.

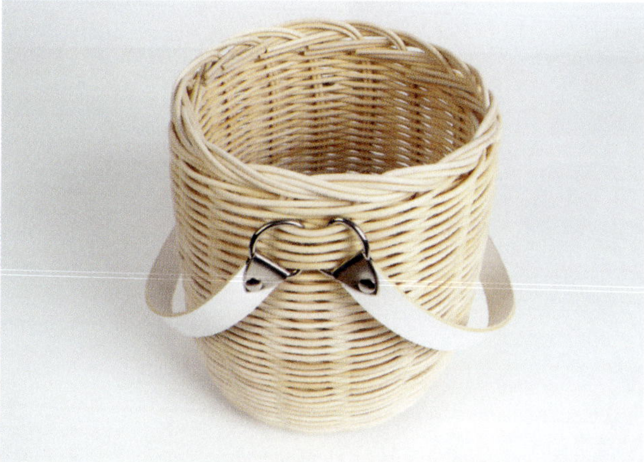

13 Führen Sie diesen Vorgang bei allen Staken durch. Dieser Rand ist sehr dekorativ, aber etwas weniger stabil. Achten Sie also darauf, dass Sie die Staken nicht zu kurz abschneiden, auch wenn der Rand fertig ist. Wenn es Ihnen lieber ist, können Sie auch einen anderen Rand wählen (siehe Seite 30).

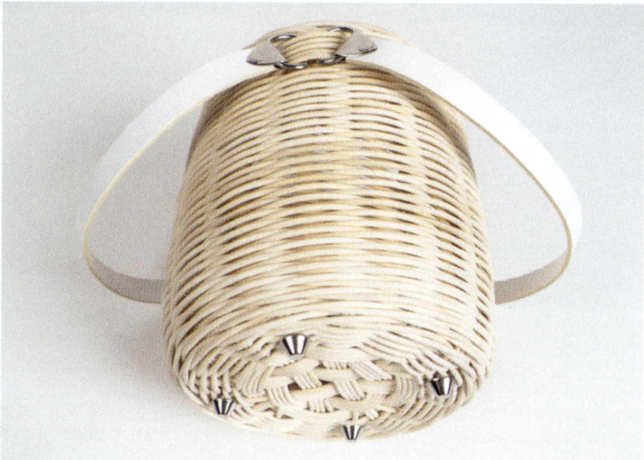

14 Lassen Sie das Werkstück trocknen und kappen Sie die überstehenden Fäden. Tragen Sie eine Schicht Lack auf und lassen Sie ihn trocknen. Bringen Sie am Boden des Korbs vier kleine Korbfüße durch das Geflecht hindurch an.

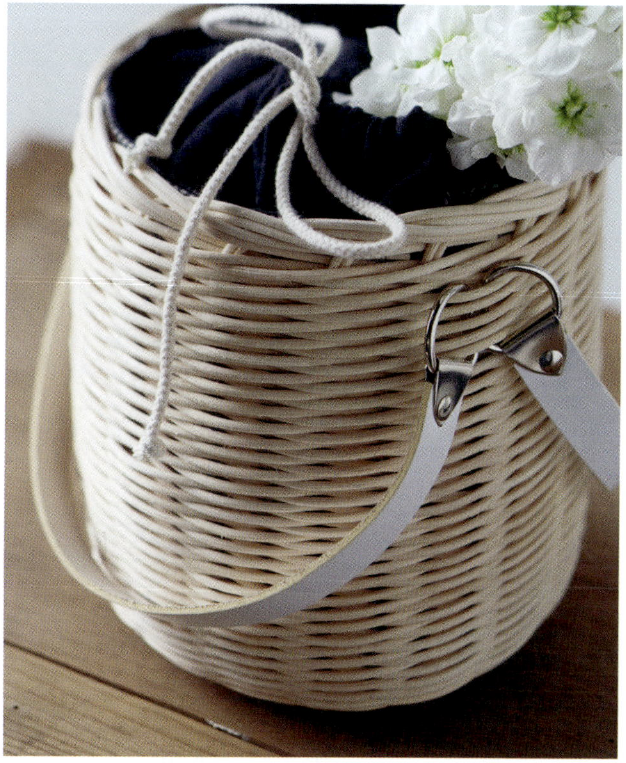

15 **Innenfutter:** Nähen Sie ein Täschchen passend zu den Maßen des Korbes, mit einem zweiten Teil, den man mit einer Kordel verschließen kann.

16 Befestigen Sie das Innenfutter mit ein paar Nadelstichen durch das Geflecht am Korb.

TIPP

Wenn Sie keine Nähmaschine besitzen, den Korb aber verschließen möchten, können Sie auch einen geflochtenen Deckel herstellen, den Sie dann mit einem Lederriemen befestigen.

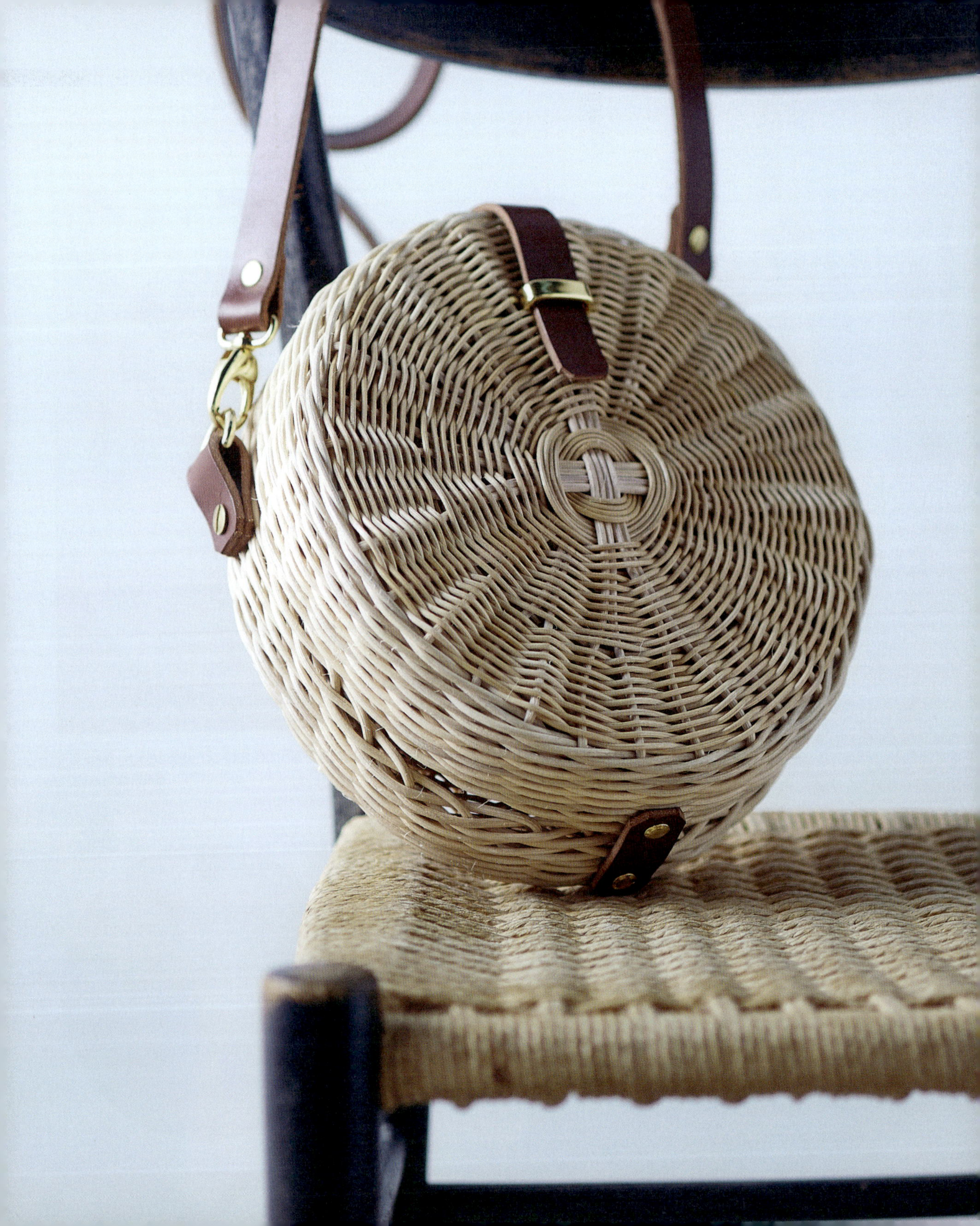

Runde Handtasche

Schwierigheitsgrad
★★★★

Ob im Alltag oder im Urlaub, runde Korbtaschen sind inzwischen nicht mehr wegzudenken und lassen sich mit ein wenig Übung sogar selbst herstellen!

Material:

FÜR DIE TASCHE:

- 32 + 32 Peddigrohrfäden, 60 cm lang (22 cm für Bodenkreuz und Verbindung + 3 cm Wandgeflecht auf jeder Seite + 11 cm Flechtrand auf jeder Seite + Abschlüsse), 3 mm ø, für die Bodenstaken
- Peddigrohr, 2 mm ø, für das Geflecht
- Peddigrohr, 2,5 mm ø, für die Bodenkimme
- Holzfarbe + Pinsel (optional)

FÜR ZUBEHÖR UND LEDER:

Wenn Sie das notwendige Werkzeug besitzen, können Sie die Riemen selbst herstellen, ansonsten können Sie diese natürlich auch fertig kaufen. Alle Riemen sind aus dunkelbraunem Leder und 2 cm breit.

- 1 langer Lederriemen mit Karabinerhaken an jedem Ende
- 1 Lederriemen, 15 cm lang, für den Verschluss, mit Loch an einem Ende
- 1 Lederriemen, 5 cm lang, um die beiden Korbteile zusammenzufügen, an jedem Ende gelocht
- 2 Lederriemen, 9 cm lang, um den Handtaschenriemen zu befestigen, an jedem Ende gelocht
- 2 halbrunde Ringe, Durchmesser passend zu den Lederriemen
- 3 Verbindungsschrauben mit Hülsen, 8 mm lang
- 2 Verbindungsschrauben mit Hülsen, 12 mm lang
- 1 Schlaufenverschluss
- Kleine Zange
- Schraubenzieher (um die Schrauben einzudrehen)

FÜR DAS INNENFUTTER (OPTIONAL):

- Alcantara oder Kunstleder
- Baumwollstoff
- Nähmaschine
- Nadel und Faden

Runde Handtasche | ANLEITUNG

Die beiden Teile der Handtasche werden getrennt voneinander geflochten. Wir beginnen mit der Unterseite.

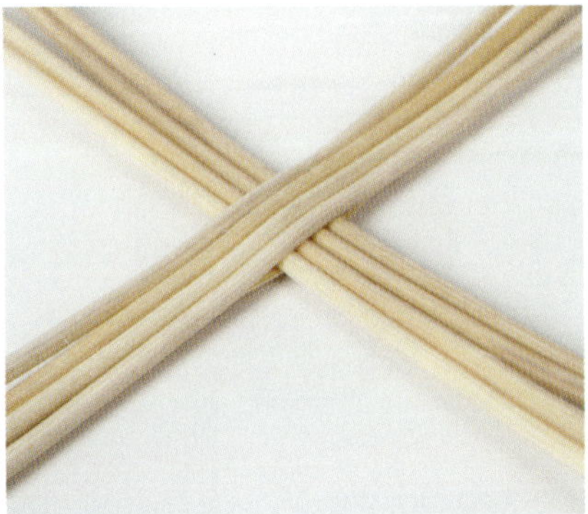

1 **Bodenkreuz:** Schneiden Sie 16 Bodenstaken zu und weichen Sie sie ein. Folgen Sie der Anleitung auf Seite 25, um ein einfaches aufgespaltenes Bodenkreuz aus acht Bodenstaken zu fertigen. Machen Sie dasselbe mit den übrigen acht Bodenstaken.

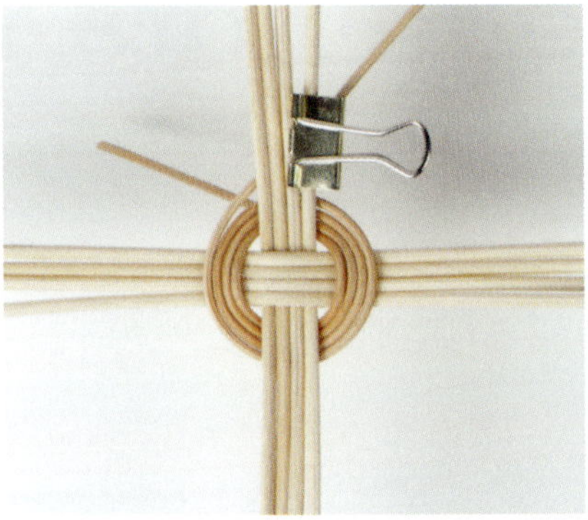

2 **Verbindung:** Weichen Sie einen langen Peddigrohrfaden (2 mm ø) ein. Nehmen Sie eines der Bodenkreuze und flechten Sie vier Blockgeweberunden um das Kreuz herum (Anleitung siehe Seite 26). Spannen Sie es gut.

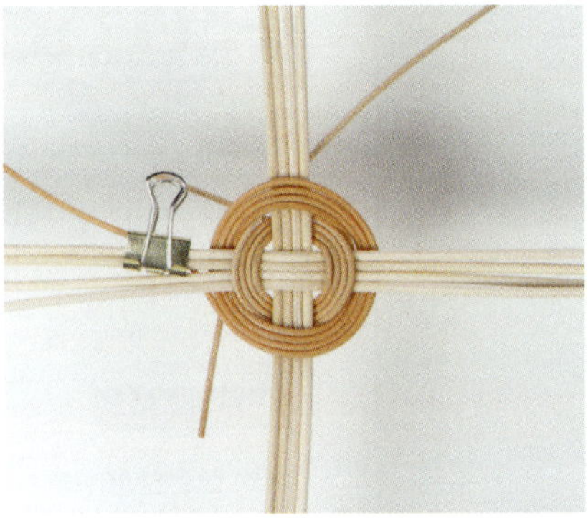

3 Fahren Sie mit der Blockgewebeverbindung mit einem neuen Faden in die andere Richtung fort.

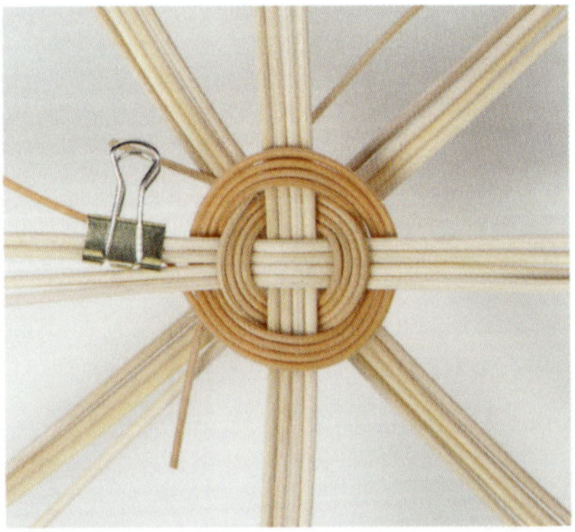

4 Nehmen Sie die übrigen Bodenstaken aus Arbeitsschritt 1 und platzieren Sie sie in diagonaler Ausrichtung unter dem ersten Kreuz.

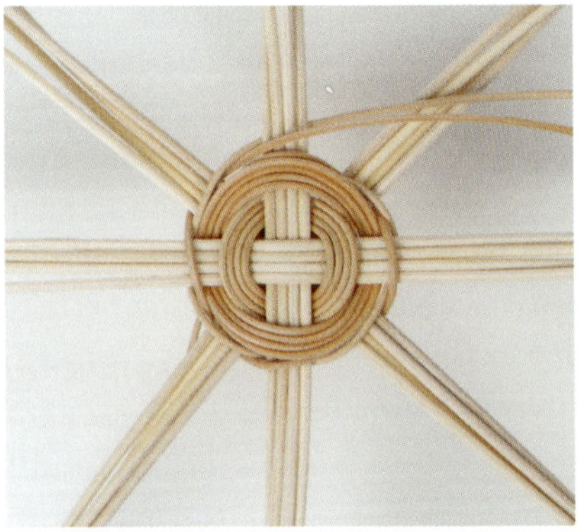

5 Beginnen Sie mit einem Zweiergeflecht um die Bodenstaken-Viererpäckchen herum, um die beiden Kreuze zu verbinden (Anleitung siehe Seite 27). Spannen Sie es gut. Flechten Sie drei Runden.

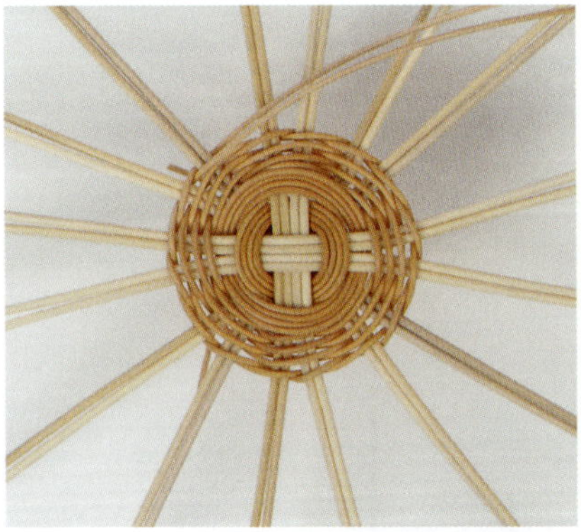

6 **Teilung der Bodenwand:** Beginnen Sie mit der paarweisen Teilung in Strahlen, weiterhin durch Fitzen. Trennen Sie die Strahlen gut und spannen Sie das Flechtwerk.

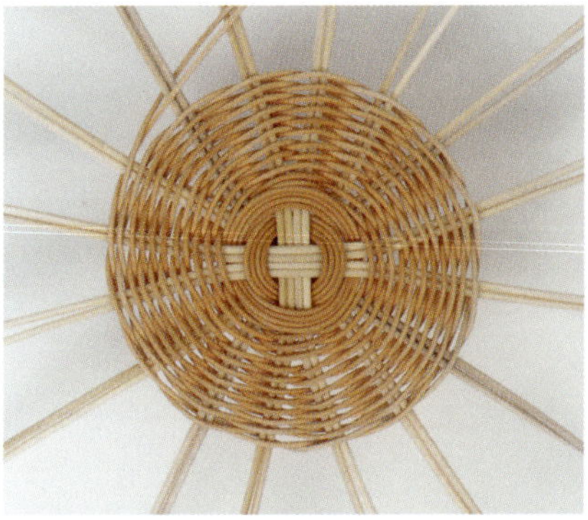

7 Fitzen Sie insgesamt acht Runden. Prüfen Sie nach jeder Runde, ob das Werkstück flach bleibt.

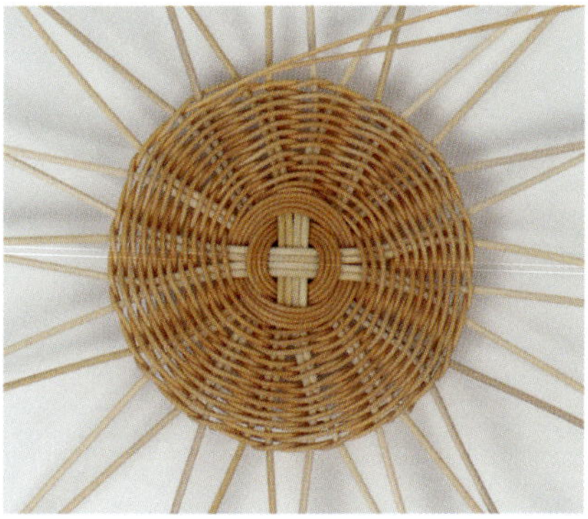

8 Teilen Sie die Strahlenpaare in jeweils eine Bodenstake auf, weiterhin durch Fitzen. Denken Sie daran, das Werkstück regelmäßig anzufeuchten.

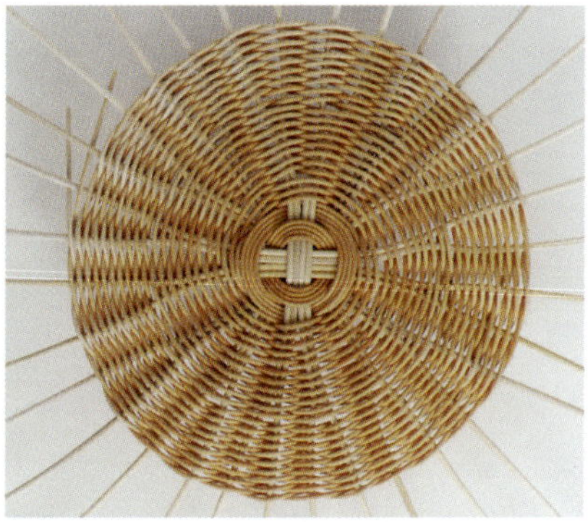

9 Flechten Sie zehn Runden um die Strahlen der einzelnen Bodenstaken. Achten Sie auf regelmäßige Abstände zwischen den Strahlen. In diesem Stadium sollte das Werkstück flach bleiben – pressen Sie die Oberfläche, um es flach zu halten, oder verwenden Sie Gewichte, falls nötig.

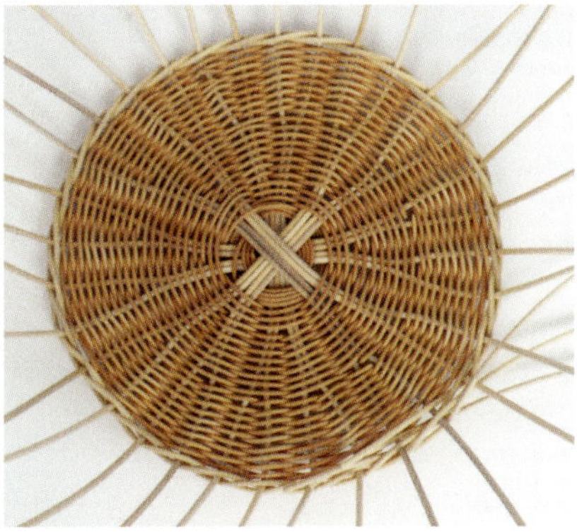

10 Weichen Sie die Staken ein. Drehen Sie das Werkstück um und biegen Sie die Staken nach oben. Flechten Sie eine erste Bodenkimmrunde mit Rattan (2,5 mm ø).

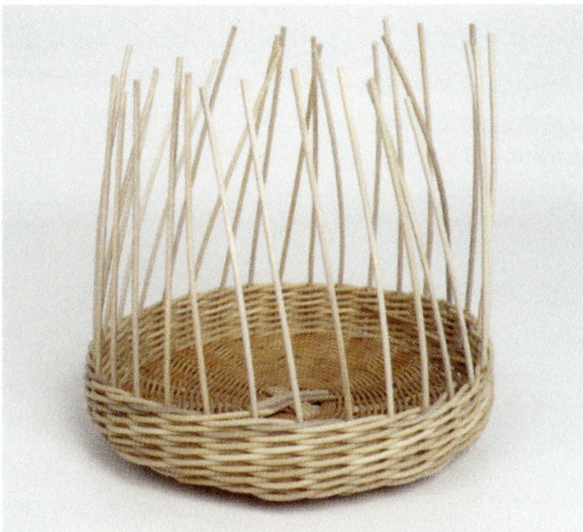

11 Kimmen Sie weiter, insgesamt fünf Runden. Versuchen Sie, die Staken senkrecht zum Boden zu halten.

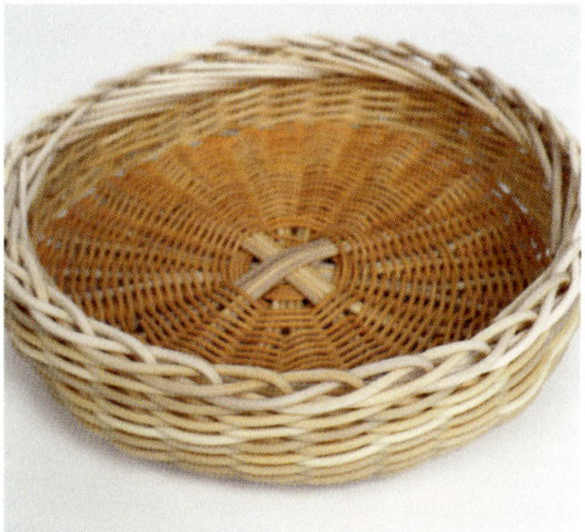

12 **Rand:** Flechten Sie den Rand in umgekehrter Richtung des Geflechts, indem Sie jede Stake hinter eine Stake, dann vor zwei Staken und am Schluss wieder hinter eine Stake führen. Trocknen lassen und überstehende Fäden kappen.

ZWEITE HÄLFTE DER HANDTASCHE

Nun stellen wir den zweiten Teil der Tasche her. Achten Sie gut auf die Maße und halten Sie das Geflecht in möglichst derselben Spannung wie das erste Teil, damit beide gleich aussehen.

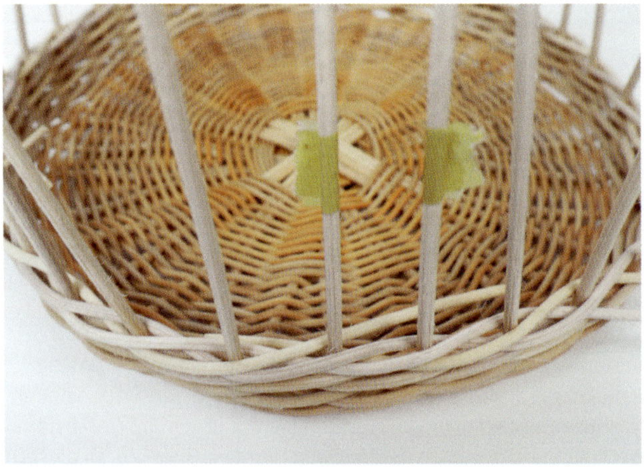

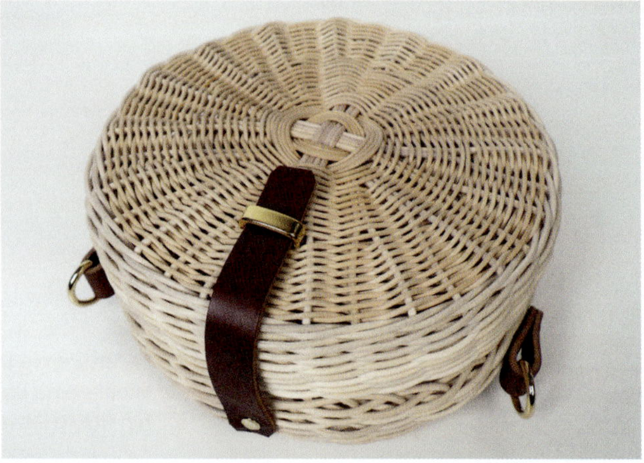

13 Erstellen Sie die andere Seite der Tasche auf exakt dieselbe Weise wie bis Abschnitt 11 beschrieben. Flechten Sie drei Reihen Bodenkimme. Vor der vierten Reihe markieren Sie die beiden Staken, die Sie für die Oberseite der Tasche verwenden möchten, mit einem Klebeband. Markieren Sie außerdem auch die vierte und fünfte Stake auf jeder Seite der beiden Oberseitenstaken. Flechten Sie dann weiter. Jedes Mal, wenn Sie zwischen diese beiden Staken kommen, schneiden Sie einen der für das Geflecht verwendeten Fäden ab und beginnen mit einem neuen. Die fünfte Reihe flechten Sie normal.
Ziel dieses Vorgangs ist es, die Löcher vorzubereiten, durch die die Schrauben kommen, um die Lederriemen zu befestigen.

14 Setzen Sie die beiden Teile zusammen. Wenn nötig, setzen Sie sie aufeinander, befeuchten sie und lassen Sie sie unter einem Gewicht trocknen, damit sie perfekt aufeinanderpassen. Dann entfernen Sie das Gewicht und lassen die Tasche vollständig trocknen. Tragen Sie eine Farbschicht auf und lassen Sie sie trocknen.
Dann bringen Sie die Lederriemen an: Zunächst den Lederriemen mit den zwei Löchern, um die beiden Taschenteile zu verbinden. Dann befestigen Sie die beiden Lederriemen mit den halbrunden Ringen, einmal gefaltet, mit langen Schrauben an jeder Taschenseite. Und zum Schluss den langen Lederriemen mit Verschluss auf der Vorderseite. Achten Sie darauf, dass das Rattan nicht bricht. Wenn Sie die Schrauben nicht befestigen können, können Sie auf jeder Seite der Flechtwand einen Faden anheben, um die Schraube durchzuführen. Dann befestigen Sie den Lederriemen mit den Karabinern an den Ringen.

INNENFUTTER

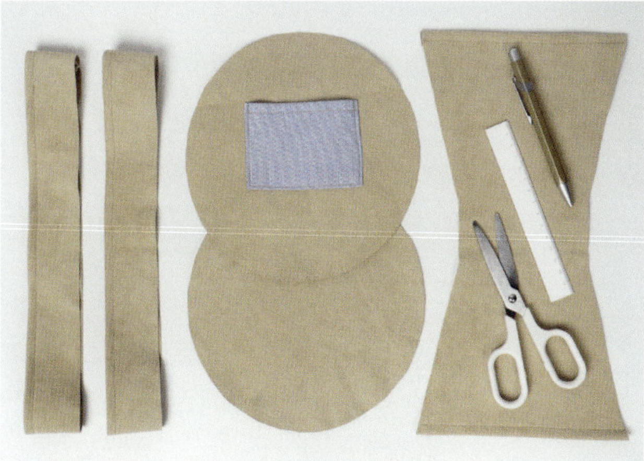

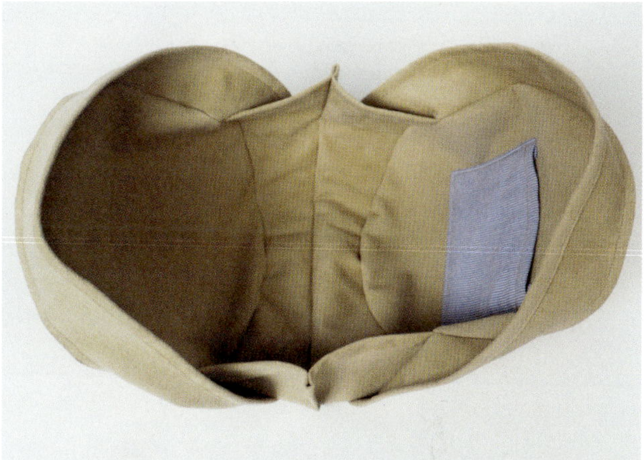

15 Zuschneiden:

- 2 Kreise, je 21 cm ø
- 1 Tasche, 7 x 10 cm (Sie können hierfür auch einen andersfarbigen Stoff verwenden, siehe Foto)
- 2 sehr lange Rechtecke, 4,5 x 68 cm
- 1 Stück in Form einer Sanduhr, 35 cm lang und 18 cm breit, in der Mitte 11 cm

Nähen Sie die beiden kurzen Seiten jedes langen Stücks zusammen, um eine Art Röhre zu bilden. Nähen Sie dann einen Saum an eine der Längsseiten. Nähen Sie auf dieselbe Art einen Saum auf die beiden geraden Seiten des Stücks in Form einer Sanduhr. Nähen Sie die kleine Tasche auf einen der Kreise.

16 Nähen Sie alle Stücke wie auf dem Foto abgebildet zusammen. Alle Nähte befinden sich an der Außenseite, damit sie im Futter verborgen sind. Nähen Sie noch eine lange Naht in der Mitte des zentralen Stücks, damit beide Teile dasselbe Maß haben. Schneiden Sie in Höhe dieser Naht bündig ab. Befestigen Sie das Futter von Hand mit Stichen durch das Geflecht an der Tasche.

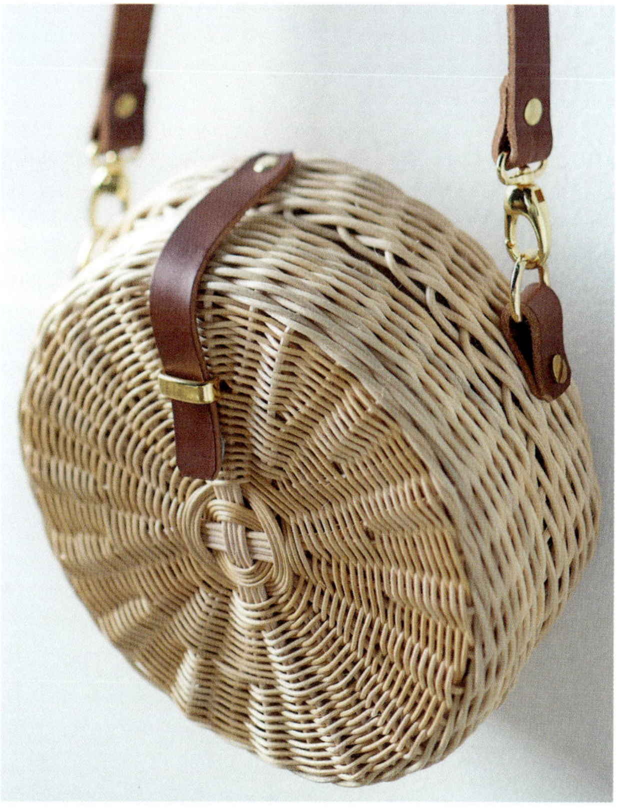

Durchbrochenes Geflecht

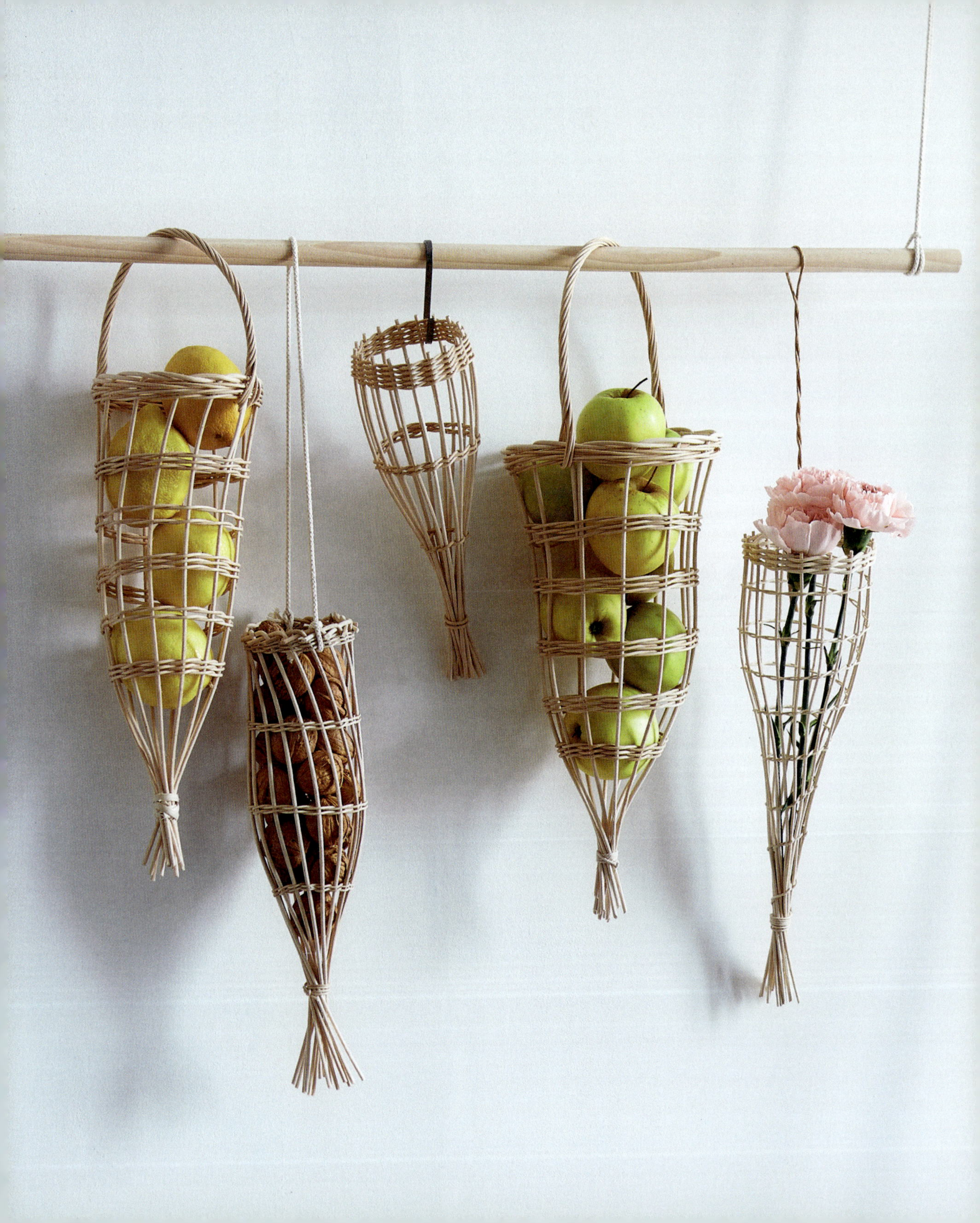

Vogelfutterstation

Diese Hängekörbe sind eigentlich für die Fütterung unserer Gartenbewohner gedacht, sie eigen sich jedoch auch zum Verstauen von Alltagsgegenständen.

Schwierigkeitsgrad
**

Material:

- 12 Peddigrohrfäden, 50 cm lang, 3 mm ø, für die Staken
- Peddigrohr, 2 mm ø, für das Geflecht
- 1 Peddigrohrband
- 1 Konservendose, ca. 8,5 cm ø, mit Plastikdeckel (für die Schablone)
- Bohrer oder Säulenbohrmaschine

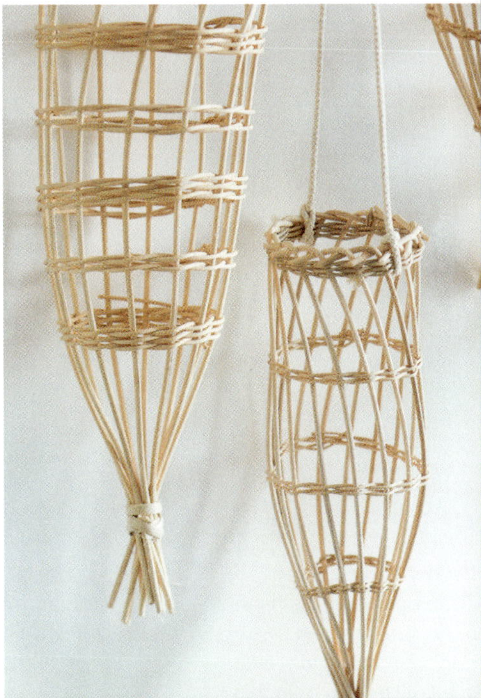

Vogelfutterstation | ANLEITUNG

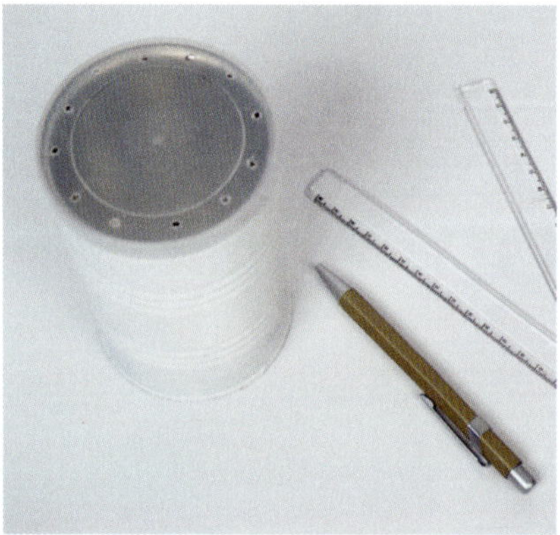

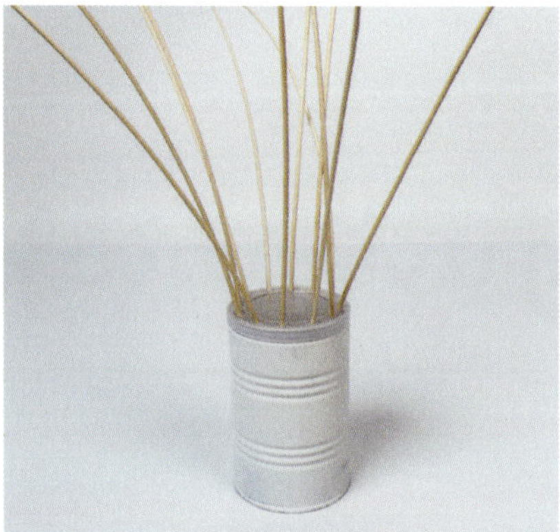

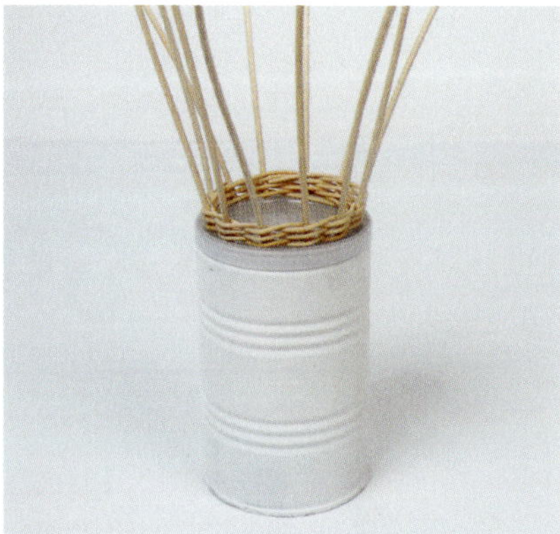

1 **Vorbereitung:** Stechen Sie mit dem Bohrer in den Plastikdeckel der Konservendose 12 Löcher mit etwa 1,8 cm Abstand (Sie können die Staken auch in Schaumstoff stecken oder um eine Flasche herum befestigen).

2 Schneiden Sie die Staken zu und stecken Sie sie in die Löcher, bis auf den Boden der Konservendose.

3 **Wand:** Beginnen Sie mit zwei Rattanfäden (2 mm ø) Zweiergeflecht direkt über dem Deckel (Anleitung siehe Seite 22). Flechten Sie drei gut verdichtete Reihen.

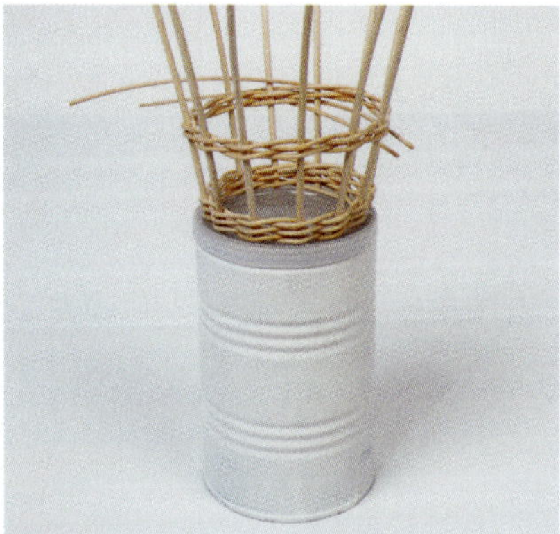

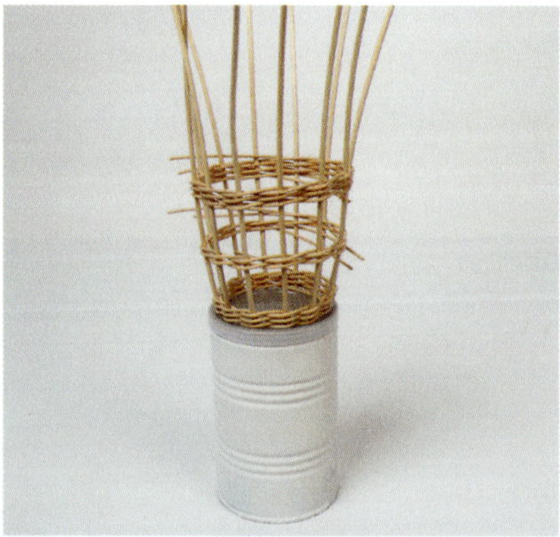

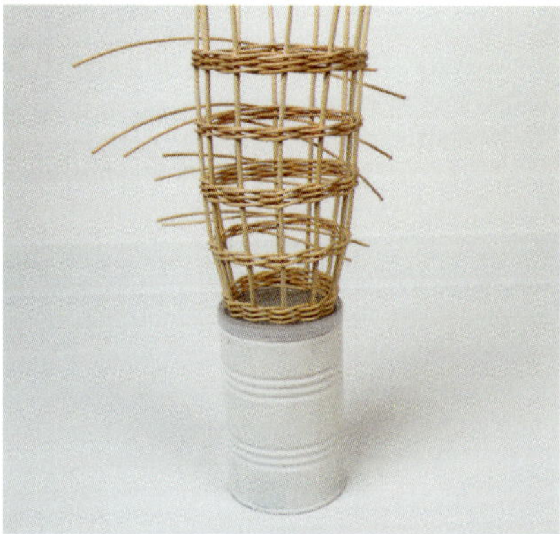

4 Lassen Sie bei den Staken eine Lücke von 3 cm und fitzen Sie dann zwei weitere Reihen. Trennen Sie die Staken dabei ein wenig, um eine etwas größere Lücke nach oben hin zu erhalten.

5 Wiederholen Sie diesen Vorgang und flechten Sie dieses Mal drei Reihen.

6 Flechten Sie noch einmal zwei Reihen auf diese Weise, dann lassen Sie wieder eine Lücke und flechten drei Reihen.

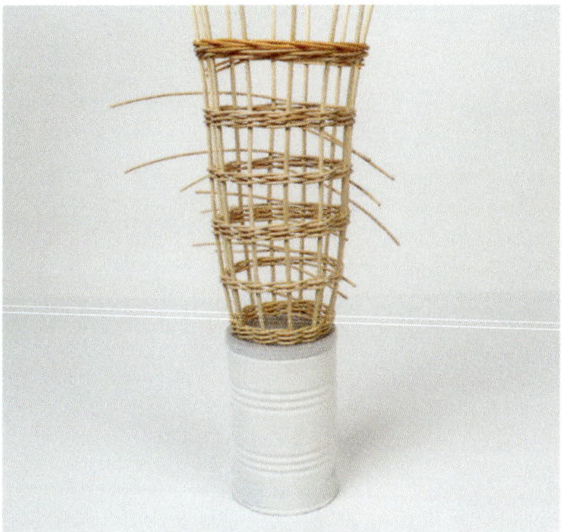

7 Zum Abschluss flechten Sie eine Zweiergeflecht-Reihe. Dann nehmen Sie einen Zusatzfaden und flechten zwei Kimmreihen (Anleitung siehe Seite 22).

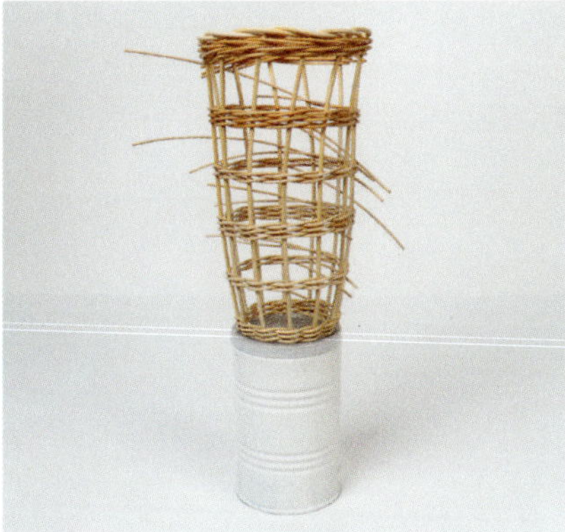

8 **Rand:** Flechten Sie den Rand, indem Sie eine Stake immer vor die nächste Stake und hinter die übernächste Stake führen. Denken Sie daran, die Staken vor dem Flechten anzufeuchten.

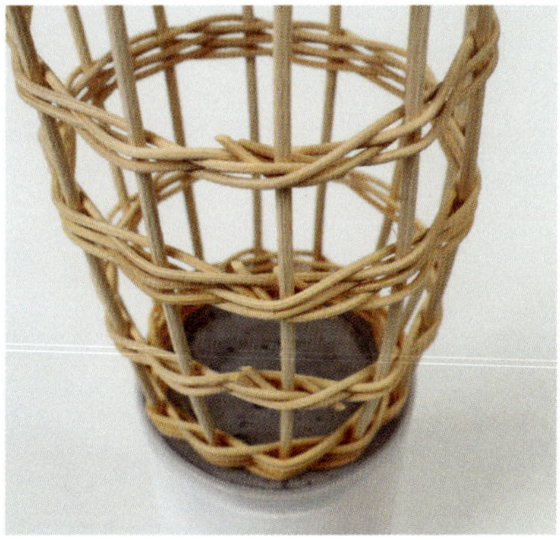

9 Am Ende führen Sie alle Fäden der Wand hinter die Staken in die Wand. Schneiden Sie überstehende Fäden ab.

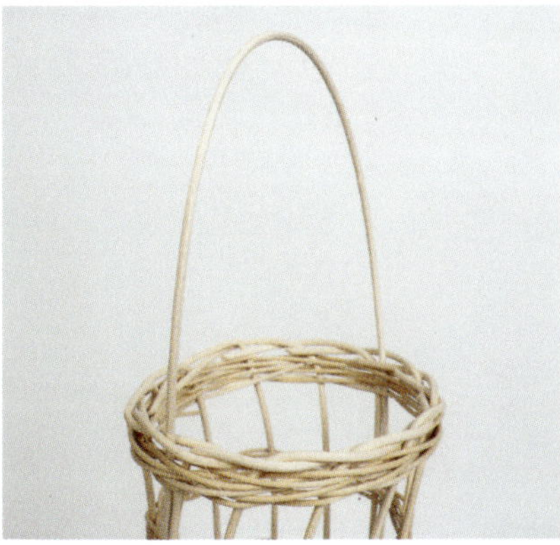

10 **Henkel:** Wenn Sie möchten, fügen Sie einen Doppelhenkel hinzu (Anleitung siehe Seite 32). Beginnen Sie mit einem 3-mm-Faden, den Sie in die Wand stecken, und zwar bis zum vorletzten Wandabschnitt. Passen Sie die Höhe des Henkels an.

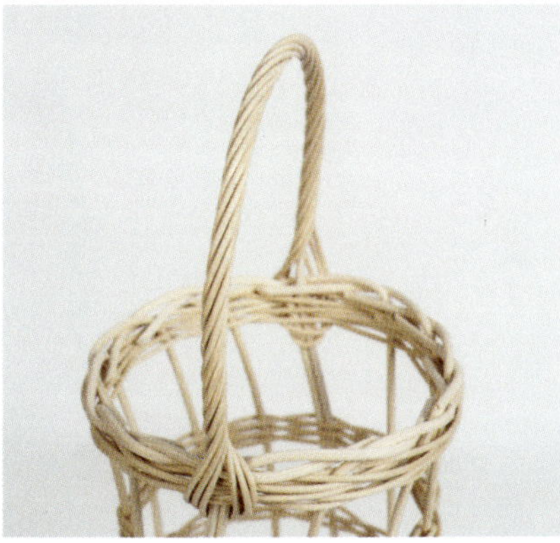

11 Nehmen Sie einen langen Rattanfaden (2 mm ø) und wickeln Sie ihn um den Grundhenkel herum.

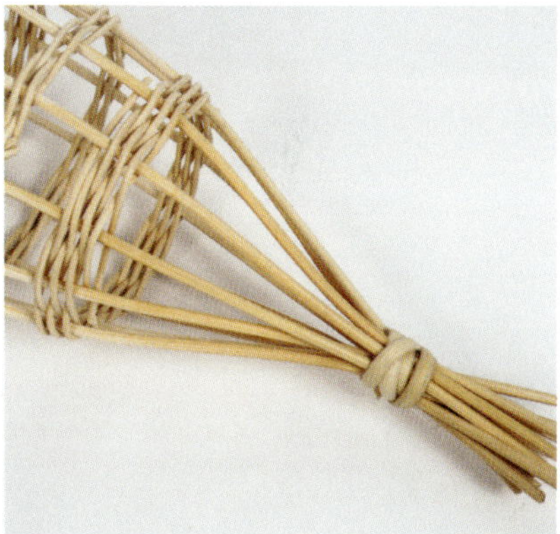

12 Heben Sie das Werkstück aus dem Boden heraus. Weichen Sie die überstehenden Staken ein. Machen Sie um die Staken mithilfe des Peddigrohrbands einen Knoten (Anleitung siehe Seite 33). Kappen Sie dann die Enden der Staken.

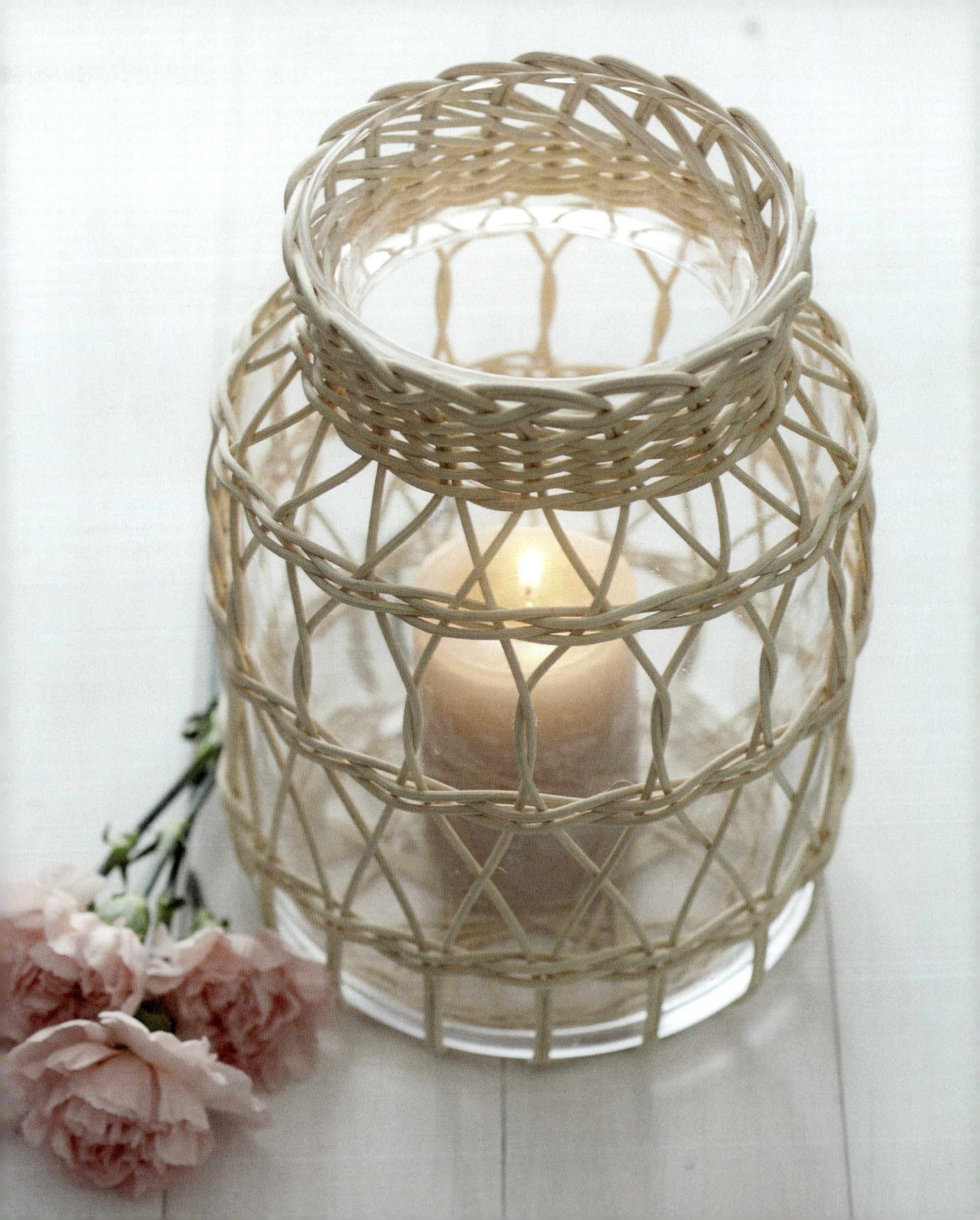

Laterne

Diese einfache Glasvase verwandelt sich durch eine Flechtverkleidung in ein dekoratives Windlicht.

Schwierig-keitsgrad
★★

Material:

- 1 große Glasvase (hier: 18,5 cm x 27 cm)
- 18 Peddigrohrfäden, 1 m lang (18,5 cm Boden + 27 cm Wände + 8 cm Rand + Abschlüsse), 3 mm ø, für die Staken
- Einige lange Peddigrohrfäden, 3 mm ø

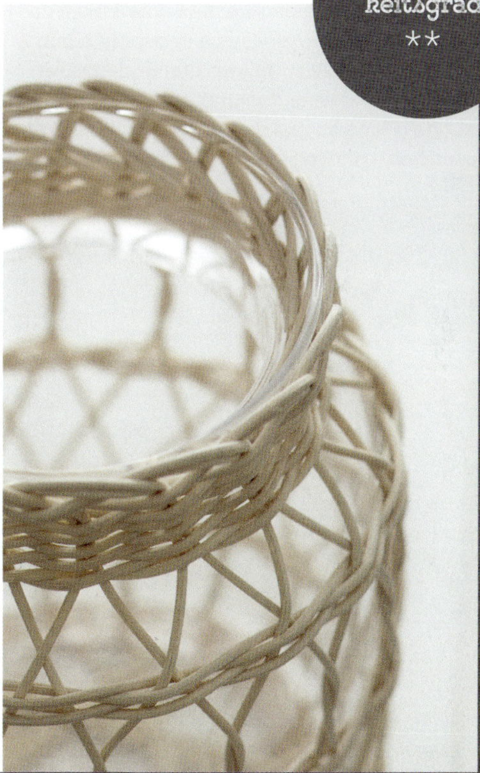

Laterne | ANLEITUNG

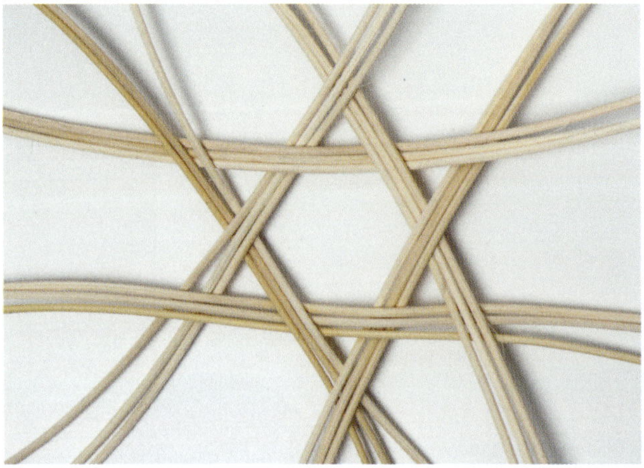

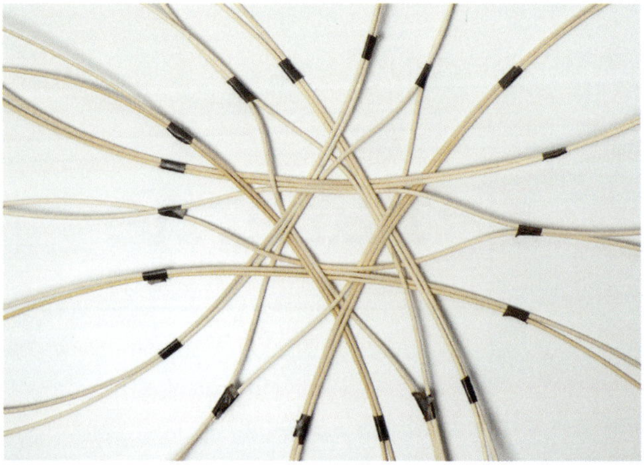

1 **Flechten des Bodens:** Schneiden Sie die Bodenstaken zu und weichen Sie sie ein. Kreuzen Sie sie in der Mitte und formen Sie daraus einen Stern. Jeweils drei Bodenstaken bilden ein Ensemble und verlaufen über- und untereinander, wie auf dem Foto abgebildet. Um die Bodenstaken zusammenzuhalten, können Sie Klebeband verwenden.

2 Trennen Sie die Bodenstaken in Zweierpakete auf (siehe Foto) und kleben Sie sie provisorisch zusammen.

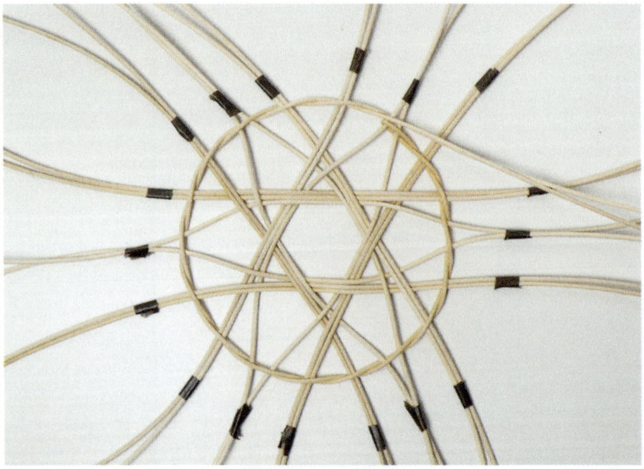

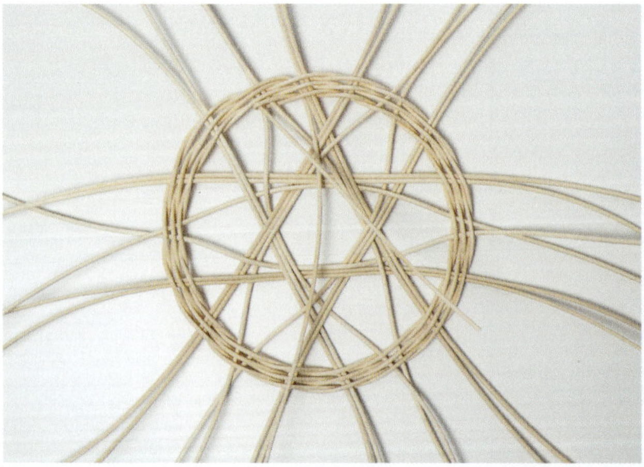

3 Weichen Sie einen sehr langen Faden ein. Falten Sie ihn und führen Sie ihn durch eine Bodenstake. Flechten Sie eine Runde Zweiergeflecht um die Bodenstakenpaare herum und achten Sie darauf, dass sie regelmäßig verteilt sind (Anleitung siehe Seite 22).

4 Fitzen Sie noch zwei Runden weiter. Führen Sie die Enden der Fäden in die Flechtwand und schneiden Sie sie bündig ab. Der so gefertigte Boden sollte perfekt zur Größe des Glasvasenbodens passen.

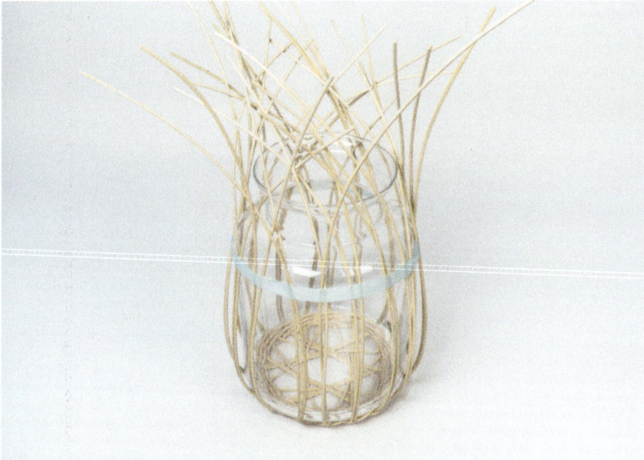

5 Platzieren Sie die Vase auf dem Werkstück. Feuchten Sie die Staken gut an, bevor Sie sie nach oben biegen. Halten Sie sie mit Klebeband fest.

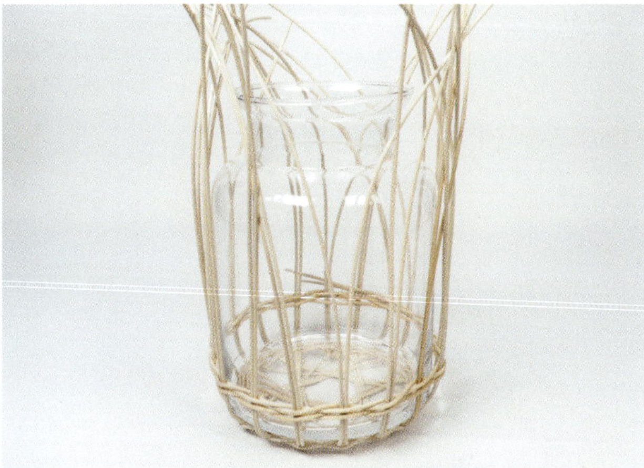

6 Fitzen Sie zwei Reihen mit einem neuen Faden (3 mm ø), beginnend bei einem Abstand von 3 cm zum Boden. Flechten Sie immer um die Stakenpaare herum, ohne sie zu trennen.

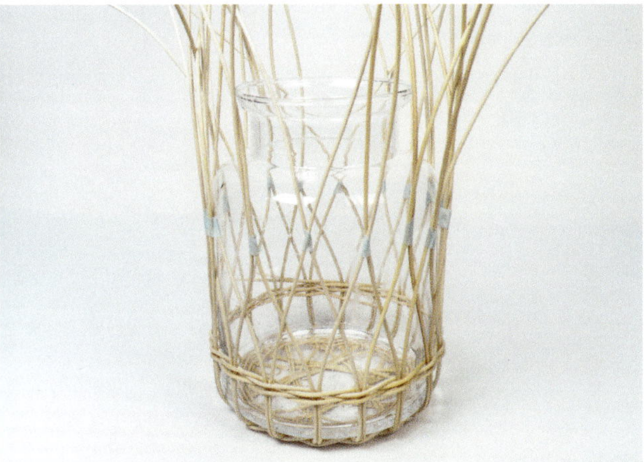

7 Führen Sie den linken Faden jedes Stakenpaares unter den rechten Faden hindurch, sodass sie sich kreuzen, und verbinden Sie die Stake dann mit der rechten Stake des folgenden Paares. Halten Sie die so entstehenden neuen Paare mit Klebeband fest.

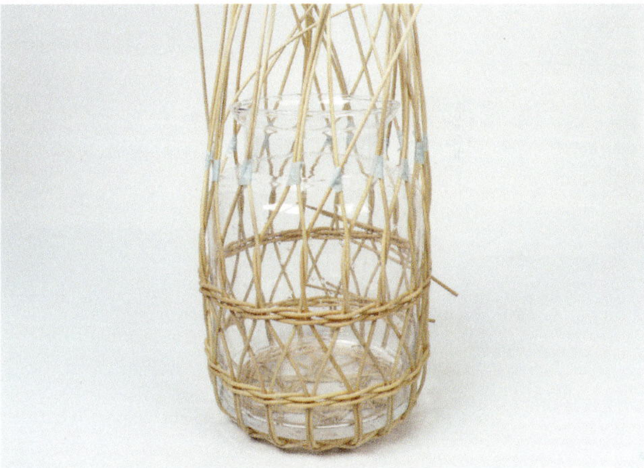

8 Flechten Sie zwei Reihen um diese neuen Paare herum, mit 6 cm Abstand zu den zuvor geflochtenen Reihen.

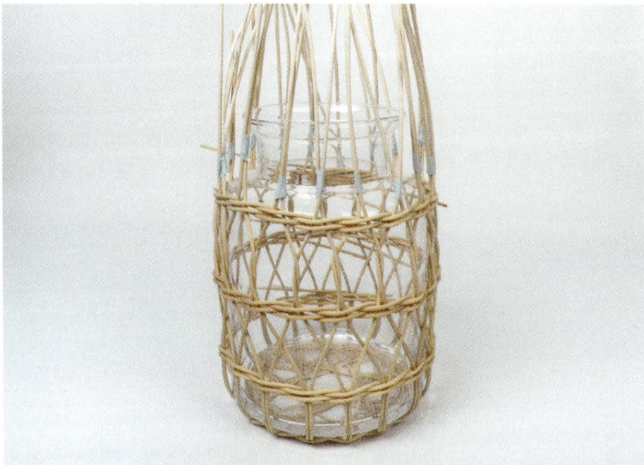

9 Verflechten Sie die Staken, indem Sie sie miteinander verdrehen, dann entstehen durch Trennen wieder neue Paare. Flechten Sie zwei weitere Reihen im Zweiergeflecht, mit 6 cm Abstand zu den zuvor geflochtenen Reihen.

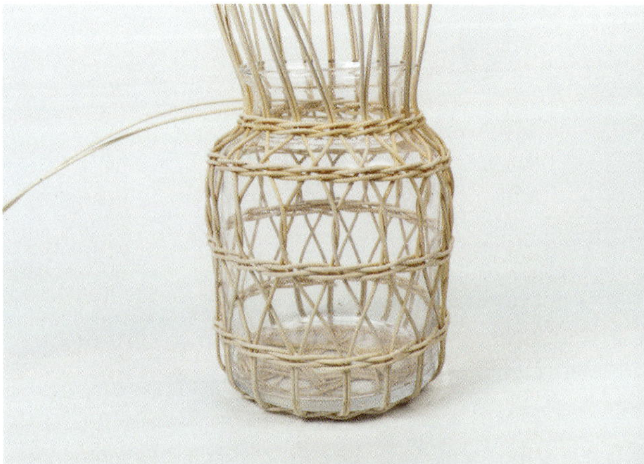

10 Kreuzen Sie die Staken und flechten Sie zwei gut gespannte Reihen, um das Geflecht rund um die Vase fertigzustellen.

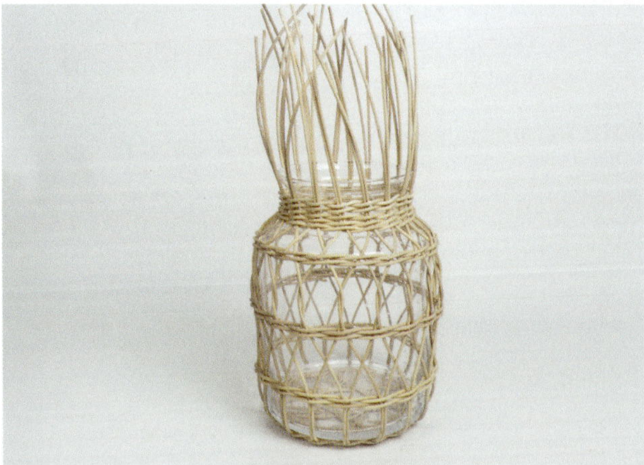

11 Flechten Sie fünf weitere Runden im Zweiergeflecht und halten Sie dabei die Spannung. Denken Sie daran, die Staken entsprechend zu befeuchten, wenn nötig.

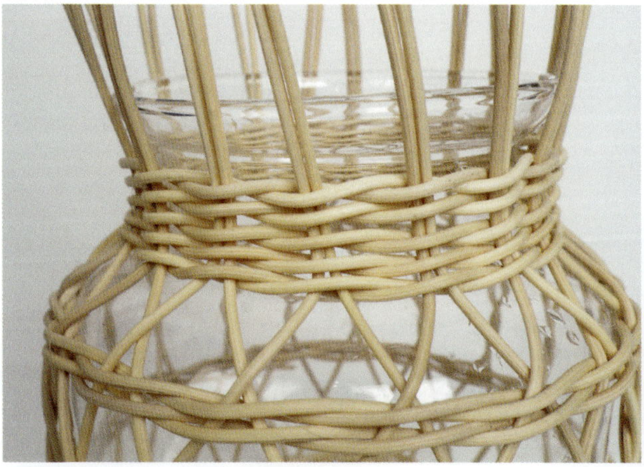

12 Die Staken sollten so gerade wie möglich bleiben und der Vasenform folgen, Sie sollten Sie beim Flechten also nach innen biegen.

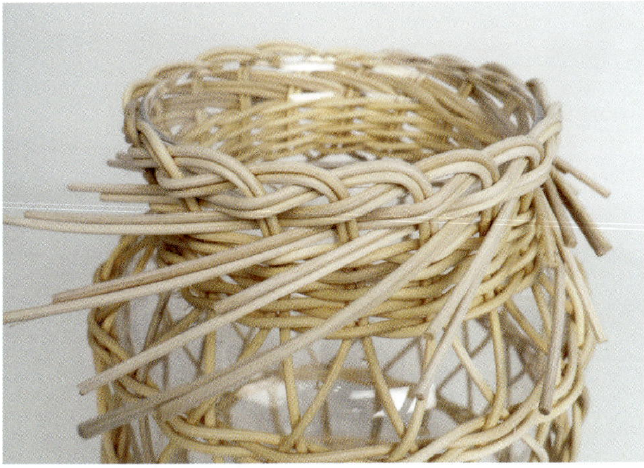

13 Flechten Sie mit den Stakenpaaren einen Rand: hinter ein Paar Staken, vor ein Paar Staken, hinter das nächste Paar Staken (sodass man nach außen hin endet), in entgegengesetzte Richtung des vorherigen Geflechts.

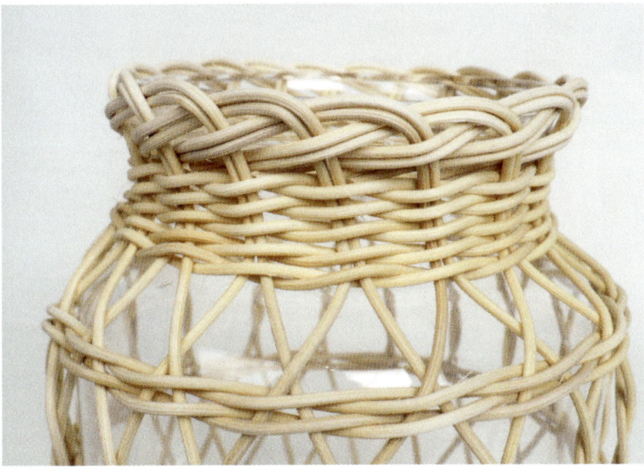

14 Schneiden Sie die Staken bündig ab und schieben Sie sie mit einer Ahle oder Zange leicht nach innen, damit sie nicht überstehen. Kappen Sie alle überstehenden Fäden. Lassen Sie das Ganze trocknen.

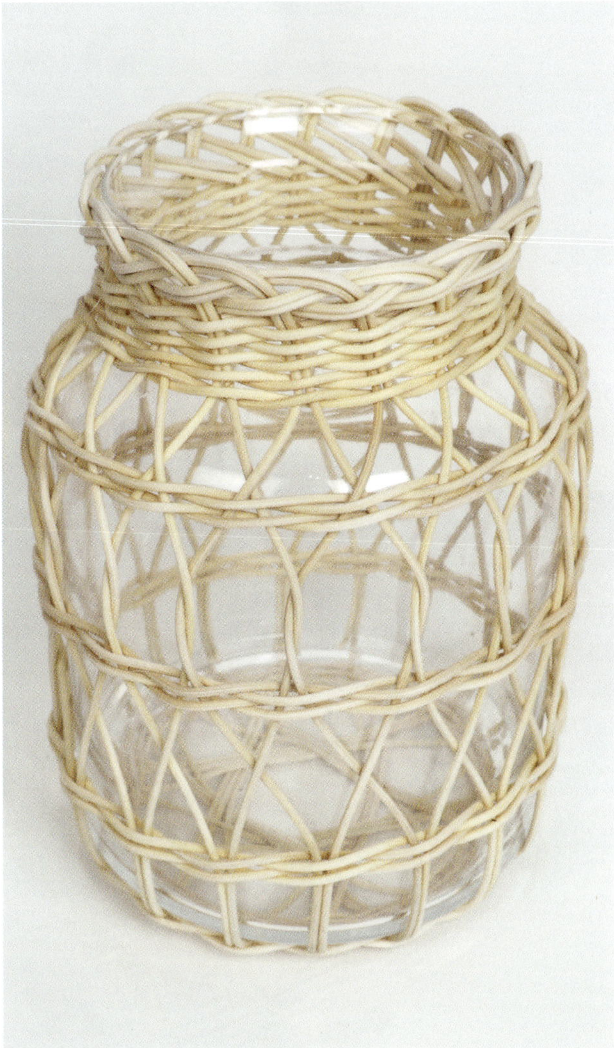

15 Natürlich können Sie die Art der Kreuzung der Staken und die Anzahl der geflochtenen Reihen ganz nach Ihrem Geschmack verändern, ebenso wie die Größe der Vase. Wie auch immer Sie die Vase gestalten, denken Sie daran, dass Sie niemals eine brennende Kerze unbeobachtet lassen sollten, auch nicht in einer Laterne.

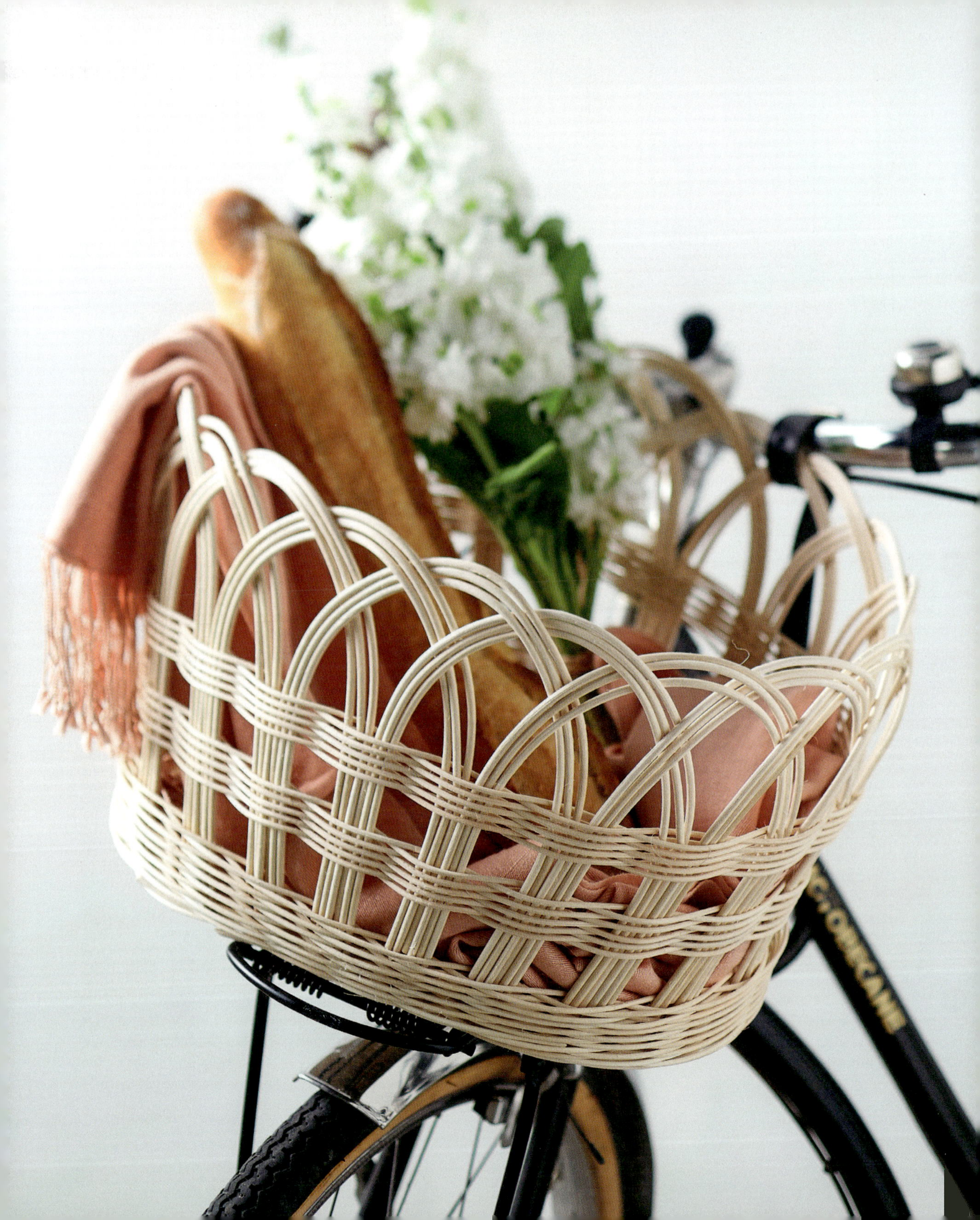

Fahrradkorb

Das durchbrochene Geflecht sorgt bei diesem praktischen Fahrradkorb für eine moderne und elegante Komponente.

Schwierigkeitsgrad
★★★

ANMERKUNG
Der Fahrradkorb ist dazu bestimmt, auf den Gepäckträger gestellt zu werden. Die durchbrochene Struktur macht es leicht, ihn am Rahmen zu befestigen. Dafür ist er nicht besonders stabil und sollte nicht schwer beladen werden.

Material:

- 10 Peddigrohrfäden, 45 cm lang (35 cm für Bodenkreuz und Verbindung + Abschlüsse), 4 mm ø, für die Bodenstaken
- 60 Peddigrohrfäden, 110 cm lang, 4 mm ø, für die Staken
- Peddigrohr, 3 mm ø, für das Geflecht
- 3 Lederriemen
- Holzfarbe + Pinsel (optional)

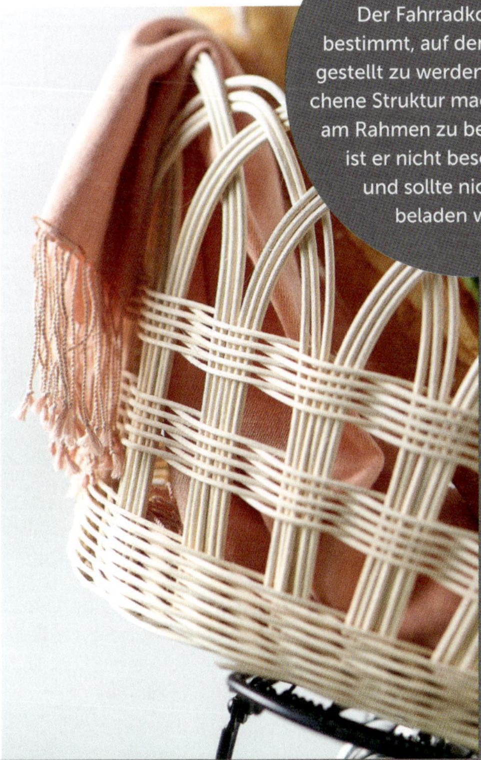

Fahrradkorb | ANLEITUNG

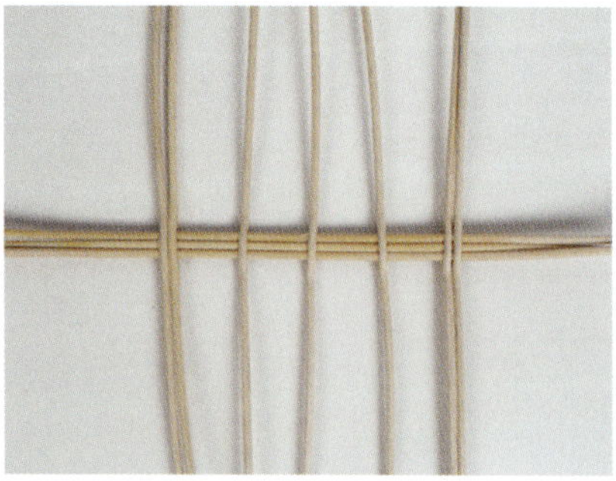

1 Bodenkreuz: Schneiden Sie die Bodenstaken zu und weichen Sie sie ein. Folgen Sie der Anleitung auf Seite 25, um ein aufgespaltenes Bodenkreuz für einen ovalen Boden zu fertigen. Trennen Sie die Staken etwa 3 cm voneinander. Verdoppeln Sie die Staken, die den Boden begrenzen.

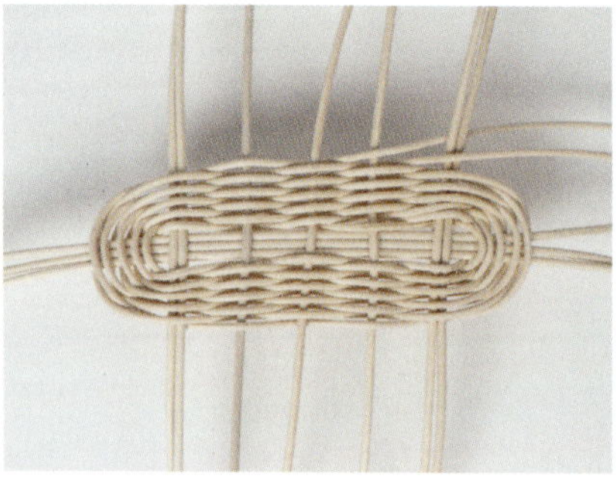

2 Verbindung: Weichen Sie zwei lange Peddigrohrfäden (3 mm ø) ein. Beginnen Sie mit zwei Fäden mit dem Zäunen auf den Längsseiten und flechten Sie mit Zweiergeflecht (Fitzen) auf den Schmalseiten (Anleitung siehe Seite 28). Flechten Sie insgesamt fünf Runden.

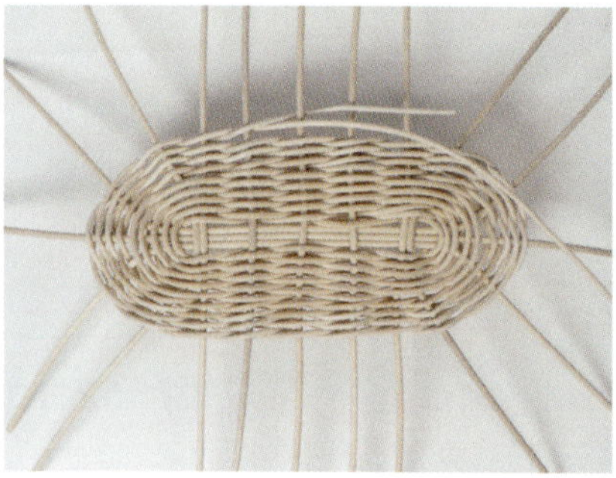

3 Teilung und Bodenwand: Beginnen Sie, die doppelten und dreifachen Bodenstaken in Strahlen aufzuteilen, indem Sie im Zweiergeflecht (Fitzen) ganz herum flechten. Trennen Sie die Bodenstaken und spannen Sie sie gut.

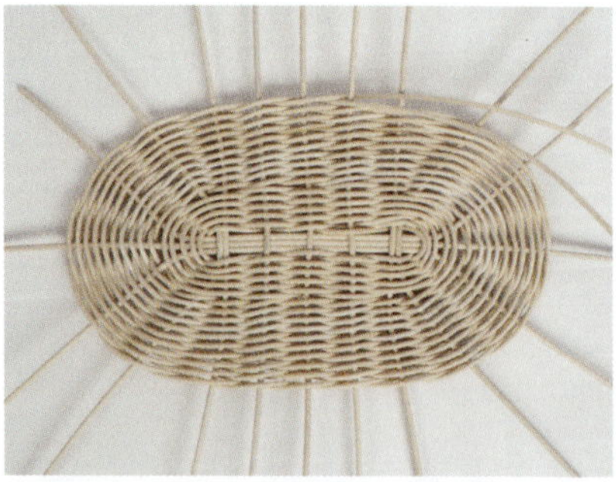

4 Flechten Sie insgesamt zehn Runden. Achten Sie darauf, dass das Werkstück flach bleibt.

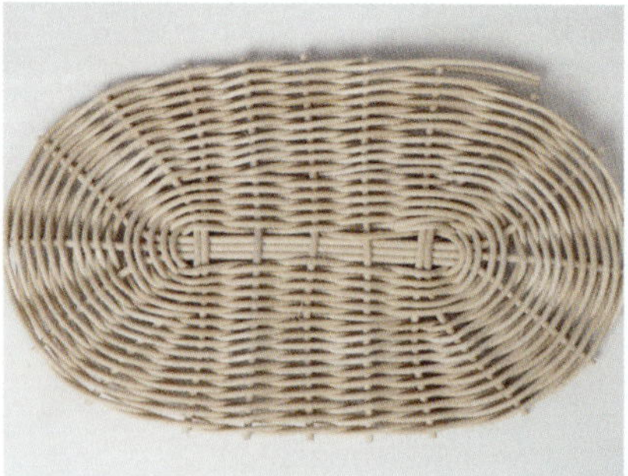

5 Schneiden Sie die Bodenstaken bündig am Geflecht ab. Schneiden Sie die Staken zu und weichen Sie sie ein.

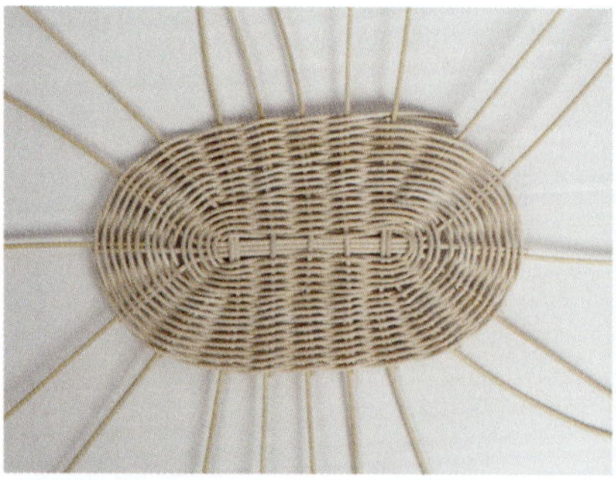

6 Wände: Fügen Sie neben jeder Bodenstake eine Wandstake ein, in einer Tiefe von etwa 5 cm.

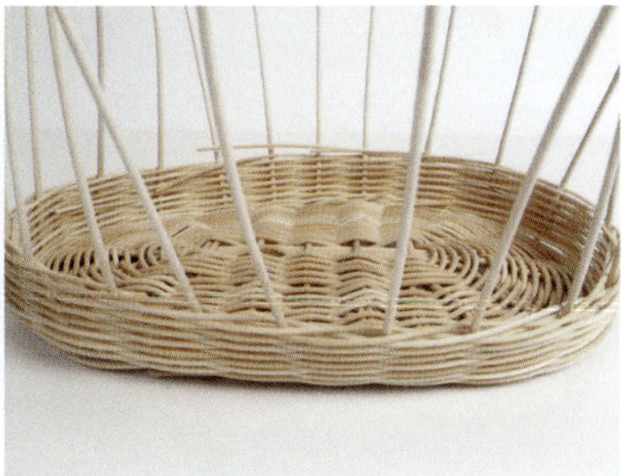

7 Biegen Sie die Staken nach oben. Sie können Sie mit einer Kordel oben zusammenhalten. Machen Sie eine gut gespannte Bodenkimme, insgesamt acht Runden.

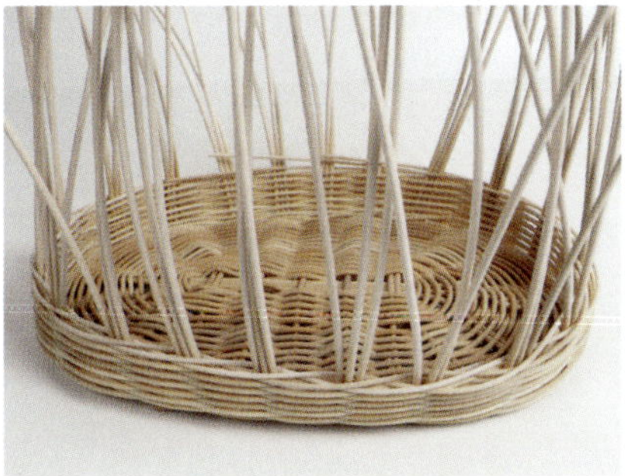

8 Fügen Sie die übrigen Staken ein, je eine auf jeder Seite der vorhandenen Staken.

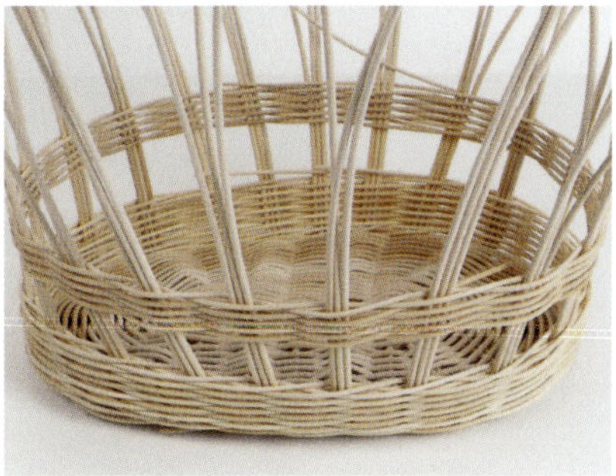

9 Flechten Sie vier Kimmrunden, beginnend bei einem Abstand von etwa 4 cm zum vorigen Geflecht.

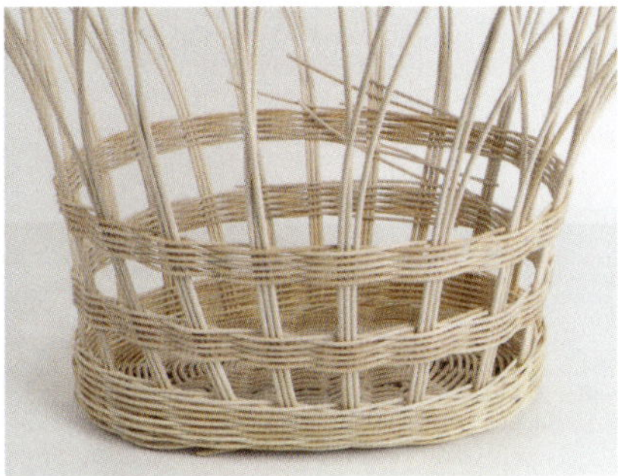

10 Wiederholen Sie den Vorgang. Trennen Sie die Staken leicht, um dem Korb eine breiter werdende Struktur zu geben.

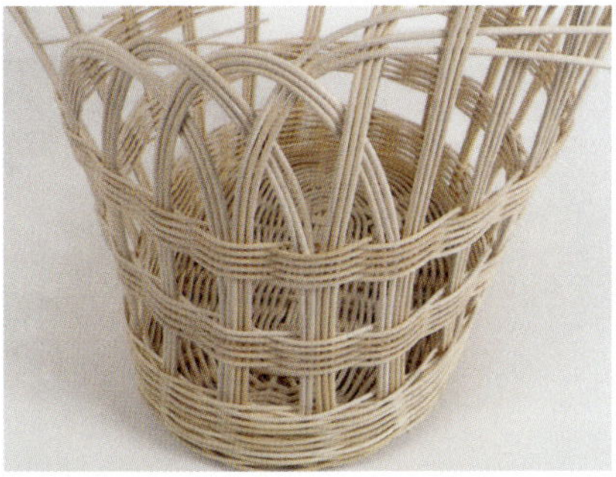

11 **Rand:** Weichen Sie die Staken ein. Führen Sie jeweils ein Dreierpack Staken vor eine Stake, dann hinter eine Stake, dann stecken Sie die Staken neben der darauffolgenden Stake ins Geflecht. Stecken Sie alle Staken bis auf den Boden des Geflechts ein.

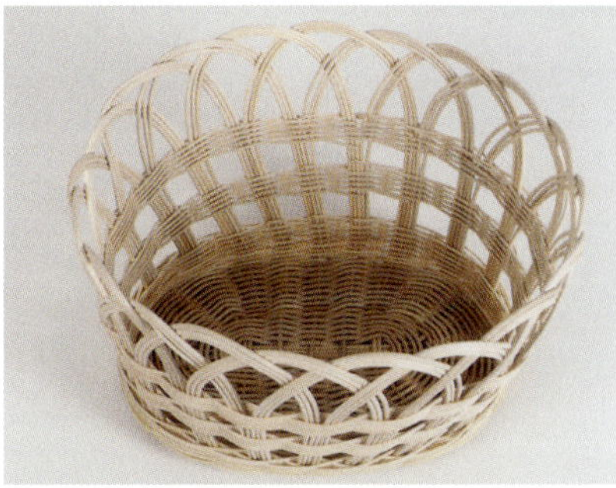

12 Verarbeiten Sie alle Staken auf diese Weise. Lassen Sie das Werkstück trocknen und schneiden Sie die überstehenden Fäden ab. Streichen Sie das Objekt, wenn gewünscht. Befestigen Sie es mit den Lederbändern am Gepäckträger des Fahrrads.

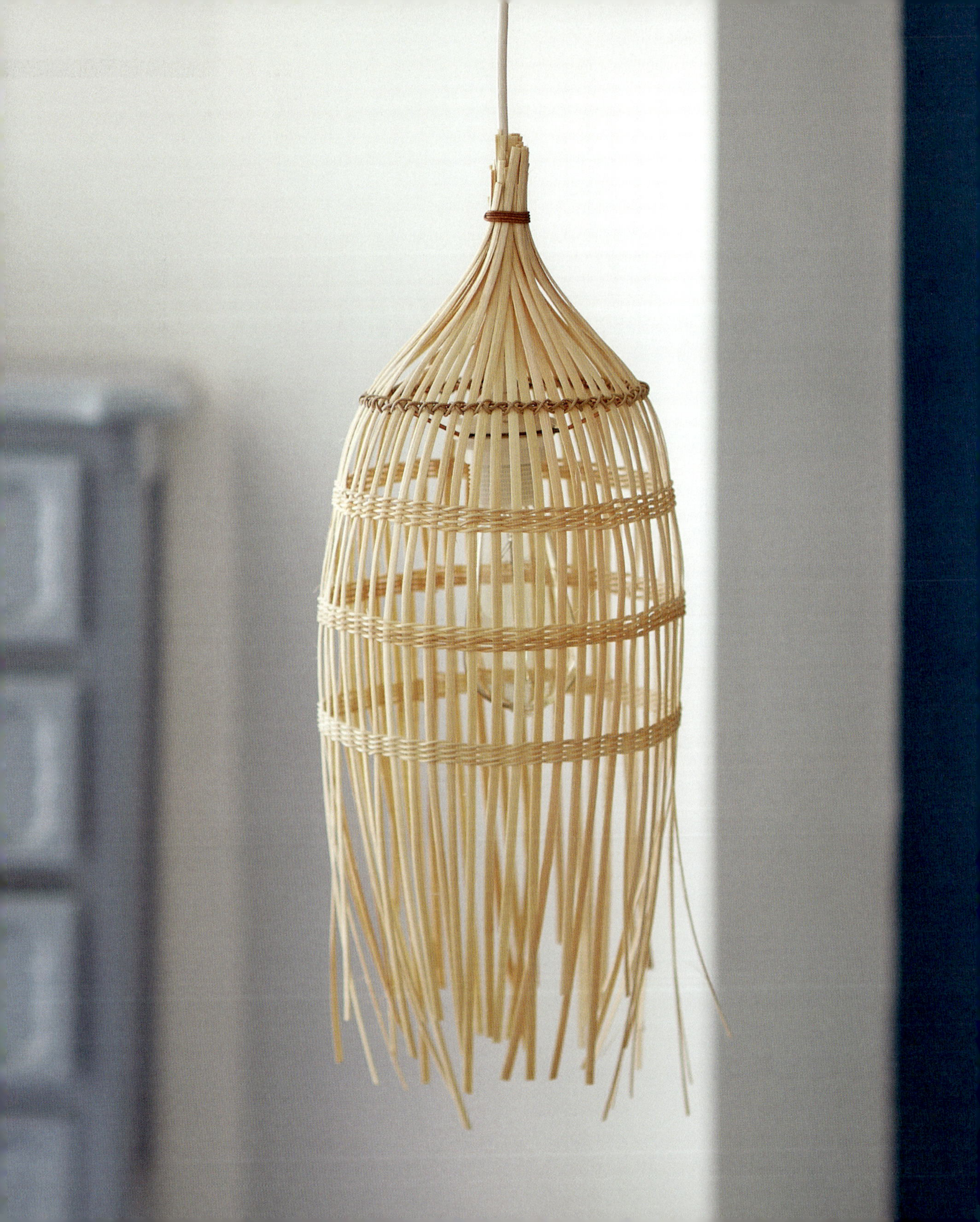

Hängelampenschirm

Die Peddigrohrfäden verleihen dem Lampenschirm mit seinen Fransen ein originelles Aussehen.

Schwierigkeitsgrad
★★★

Material:

- 1 Lampenschirmgestell (Ring), 15 cm ø
- Peddigrohrfäden in verschiedenen Längen, 1,5 mm ø
- 54 Peddigrohrschienen, 60 cm lang
- Zangen
- Gummi
- Bindfaden

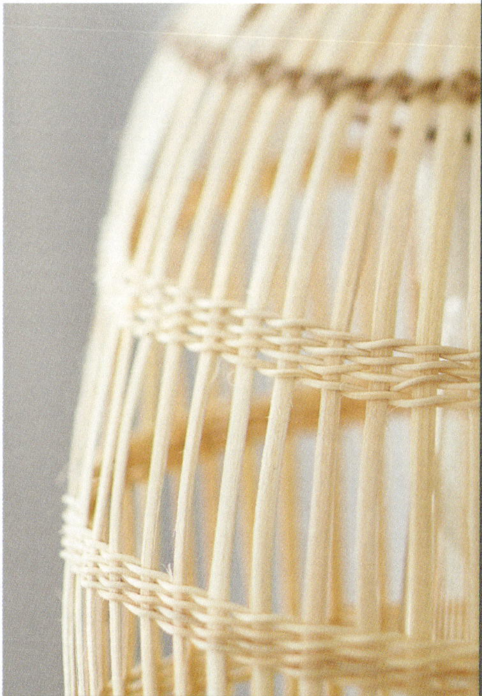

Hängelampenschirm | ANLEITUNG

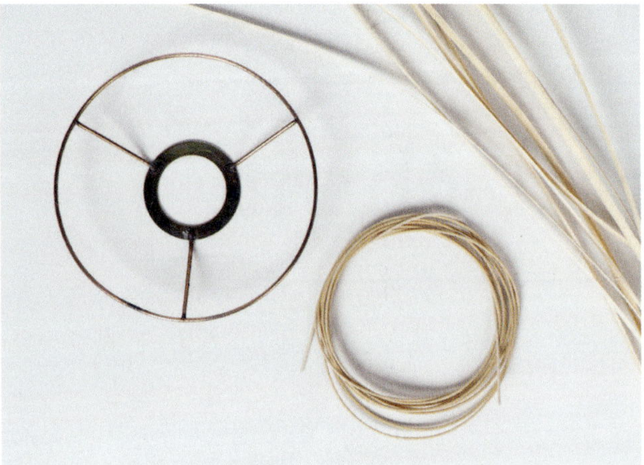

❶ Schneiden Sie die Peddigrohrschienen zu. Weichen Sie einen langen Peddigrohrfaden ein (1,5 mm ø).

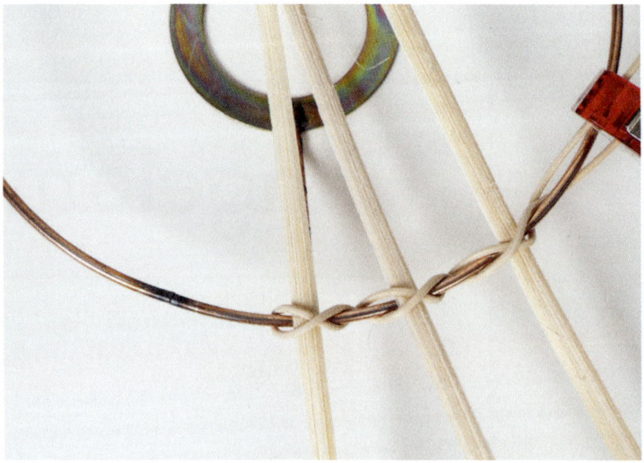

❷ Nehmen Sie das Gestell und legen Sie es auf dem Kopf auf Ihren Arbeitsplatz. Biegen Sie den Peddigrohrfaden um und schlingen Sie ihn um den Ring um einen der drei Gestellverbinder. Dann schlingen Sie ihn über Kreuz um eine Schiene herum und wieder um den Ring. Auf diese Weise fertigen Sie eine gekreuzte Verbindung um Schienen und Ring herum (Anleitung siehe Seite 33). Halten Sie die Fäden während des Flechtens mit einer Zange fest, falls nötig. Spannen Sie alles gut (auf dem Foto ist es noch nicht richtig gespannt, um die Details der Technik zu zeigen).

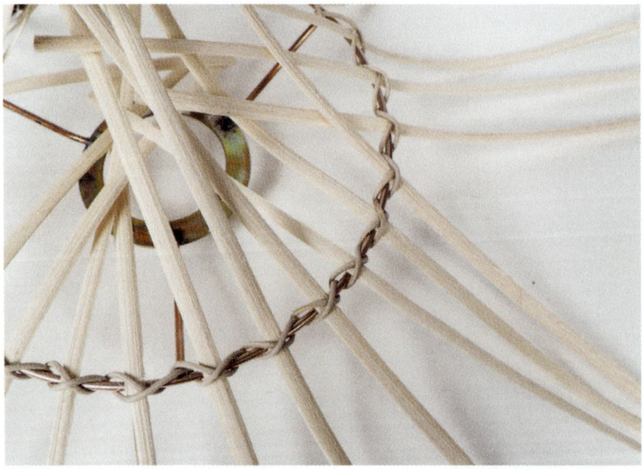

❸ Fahren Sie so fort. Sie sollten in jedem Abschnitt des Rings 9 Schienen anbringen (insgesamt also 27 am gesamten Ring). Am Ende der ersten Runde den Faden nicht abschneiden.

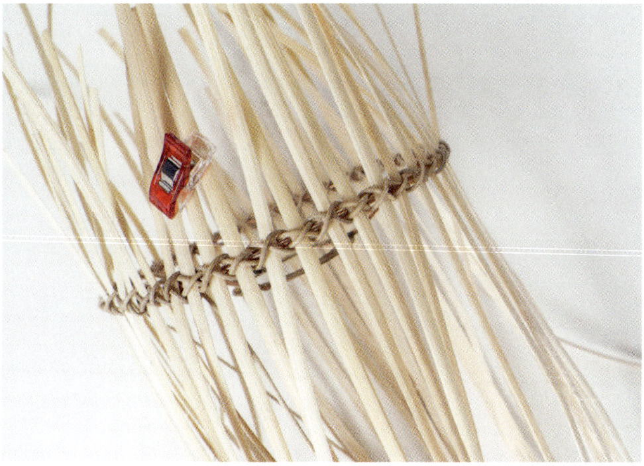

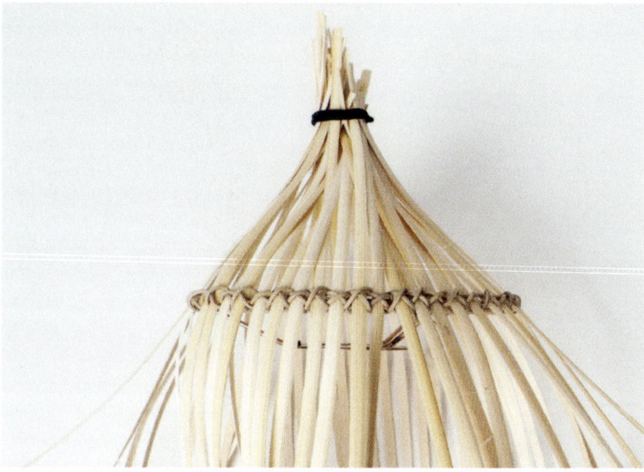

4 Mit demselben Rattanfaden (1,5 mm ø) arbeiten Sie eine zweite Runde und fügen die übrigen 27 Schienen hinzu (eine zwischen je zwei Schienen der vorherigen Runde). Am Ende der Runde führen Sie die Enden des 1,5-mm-Fadens unter einer der Schlaufen auf die Rückseite durch.

5 Richten Sie die Schienen, so aus, dass sie 10 bis 15 cm über den Gestellring hinausragen. Befestigen Sie sie mit einem Gummi, um das Ganze dann in Form zu bringen.

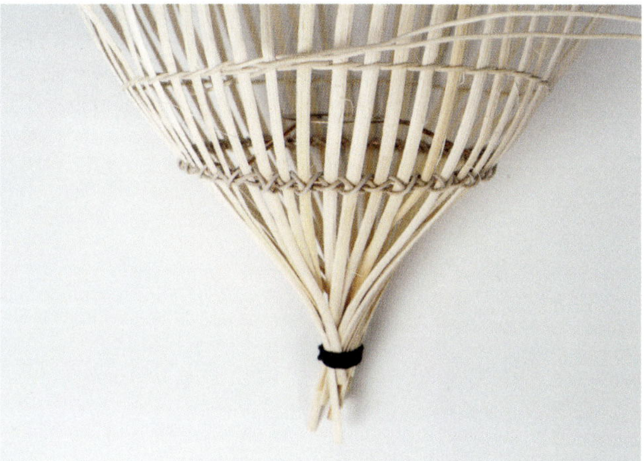

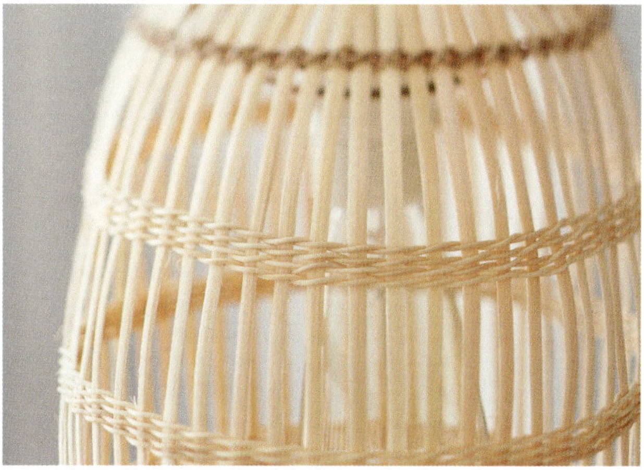

6 Weichen Sie zwei weitere Peddigrohrfäden ein. Im Abstand von 3 cm zum oberen Gestellring beginnen Sie mit dem dichten Fitzen um die Schienen herum. Flechten Sie insgesamt vier Runden. Je mehr Sie das Geflecht spannen, desto gerader wird der Lampenschirm. Je weniger Sie spannen, desto ausladender wird er. Wiederholen Sie diesen Vorgang dreimal.

7 Lassen Sie den Lampenschirm trocknen. Schneiden Sie die überstehenden Fäden auf die gewünschte Höhe ab. Entfernen Sie das Gummi und befestigen Sie den Schirm mit einer Kordel am Stromkabel. Achten Sie darauf, dass Sie eine Glühbirne einsetzen, die den Lampenschirm nicht zu sehr erhitzt.

Kreative Korbwaren

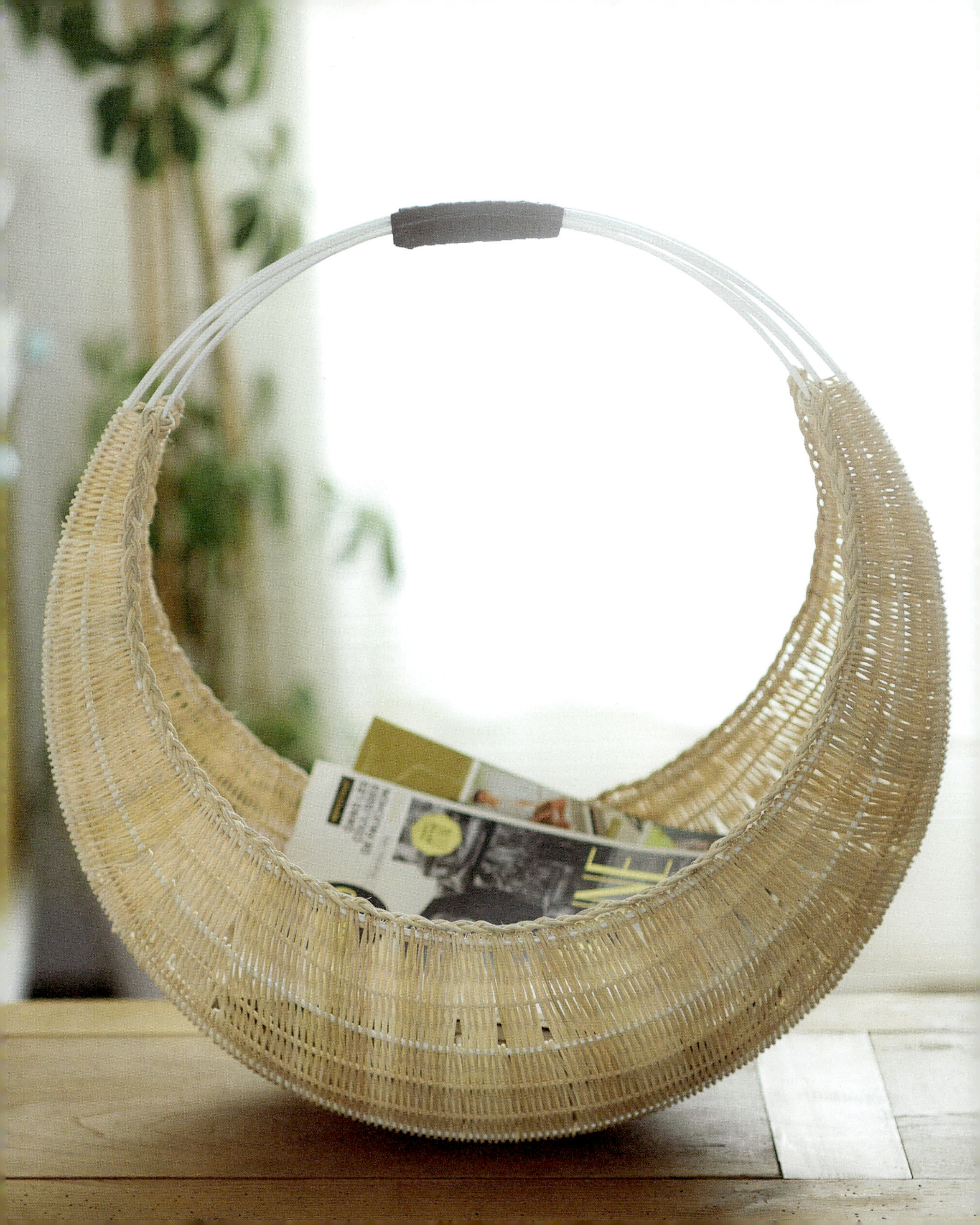

Zeitungsständer

Mit ein wenig Übung kreieren Sie einen schicken Aufbewahrungskorb für Zeitungen und Zeitschriften.

Schwierigkeitsgrad
★★★★

Material:

- 7 Metallringe: 3x 50 cm, 2x 45 cm und 2x 40 cm ø
- 1 Holzbrett
- Klebeband
- 12 Peddigrohrfäden, 110 cm lang, 3 mm ø
- Peddigrohrfäden, 2 mm ø
- 1 Leder- oder Kunstlederband
- Starker Kleber
- 1 Holzstab, 8 cm lang
- Faden + Nadel

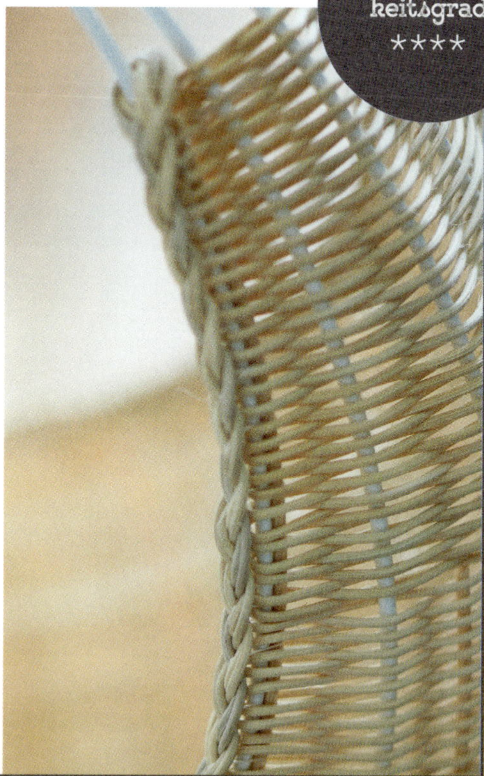

Zeitungsständer | ANLEITUNG

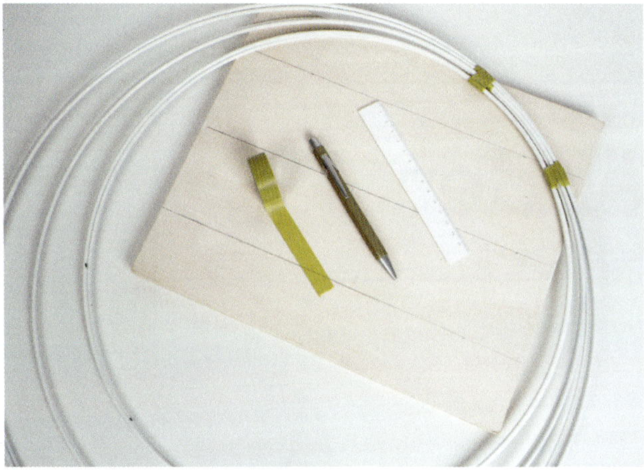

1 **Vorbereitung:** Verbinden Sie die gleich großen Ringe an zwei Stellen mit Klebeband und einem Abstand von 10 cm dazwischen (als Markierung für den Henkel). Nehmen Sie die Holzunterlage und zeichnen Sie darauf drei durchgehende Striche im Abstand von je 8 cm zueinander.

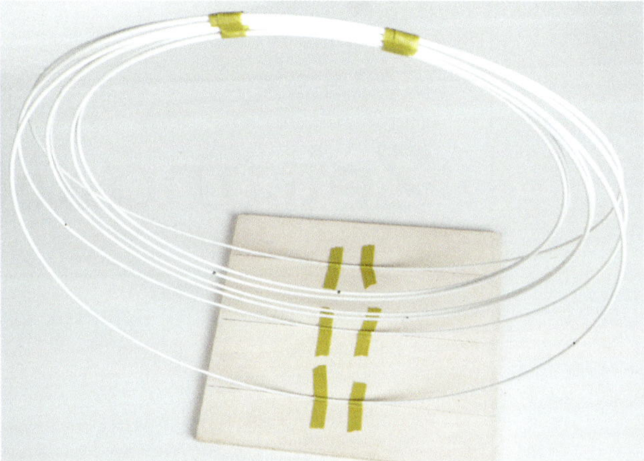

2 Fixieren Sie die drei größten Ringe auf dem Holzbrett. Sie können auch U-Nägel verwenden, um die Ringe provisorisch auf dem Holz zu befestigen. Das Holz hilft Ihnen, sich das Projekt vorzustellen, Sie können es jedoch auch weglassen.

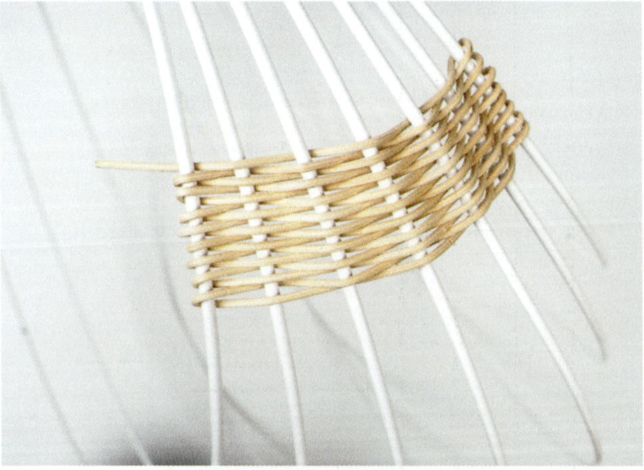

3 Weichen Sie ein paar Fäden (2 mm ø) ein. 19 cm vom Henkel entfernt beginnen Sie mit dem Schwinggeflecht (Anleitung siehe Seite 23). Trennen Sie die Ringe mit einer Hand und flechten Sie mit der anderen. Flechten Sie nur ein paar Reihen – dieses Geflecht dient nur der Unterstützung, es wird später wieder entfernt.

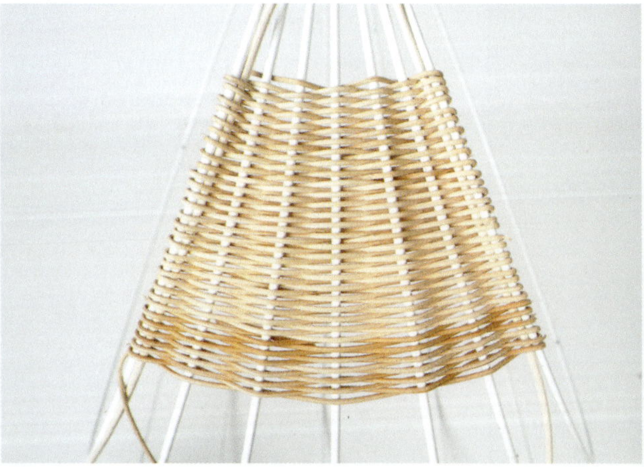

4 Drehen Sie das Werkstück, um von der anderen Seite zu flechten. Nehmen Sie zwei Rattanfäden (3 mm ø) und verdoppeln Sie die am weitesten entfernt liegenden Ringe mit diesen beiden Fäden. Ersetzen Sie die Fäden, indem Sie jeweils die Enden im Inneren des Werkstücks lassen.

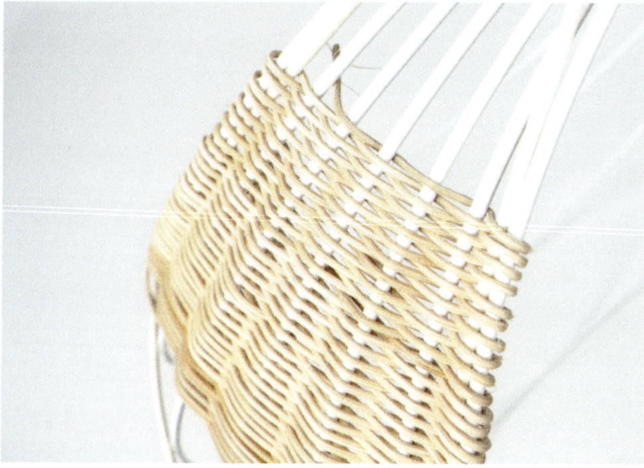

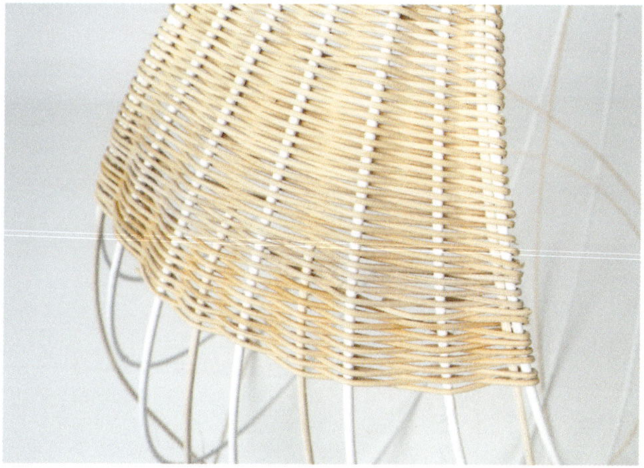

5 Arbeiten Sie im Schwinggeflecht etwa 8 cm weiter. Trennen Sie die Ringe nach und nach, um die Maße einzuhalten.

6 Fügen Sie zwei Rattanbodenstaken (3 mm ø) zwischen den mittleren Ringen hinzu. Flechten Sie 25 Reihen weiter.

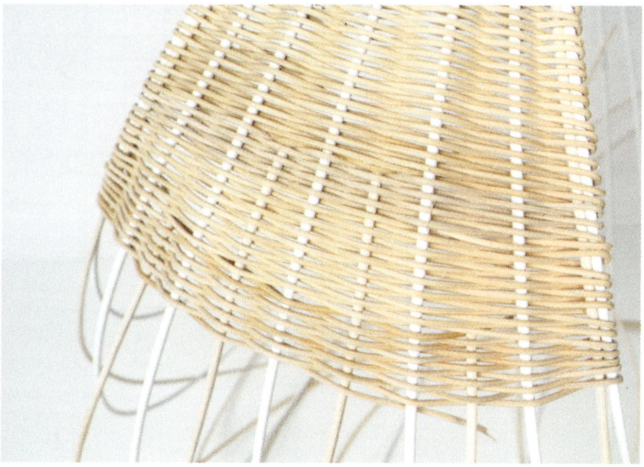

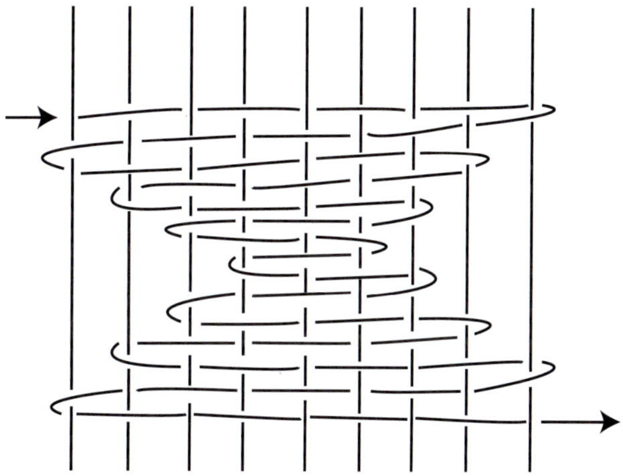

7 Wiederholen Sie den Vorgang, wobei Sie zwei Staken zwischen die übrigen Ringe einstecken. Flechten Sie 25 Reihen. Wiederholen Sie den Vorgang noch einmal, wobei Sie noch einmal zwei Fäden zwischen die kleinsten Ringe stecken. Flechten Sie 25 Reihen. Verdoppeln Sie die vier Fäden in der Mitte, indem Sie neben jedem Faden an der Innenseite einen weiteren hinzufügen. Flechten Sie 20 Reihen. Machen Sie eine erste Erweiterung entsprechend der Zeichnung. Flechten Sie zwölf Reihen. Trennen Sie dann die verdoppelten Fäden, indem Sie weitere zwölf Reihen flechten. Dann machen Sie wieder eine Erweiterung.

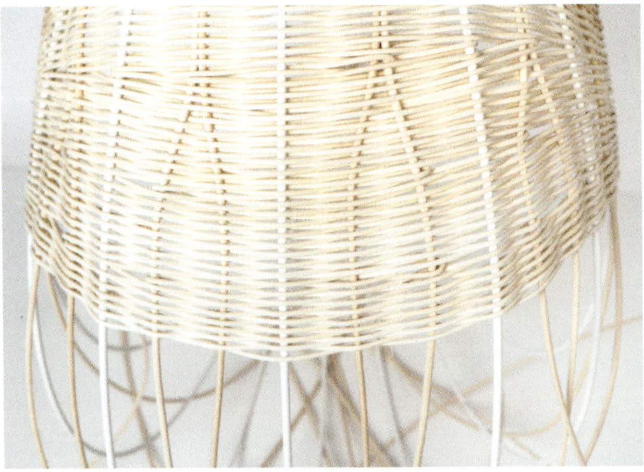

8 Machen Sie insgesamt vier Erweiterungen, jeweils durch zwölf Reihen getrennt.

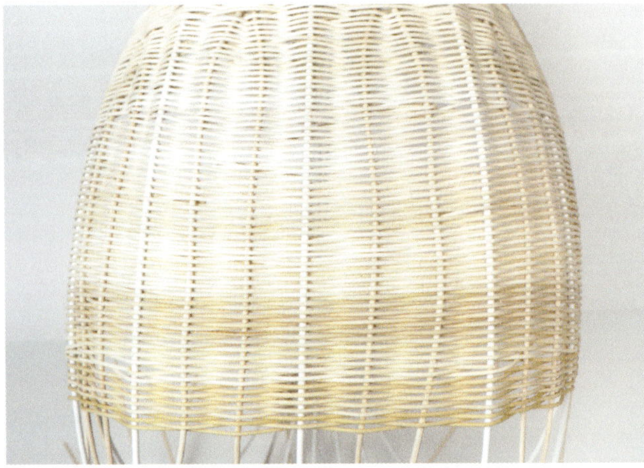

9 Flechten Sie dann 12 cm weiter. Nun müssten Sie sich der Mitte des Geflechts (mit Bezug auf den Henkel) genähert haben.

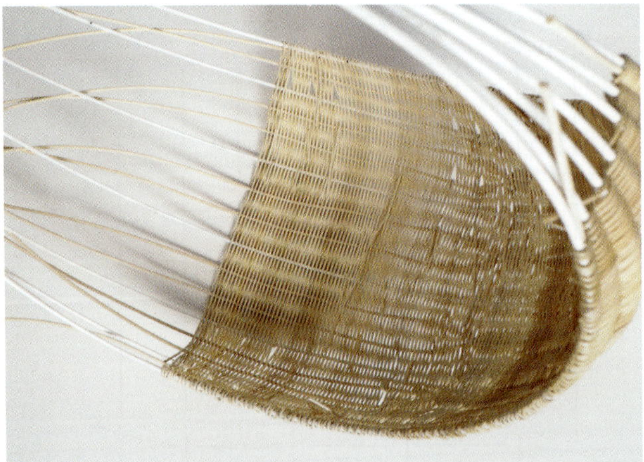

10 Machen Sie drei Erweiterungen in der Mitte und folgen Sie dabei dem skizzierten Muster, jeweils durch zehn Flechtreihen getrennt.

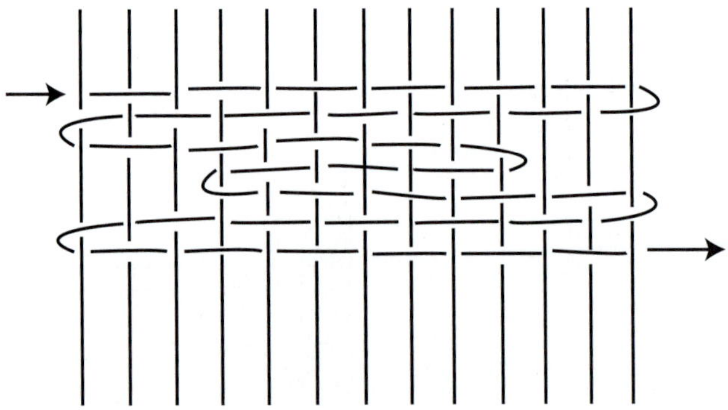

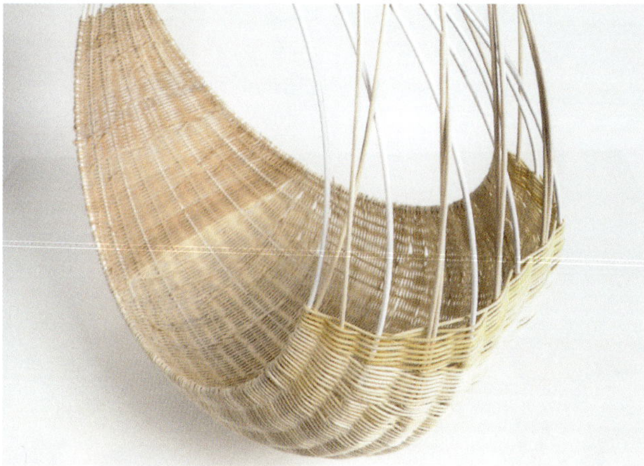

11 Bearbeiten Sie spiegelbildlich die andere Seite des Korbs, indem Sie die Schritte 4 bis 9 in umgekehrter Reihenfolge gehen. Entfernen Sie das Geflecht aus Schritt 3, wenn nötig.

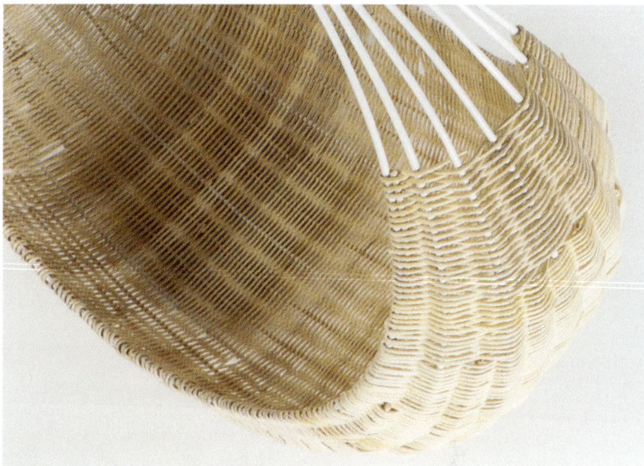

12 Schneiden Sie die eingefügten 3-mm-Fäden entsprechend ab. Hören Sie mit dem Flechten auf derselben Höhe auf wie auf der anderen Seite. Trocknen lassen und überstehende Fäden schräg abschneiden.

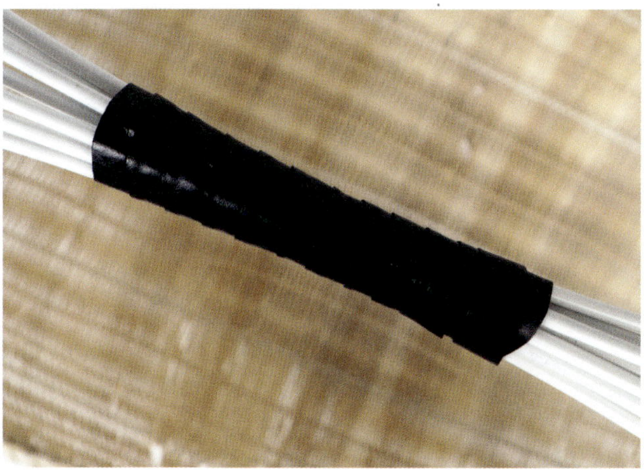

13 **Der Henkel:** Nehmen Sie das Klebeband ab. Platzieren Sie den Holzstab unter den Ringen (dann wird der Henkel dicker und angenehmer). Wickeln Sie das Kunstlederband um den Henkel. Kleben Sie die äußeren Enden fest.

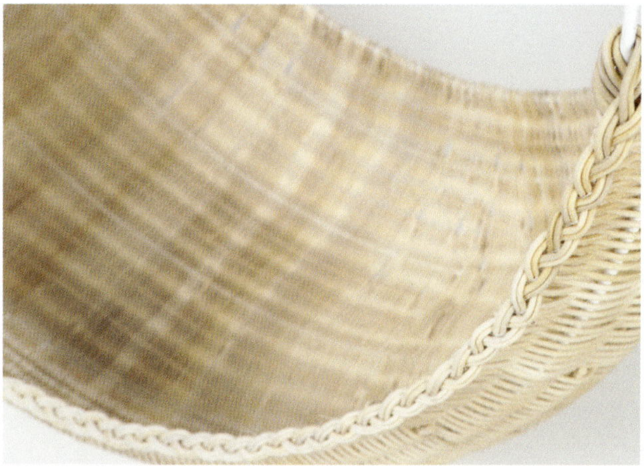

14 **Abschlüsse:** Nehmen Sie sechs Rattanfäden (1,5 mm ø). Fertigen Sie ein langes Geflecht (getrennt vom Werkstück). Platzieren Sie es auf einem der Korbränder. Befestigen Sie es durch Verflechten mit dem vorhandenen Geflecht. An den Enden biegen Sie die Fäden um einen der Ringe und schieben Sie sie unter das Geflecht. Befestigen Sie das Ganze mit Kleber oder mit Nadel und Faden. Schneiden Sie die überstehenden Fäden ab. Wiederholen Sie dasselbe auf der anderen Seite.

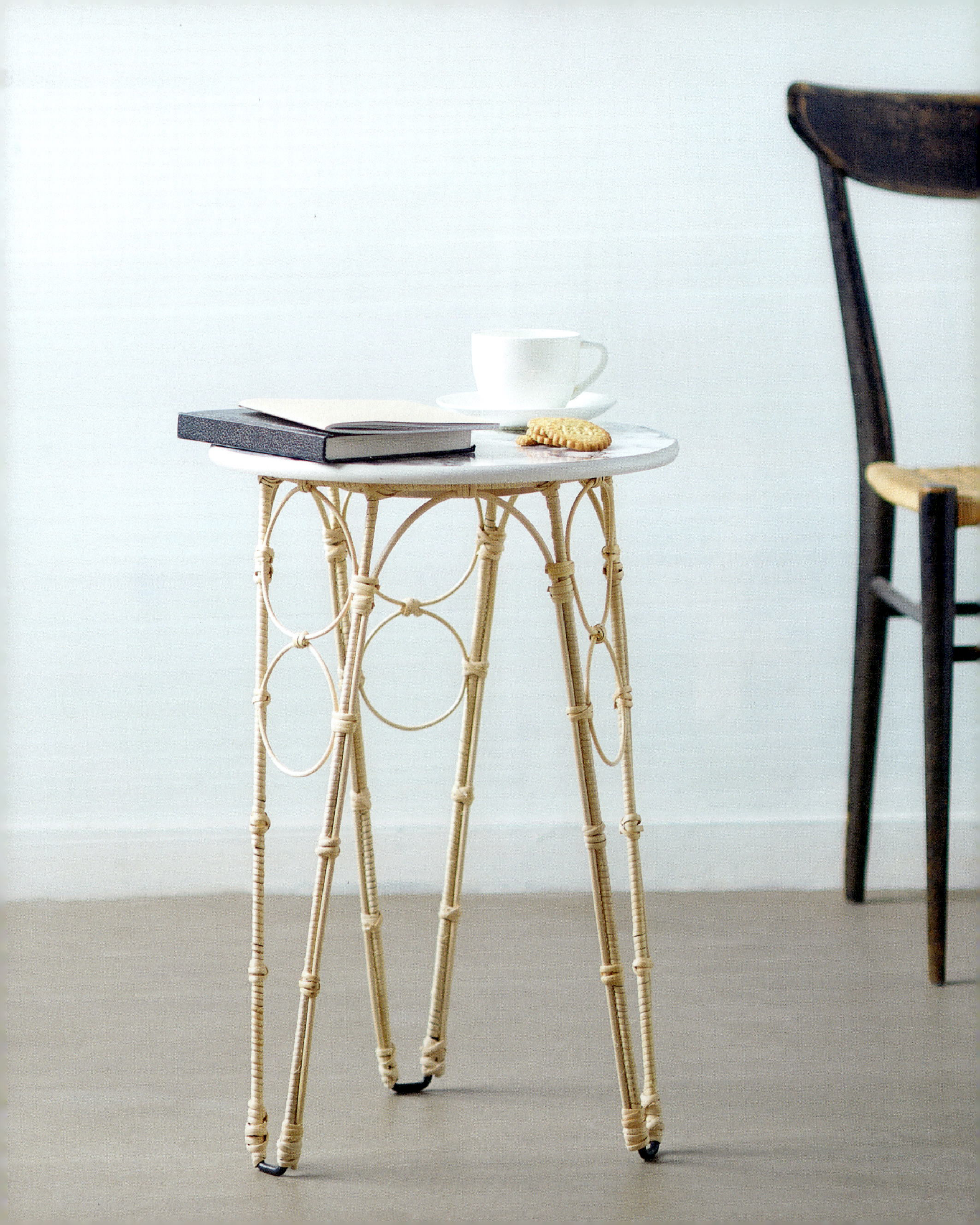

Kleiner Tisch

Schwierigkeitsgrad ★★★

Ob als Beistelltisch oder Schemel, diese Eigenkreation bringt durch den Rattanüberzug ein Stück Natur ins Haus.

Material:

- 1 Metallgestell für einen Gartenkübel
- Peddigrohrband, 5 mm breit
- Mehrere Peddigrohrfäden, 6 mm ø
- 1 Platte, Durchmesser etwas größer als der Durchmesser des Metallgestells
- 1 Korb oder Topf mit dem Durchmesser des Gestells
- Holzlack + Pinsel (optional)

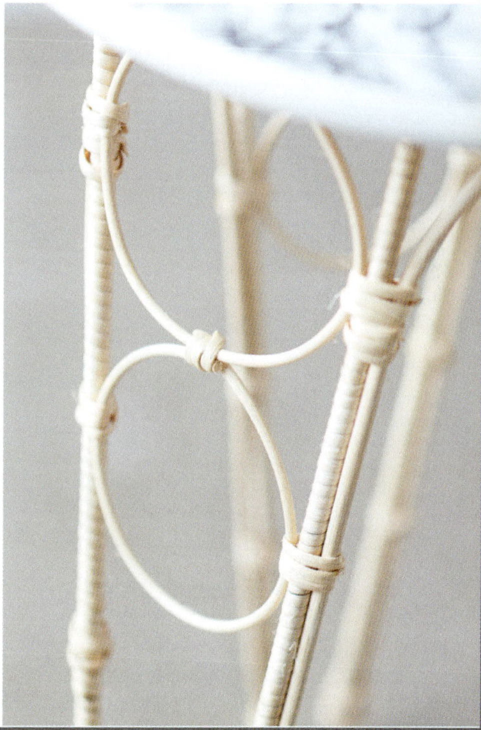

Kleiner Tisch | ANLEITUNG

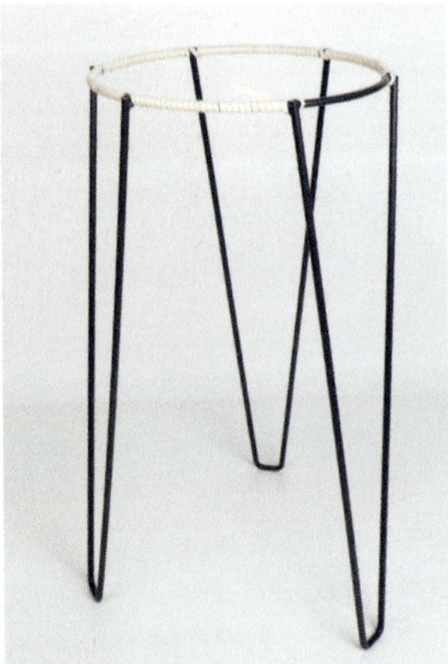

1 Weichen Sie mehrere Peddigrohrbänder ein. Beginnen Sie mit der Verkleidung am Ring in der Mitte. Biegen Sie ein Ende des Rattans um einen Fuß herum und wickeln Sie es rundherum um den Ring.

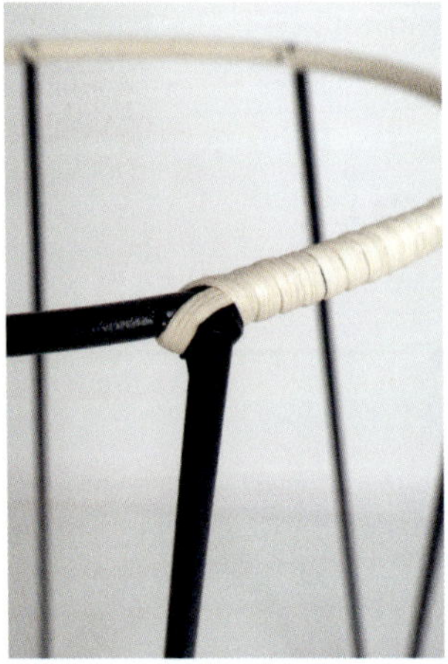

2 Verstecken Sie das Ende des Rattans unter den ersten Wickelrunden. Am Ende des Bands führen Sie das Ende unter ein paar Wickelrunden hindurch. Verkleiden Sie den Ring vollständig.

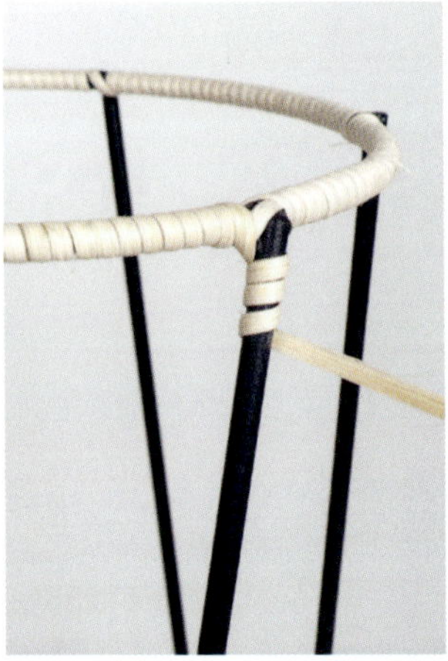

3 Bearbeiten Sie die Füße auf dieselbe Art, von oben nach unten.

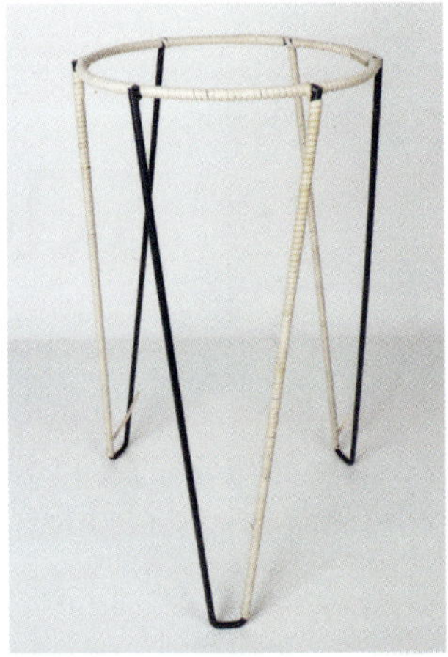

4 Hören Sie 1 cm über dem Boden auf. Bedecken Sie die Füße vollständig.

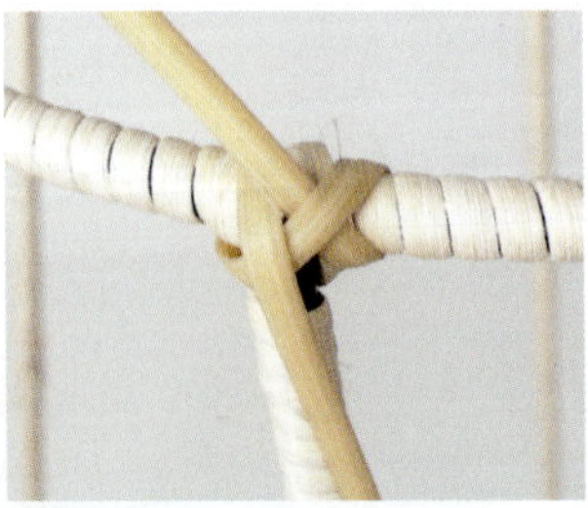

5 Nehmen Sie ein neues Band, um die Anschlüsse zwischen Füßen und Ring zu verkleiden. Beginnen Sie mit einem Mastwurf an einem Bandende (Anleitung siehe Seite 33).

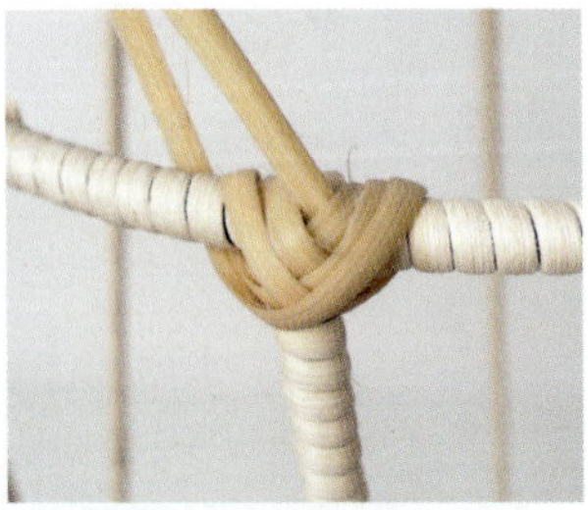

6 Winden Sie mehrere Runden um den Grundknoten, von rechts nach links, wobei Sie die Runden leicht überlappen lassen. Am Ende verklemmen Sie den Faden auf der Rückseite.

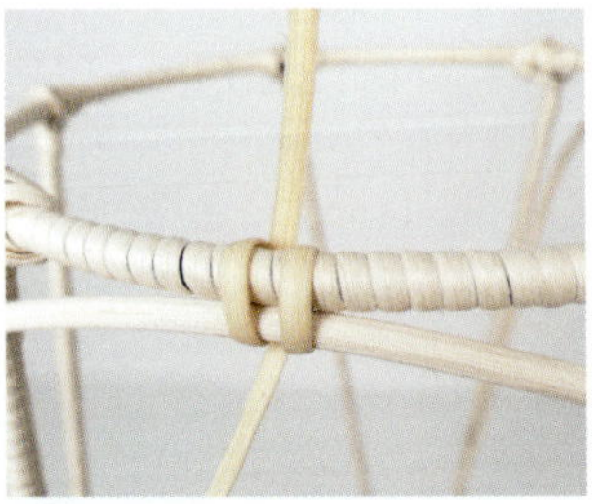

7 Weichen Sie das Rattan (6 mm ø) ein. Schneiden Sie einen Abschnitt von 120 cm Länge ab. Befestigen Sie ihn mit einem Mastwurf am Ring, in der Mitte zwischen zwei Füßen (mit dem Kreuz auf der Rückseite).

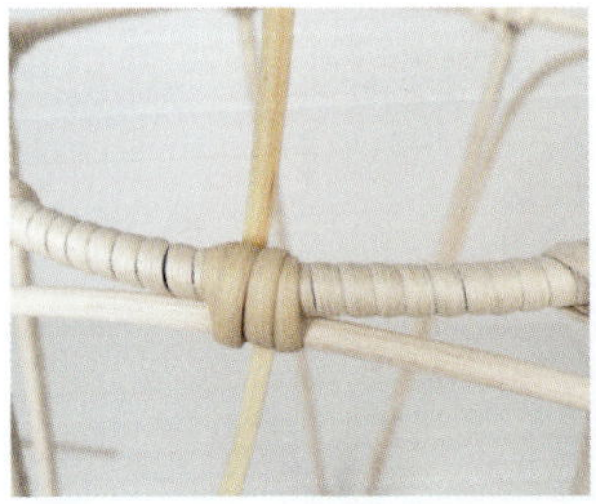

8 Machen Sie eine neue Runde mit den beiden Bandenden und führen Sie sie auf der Rückseite in die Knoten.

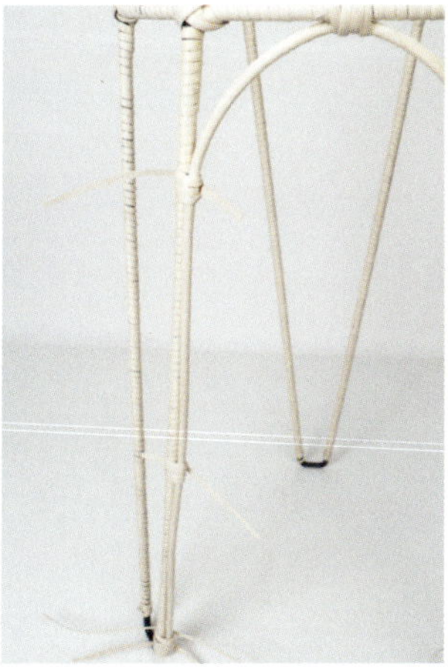

9 Gehen Sie an drei Punkten rund um den Fuß ebenso vor. Wiederholen Sie diesen Arbeitsschritt auf beiden Seiten und mit allen Füßen.

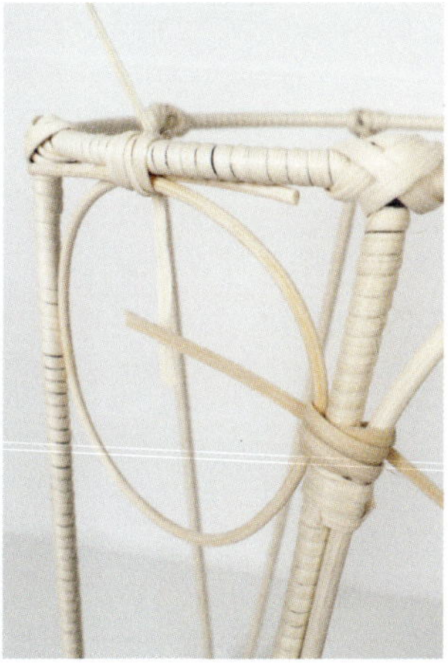

10 Nehmen Sie einen kurzen Rattanfaden (6 mm ø) und biegen Sie ihn zu einem Ring. Befestigen Sie ihn oben und an jeder Seite zwischen den Stangen, die die Füße bilden.

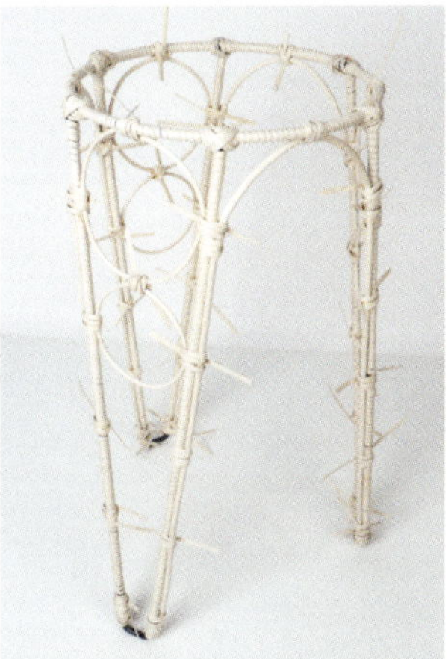

11 Befestigen Sie einen kleineren jeweils unter dem größeren. Hier können Sie ein Ende des Bands zweimal um den Knoten führen (dann haben Sie drei Runden statt vier).

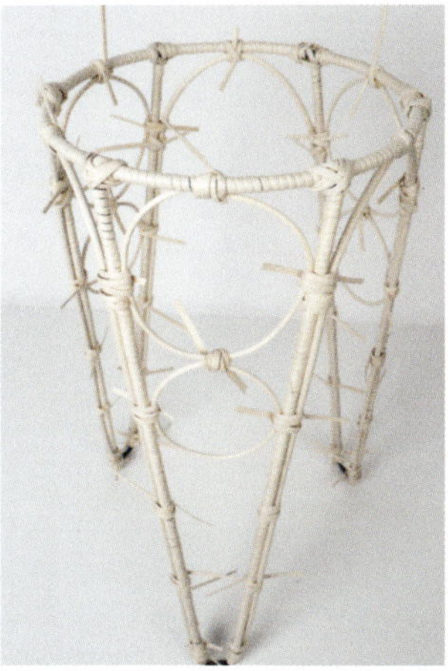

12 Befestigen Sie die Enden jedes Fadens besonders gut. Lassen Sie das Ganze trocknen und schneiden Sie die Überstände ab. Tragen Sie eine Farbschicht auf und legen Sie eine Tischplatte Ihrer Wahl auf das Gestell.

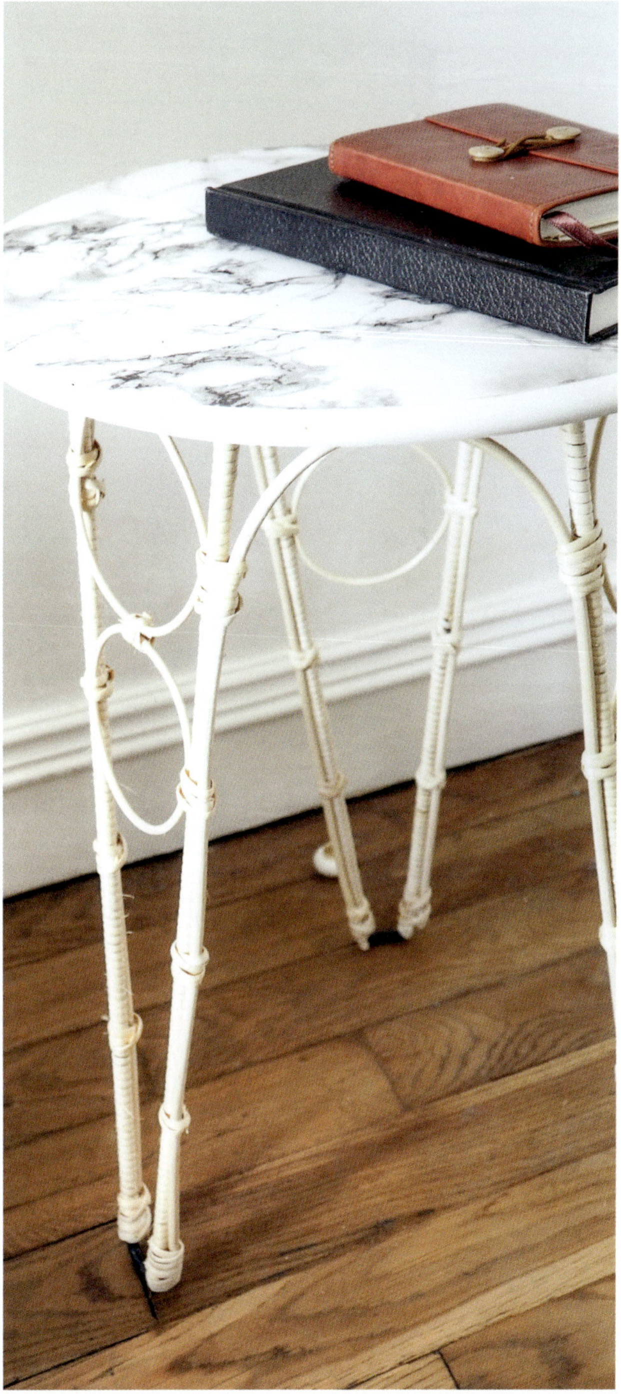

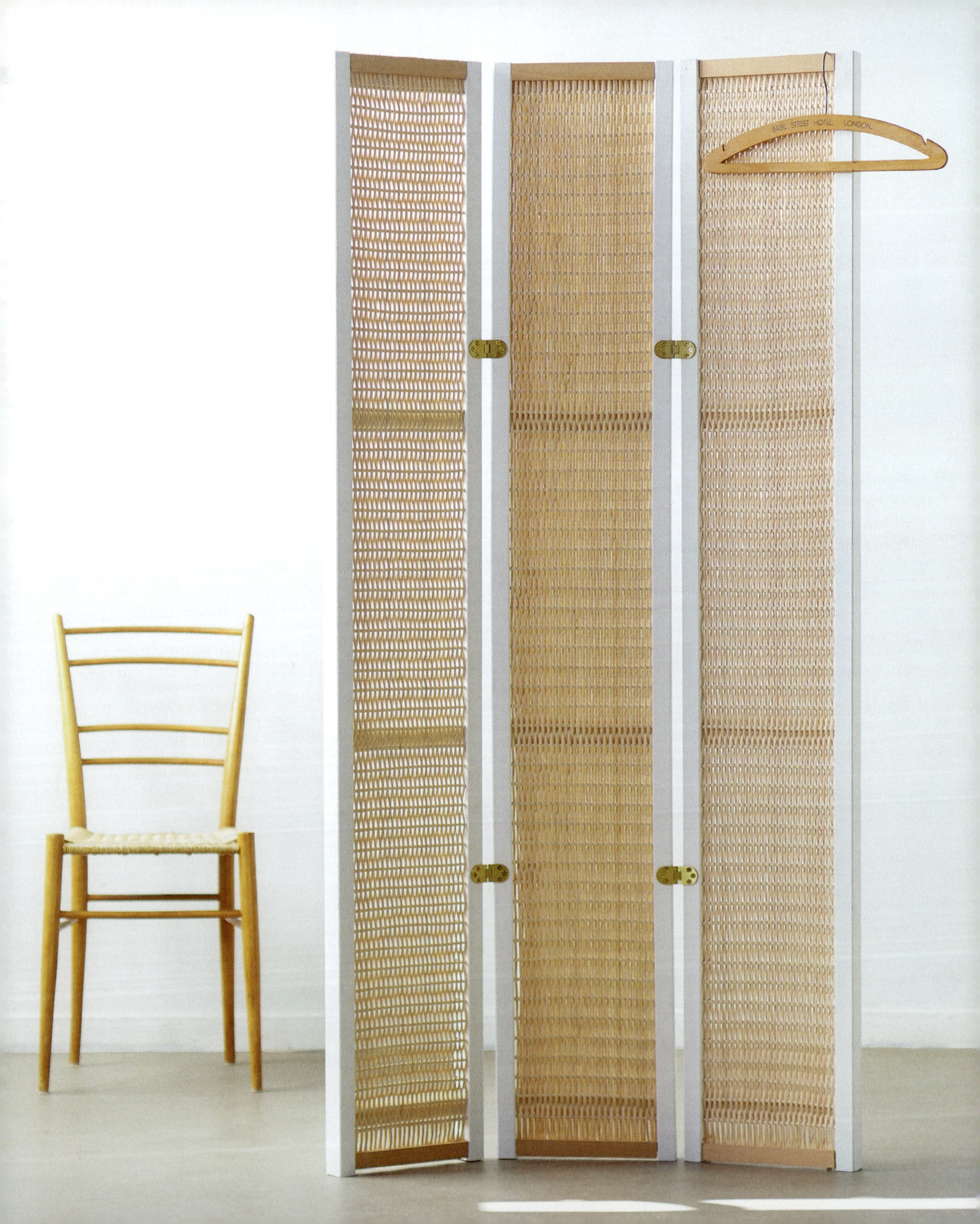
BASIL STREET HOTEL. LONDON.

Paravent

Schwierigkeitsgrad
★★★

Alles, was Sie für diesen modernen Paravent brauchen, sind drei Seitenteile eines Regals und Rattan.

Material:

- 3 Seitenteile für Regale, 30 x 179 cm oder mit anderen Maßen
- 150 Peddigrohrfäden, 27 cm lang, 6 mm ø
- Flaches Rattanband, 5 mm breit
- 6 Holzlatten + Handsäge
- Holzfarbe + Pinsel (optional)
- 4 Messingscharniere + Schraubenzieher

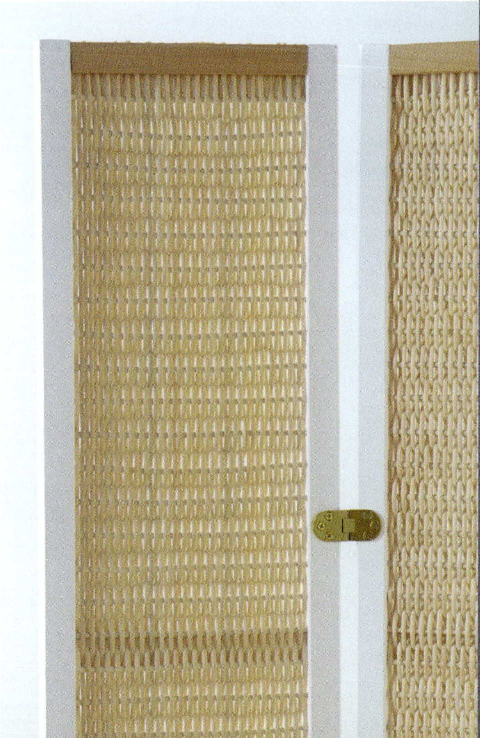

Paravent ANLEITUNG

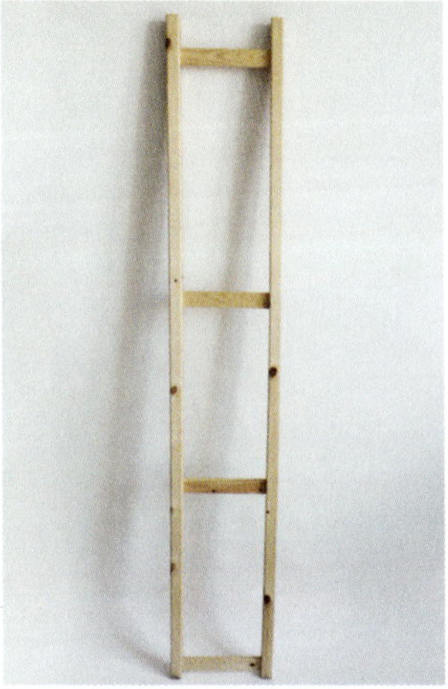

1 Für dieses Projekt individualisieren wir Regalseitenteile. Sie können das Gerüst auch selbst herstellen. Dazu brauchen Sie lediglich zwei dickere Holzlatten, die Sie miteinander verbinden und in die Sie Schraublöcher bohren.

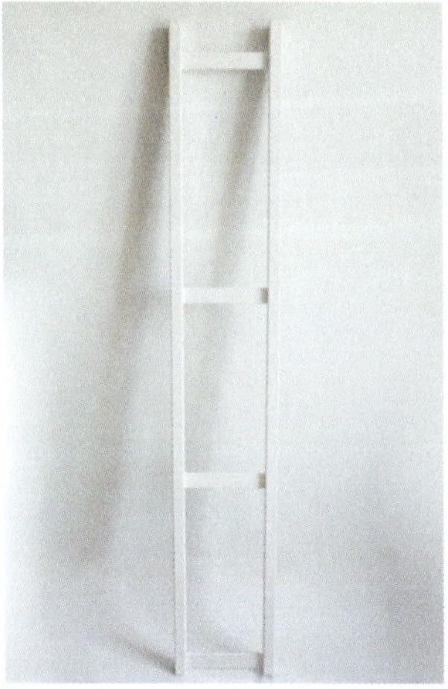

2 Vor dem Flechten können Sie das Holz beliebig streichen, am besten alle drei Teile direkt nacheinander.

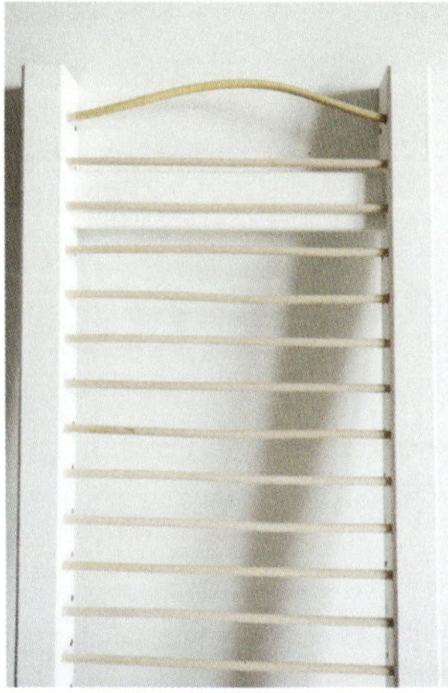

3 Für das erste Seitenteil 50 Rattanfäden zuschneiden (6 mm ø) und einweichen.

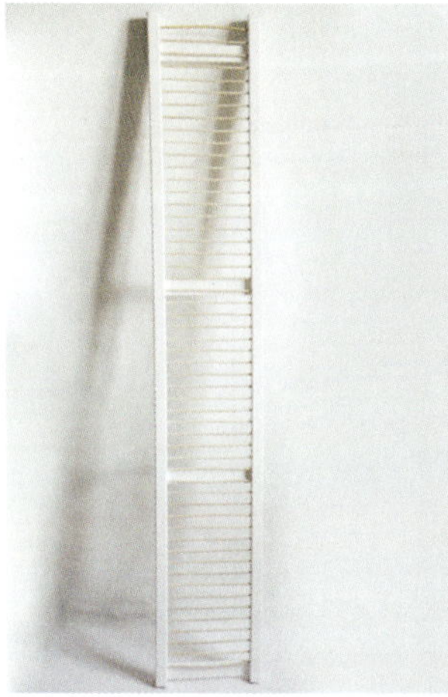

4 Stecken Sie die Staken in die Löcher. Dazu müssen Sie sie leicht biegen, damit sie passen. Stecken Sie alle Fäden auf diese Weise ein.

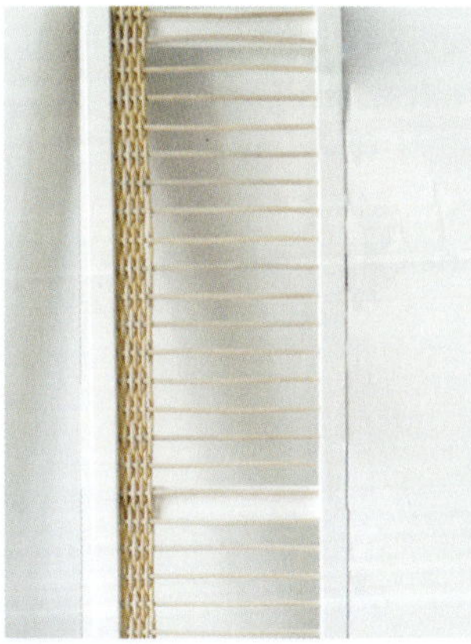

5 Weichen Sie einige Rattanbänder ein. Mit einem Band beginnen Sie mit dem Zäunen (Einergeflecht), unter eine Stake, über die nächste (Anleitung siehe Seite 21).

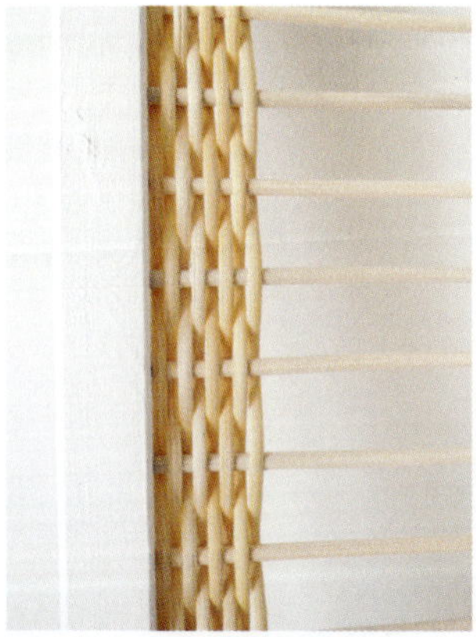

6 Damit das Geflecht regelmäßig aussieht, flechten Sie ein Band in eine Richtung (von oben nach unten) und das nächste in die andere Richtung (von unten nach oben).

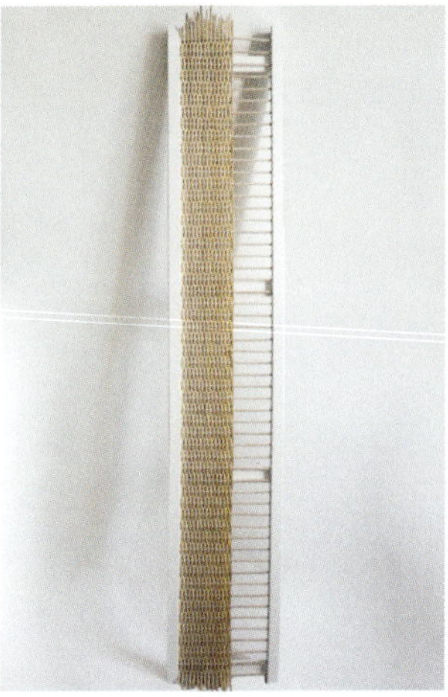

7 Während des Flechtens können Sie das Werkstück auf den Boden stellen. Verdichten Sie die Flechtreihen.

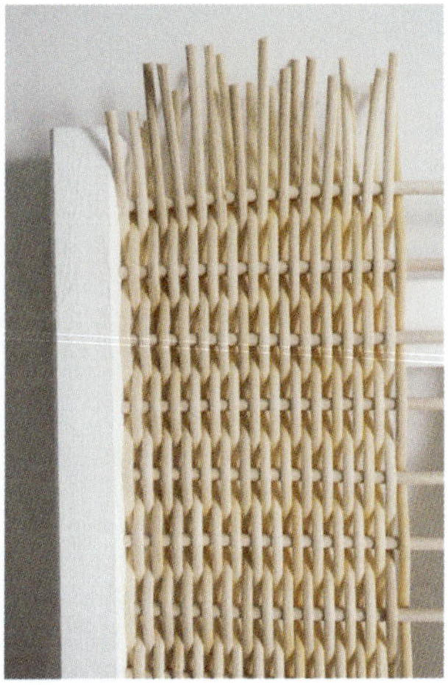

8 Flechten Sie weiter, bis das Gestell ausgefüllt ist. Lassen Sie die Bänder auf jeder Seite mindestens 5 cm überstehen.

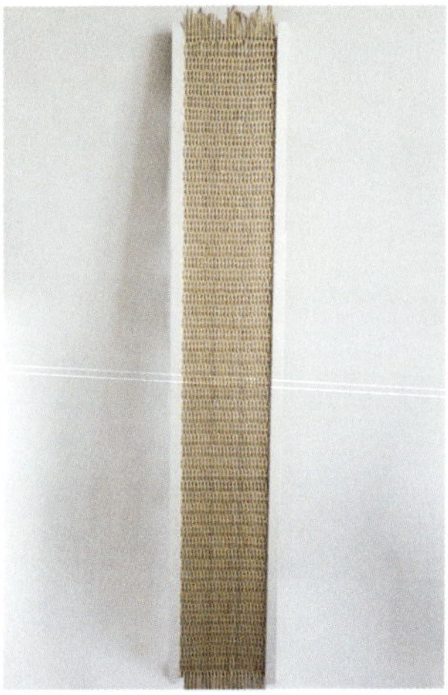

9 Bearbeiten Sie die beiden anderen Seitenteile genauso.

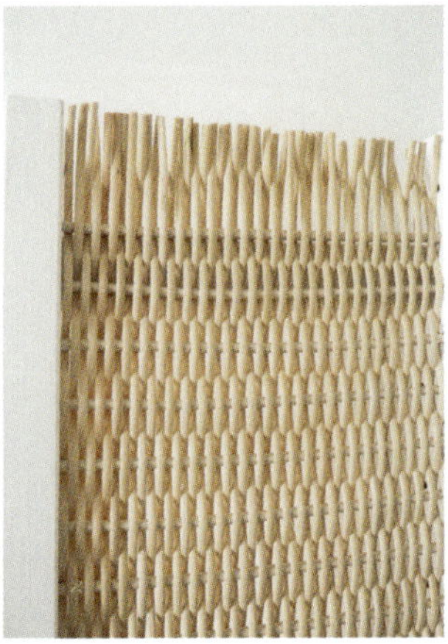

10 Schneiden Sie die Bänder bündig ab.

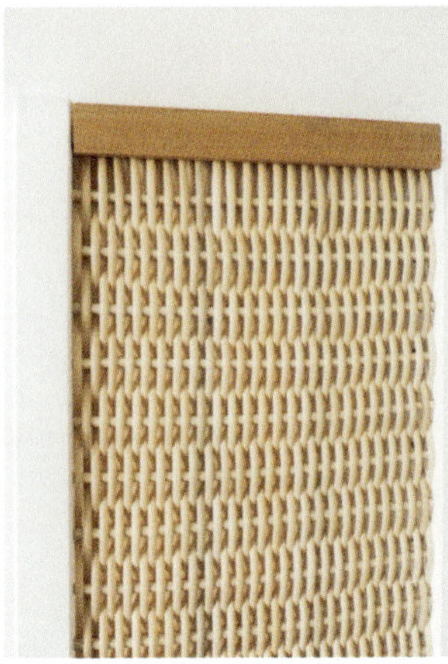

11 Befestigen Sie oben und unten je eine Holzlatte, entweder mit Schrauben oder Kleber.

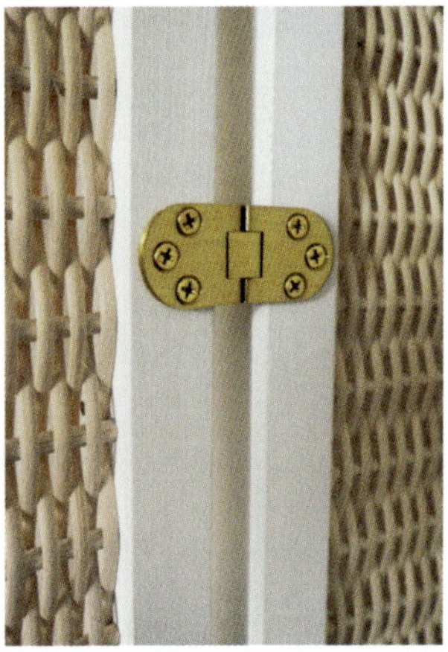

12 Verbinden Sie die Seitenteile mit 4 Scharnieren. Ziehen Sie die Schrauben gut fest.

Ein paar Ideen für Rattan-Reste

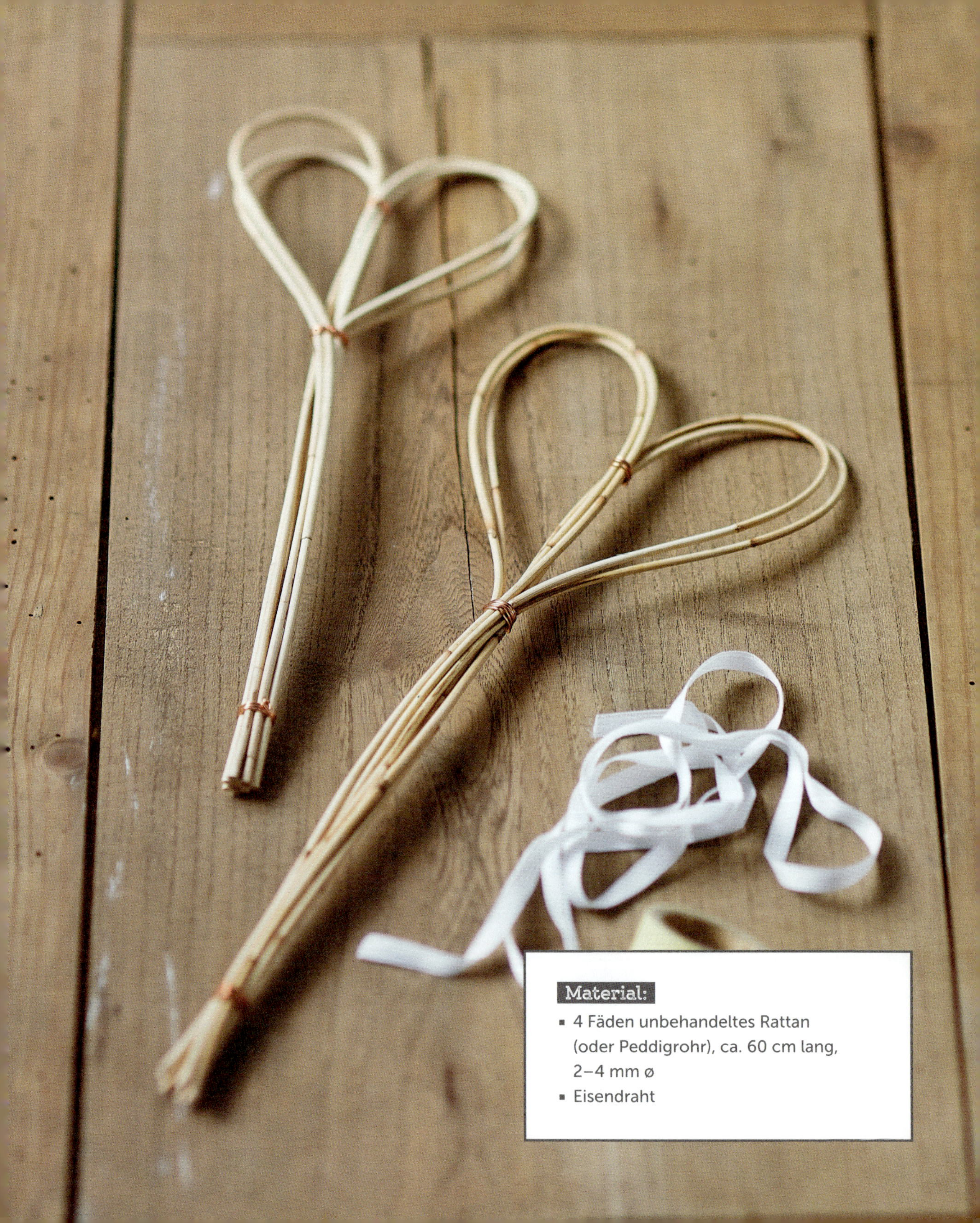

Material:

- 4 Fäden unbehandeltes Rattan (oder Peddigrohr), ca. 60 cm lang, 2–4 mm ø
- Eisendraht

Herzen

Schwierigkeitsgrad
*

Diese dekorativen Herzen bestehen lediglich aus ein paar Rattanstückchen und Eisendraht. Sie können Sie in beliebiger Größe anfertigen.

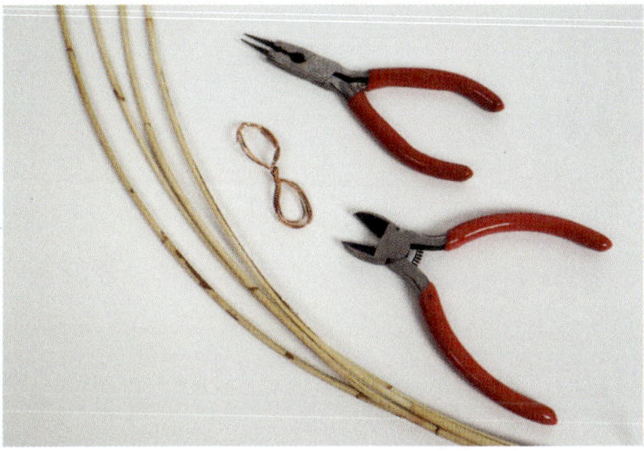

1 Schneiden Sie die Fäden zu und weichen Sie sie ein.

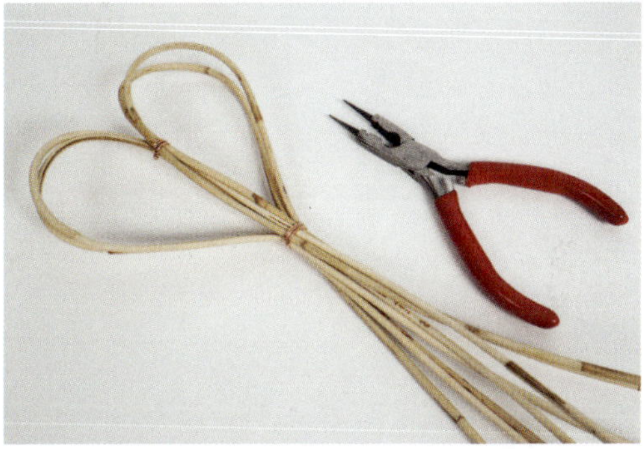

2 Verbinden Sie die Fäden mit Eisendraht. Dann trennen Sie die Fäden. Bilden Sie eine Schlaufe nach rechts und eine weitere nach links, mit zwei Fäden auf jeder Seite. Befestigen Sie die Fäden aneinander, damit die Schlaufen halten.

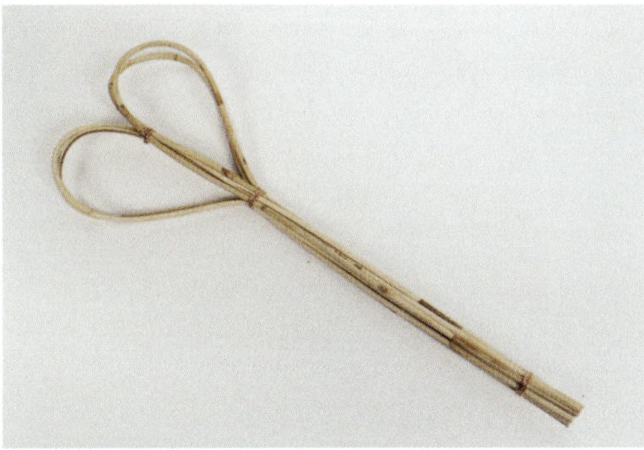

3 Befestigen Sie das Unterteil mit einem dritten Eisendraht. Bringen Sie die Enden auf gleiche Länge.

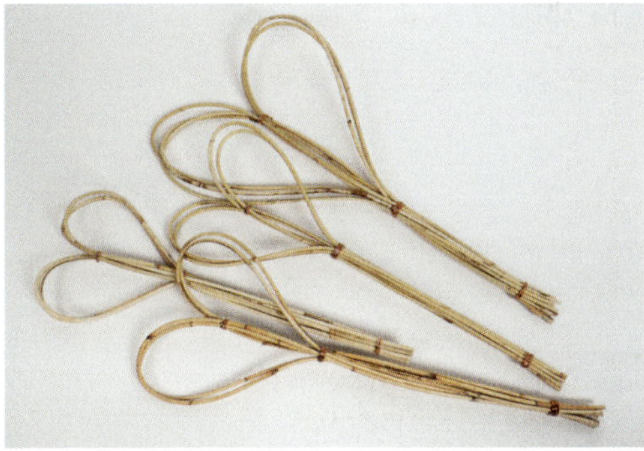

4 Entsprechend der Anleitung können Sie Herzen in verschiedenen Größen fertigen. Für größere Exemplare verwenden Sie längere Fäden.

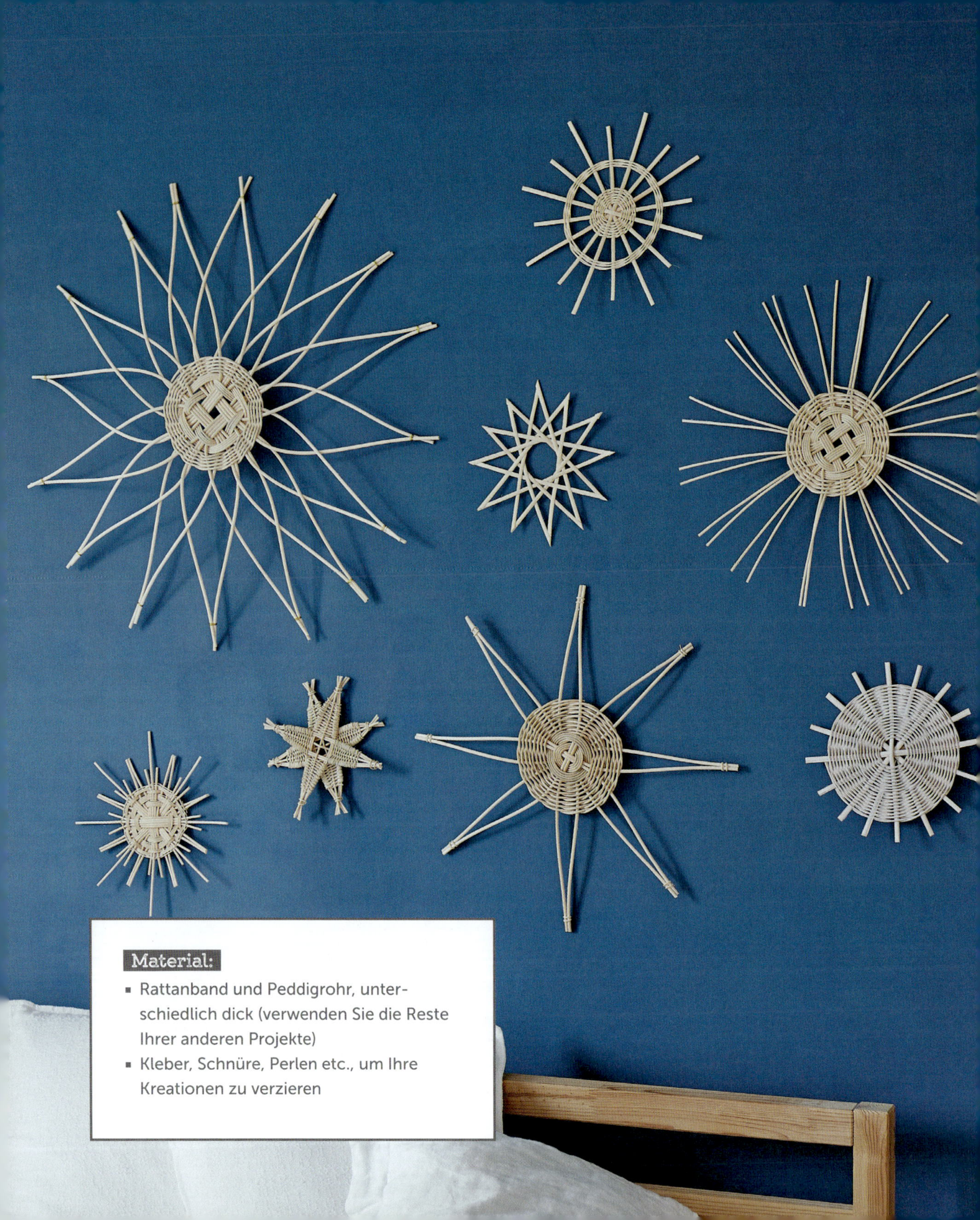

Material:

- Rattanband und Peddigrohr, unterschiedlich dick (verwenden Sie die Reste Ihrer anderen Projekte)
- Kleber, Schnüre, Perlen etc., um Ihre Kreationen zu verzieren

Sterne

Schwierigkeitsgrad ★★

Mit ihrer unendlichen Formenvielfalt sind diese Sterne eine schöne Wand- oder Fensterdekoration.

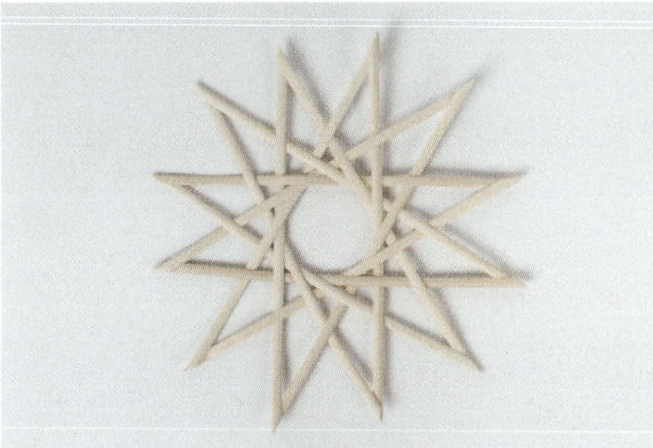

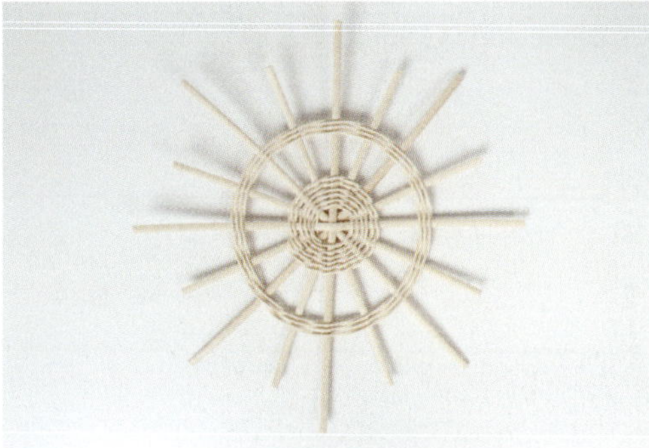

1. Lassen Sie Ihrer Fantasie freien Lauf und kreieren Sie Sterne in unterschiedlichsten Variationen. Sie können zum Beispiel ausschließlich Bänder nehmen, wie auf diesem Bild. Verflechten Sie die Fäden, bevor Sie sie an den Enden zusammenkleben.

2. Sie können auch Bänder und Peddigrohrfäden mischen. Hier bilden die gekreuzten Bänder die Grundlage des Geflechts.

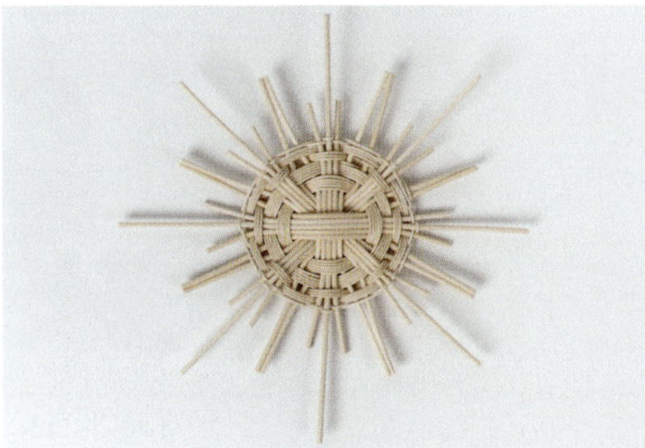

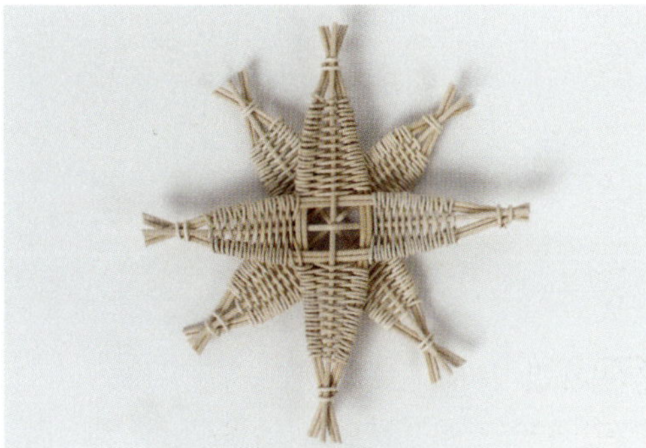

3. Wie wäre eine Variation mit Bodengeflecht für Ihren Stern? Hier ist ein Doppelkreuz mit einem Blockgewebe kombiniert.

4. Auch das Schwingen kann für Sterne verwendet werden. Verwenden Sie einfach dünne Rattanfäden, um die Sterne zu füllen.

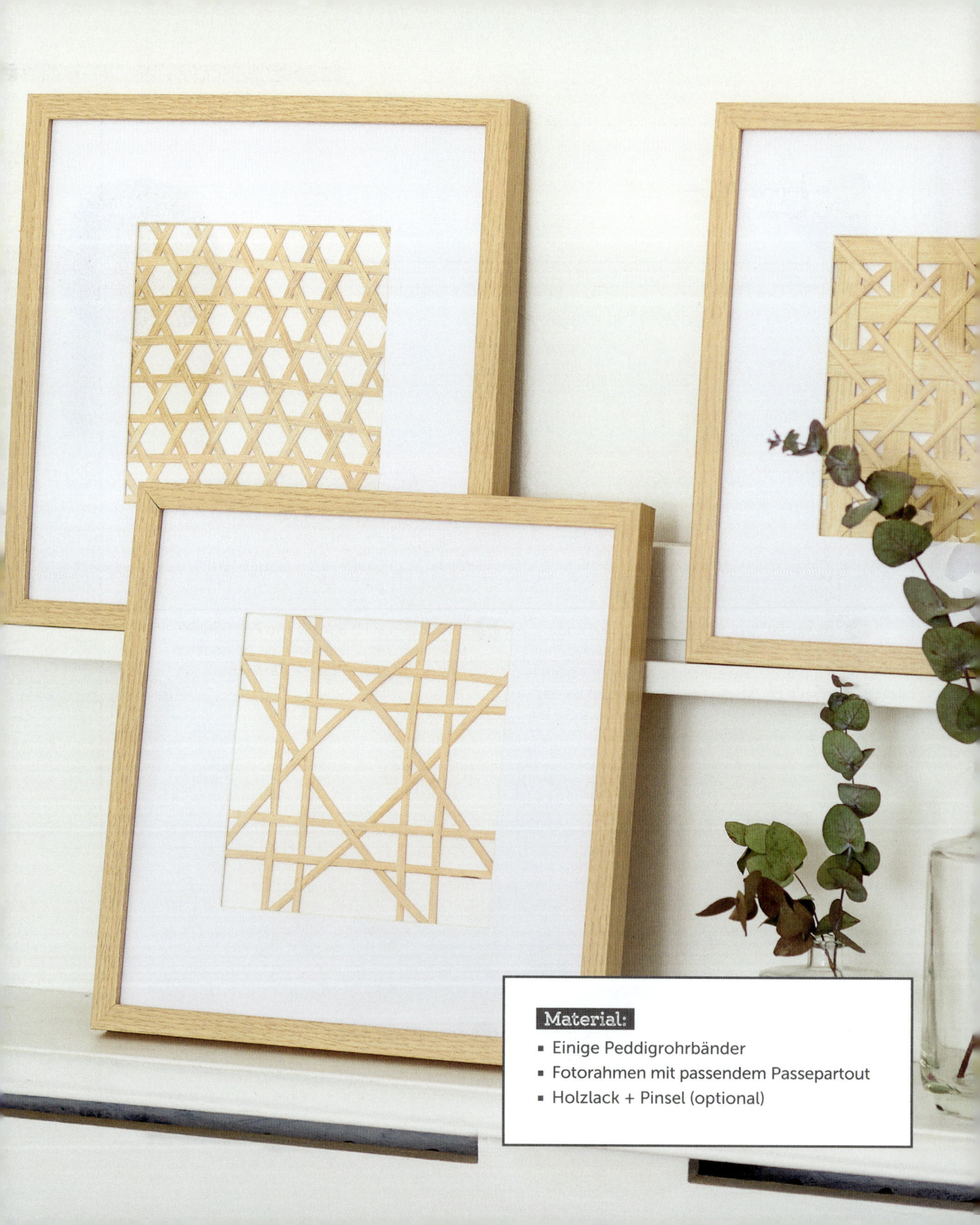

Material:

- Einige Peddigrohrbänder
- Fotorahmen mit passendem Passepartout
- Holzlack + Pinsel (optional)

Bild

Schwierigkeitsgrad
*

Kreieren Sie Ihr eigenes Kunstwerk aus geometrischen Figuren!

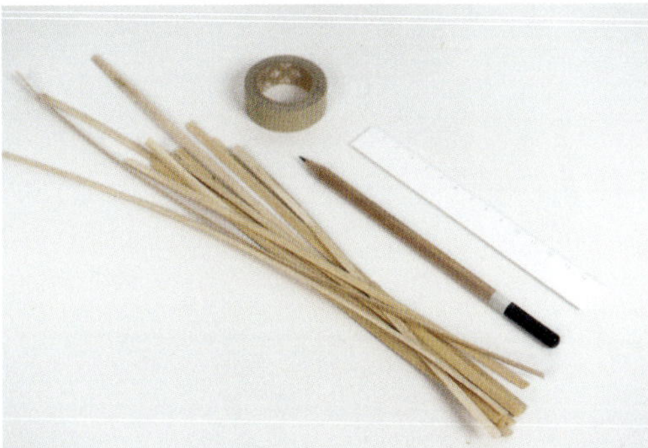

1 Schneiden Sie mehrere Peddigrohrbänder in passender Länge zum Passepartout-Ausschnitt zu. Wenn Sie möchten, können Sie diese auch lackieren, um ihnen eine intensivere Farbe mit etwas Glanz zu verleihen.

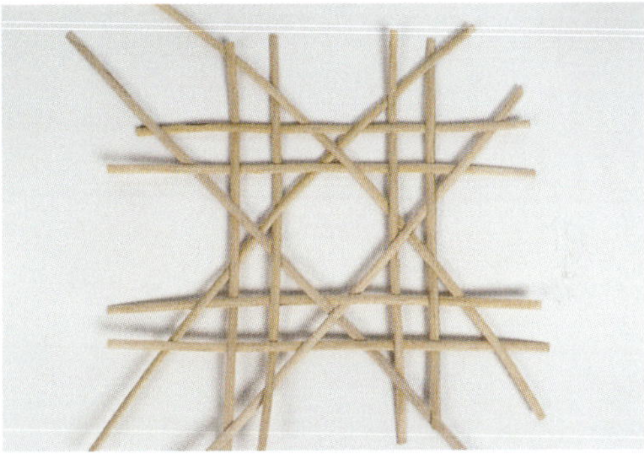

2 Flechten Sie die Fäden zusammen. Sie können verschiedene Kreuzungsarten wählen und sich von Ihnen bekannten Entwürfen inspirieren lassen. Lassen Sie das Bild trocknen.

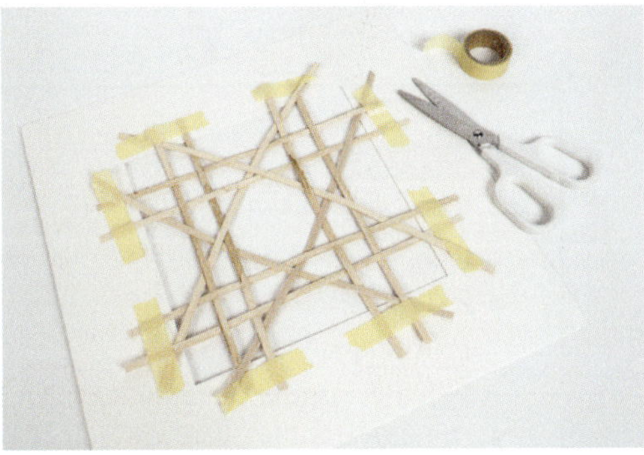

3 Drehen Sie das Bild um und befestigen Sie das Geflecht mit Klebeband auf der Rückseite des Passepartouts.

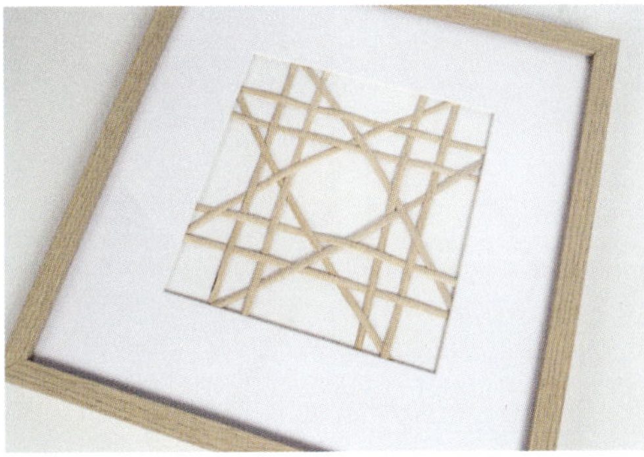

4 Setzen Sie den Bilderrahmen zusammen. Das Geflecht sollte in der Mitte sein. Für einen noch schöneren Effekt fertigen Sie mehrere Bilder und hängen oder stellen Sie sie zusammen auf.

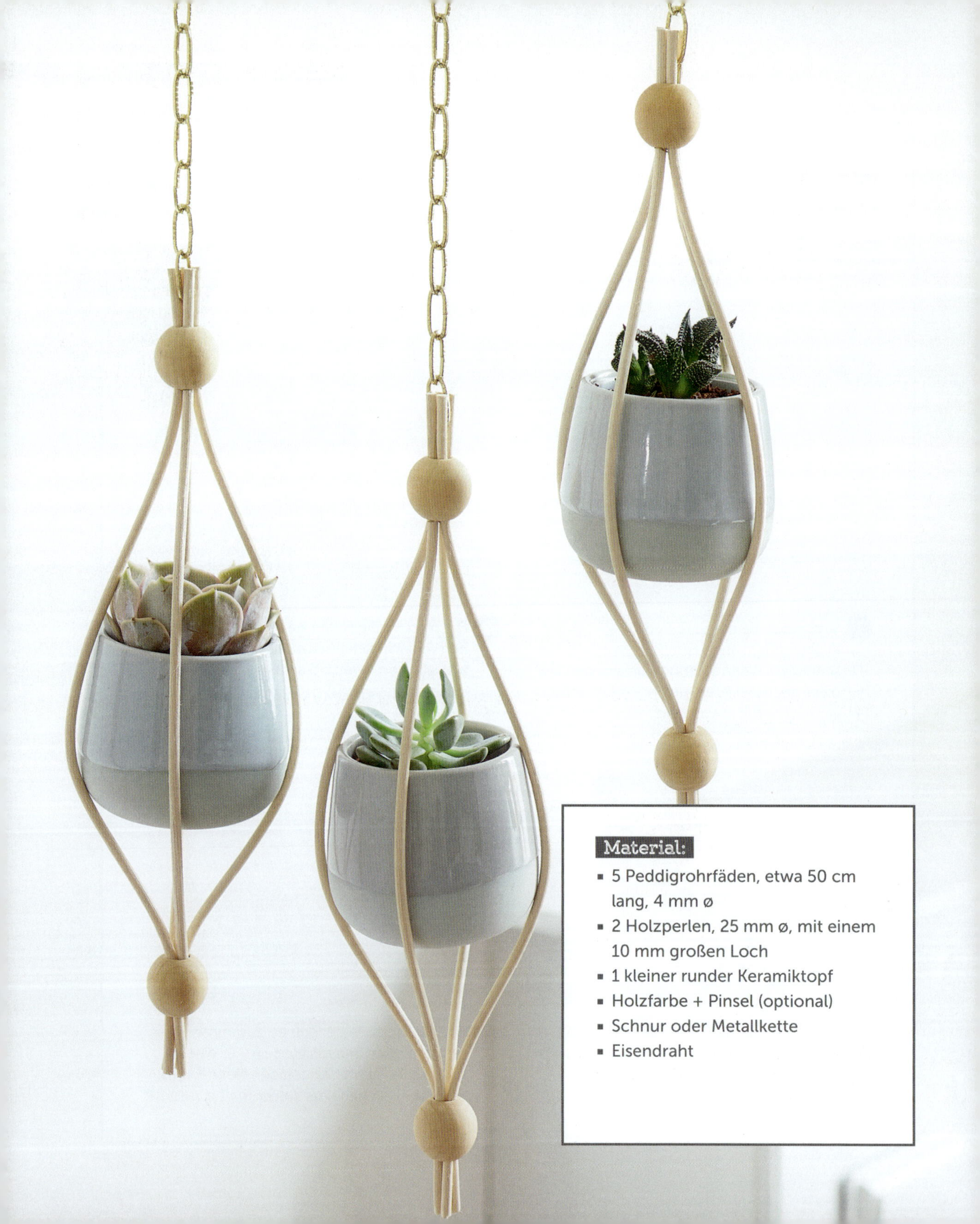

Material:

- 5 Peddigrohrfäden, etwa 50 cm lang, 4 mm ø
- 2 Holzperlen, 25 mm ø, mit einem 10 mm großen Loch
- 1 kleiner runder Keramiktopf
- Holzfarbe + Pinsel (optional)
- Schnur oder Metallkette
- Eisendraht

Hängeampel für Pflanzen

Schwierigkeitsgrad
*

Ein paar Peddigrohrfäden und Holzperlen genügen für eine hübsche Hängedekoration.

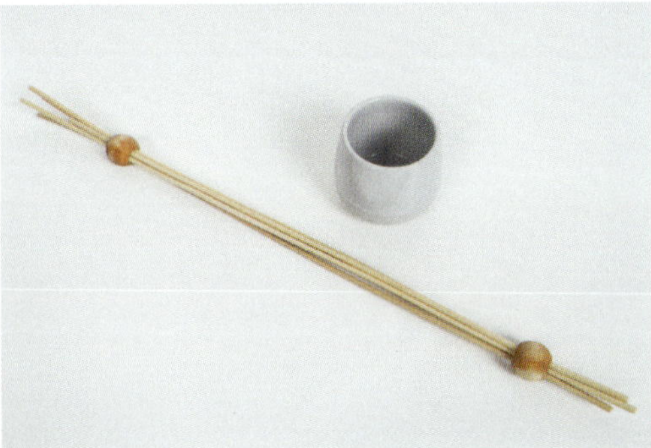

1 Schneiden Sie die Rattanfäden zu und weichen Sie sie ein. Schieben Sie die Fadenenden durch die beiden Perlen.

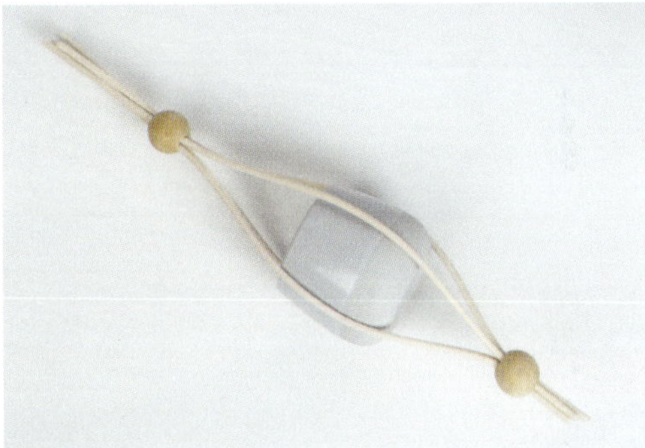

2 Schieben Sie den Topf zwischen die Fäden und passen Sie die Größe an. Schneiden Sie die Fäden auf die Größe zu, die Sie haben möchten.

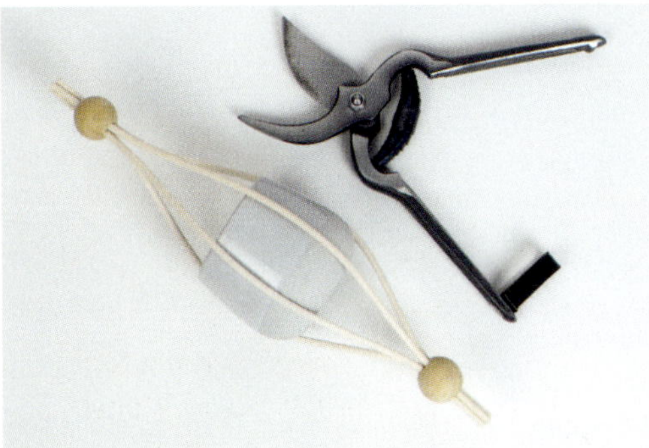

3 Kappen Sie die Enden. Sie können auch die Aufhängung in einer Farbe Ihrer Wahl streichen.

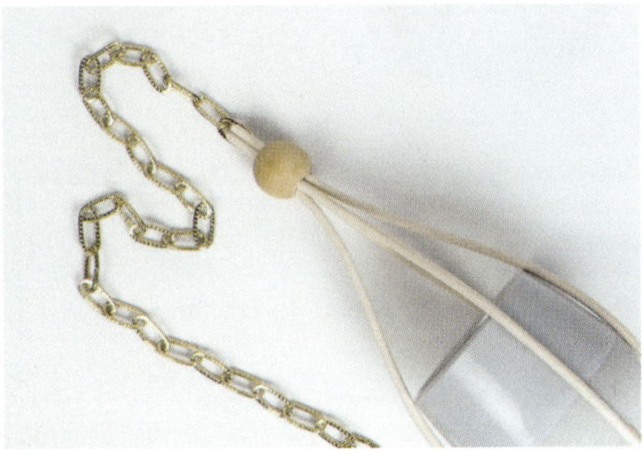

4 Mithilfe der Schnur oder der Metallkette bringen Sie die Aufhängung an. Befestigen Sie die Kette mit Eisendraht an der Perle.

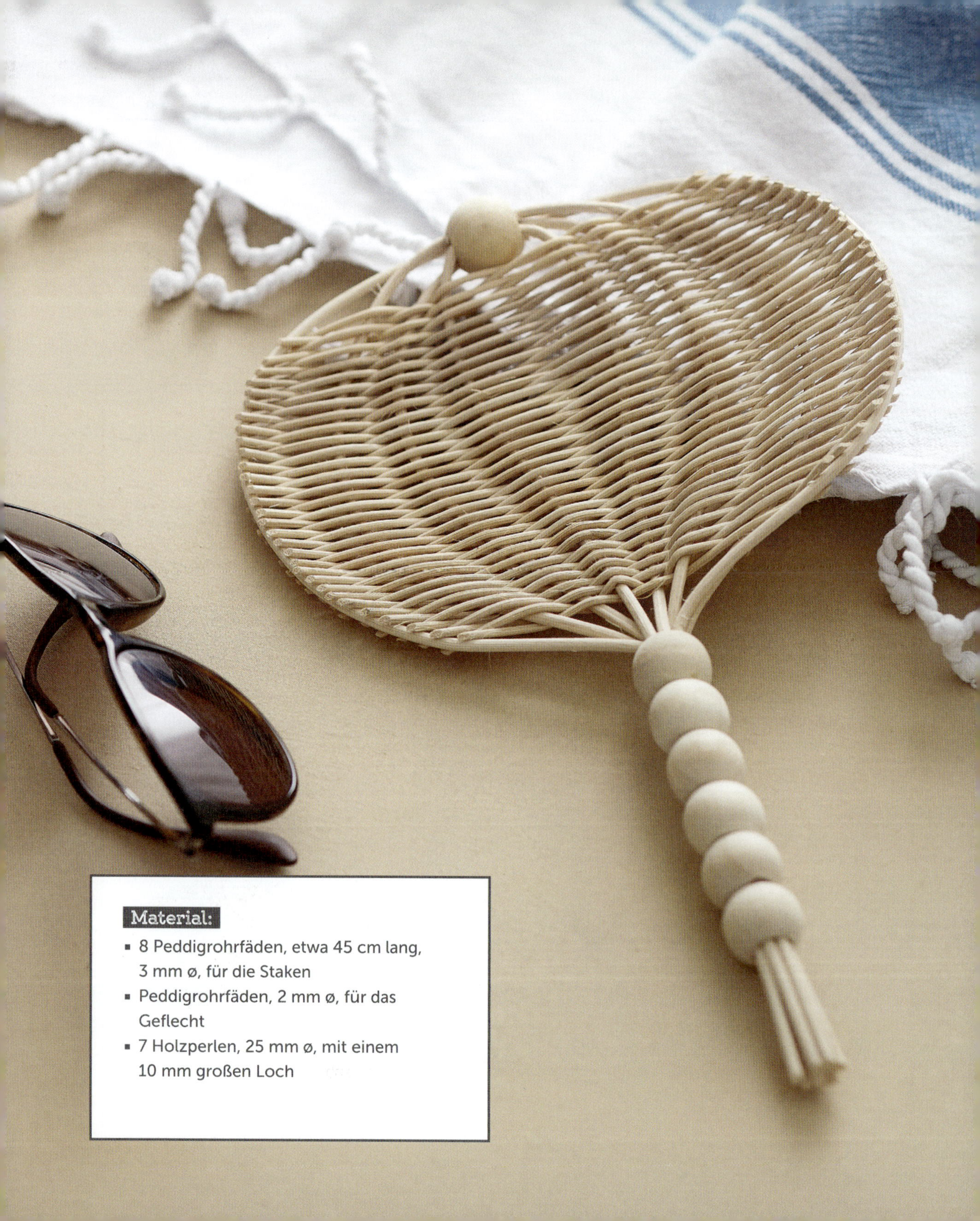

Material:

- 8 Peddigrohrfäden, etwa 45 cm lang, 3 mm ø, für die Staken
- Peddigrohrfäden, 2 mm ø, für das Geflecht
- 7 Holzperlen, 25 mm ø, mit einem 10 mm großen Loch

Fächer

Schwierigkeitsgrad ★★

Mit ein paar Rattanresten und Holzperlen ist dieser Fächer leicht zu fertigen.

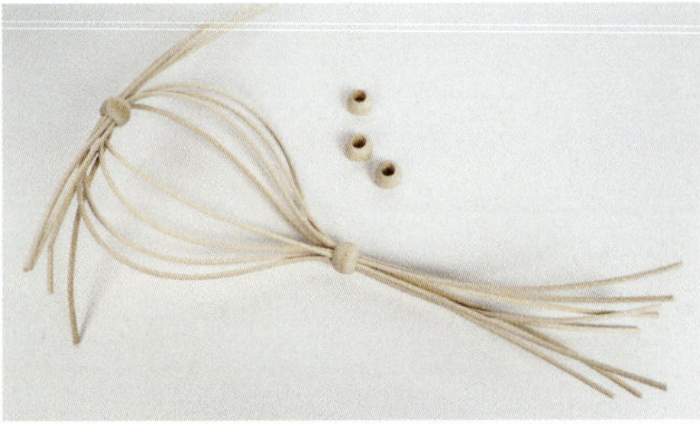

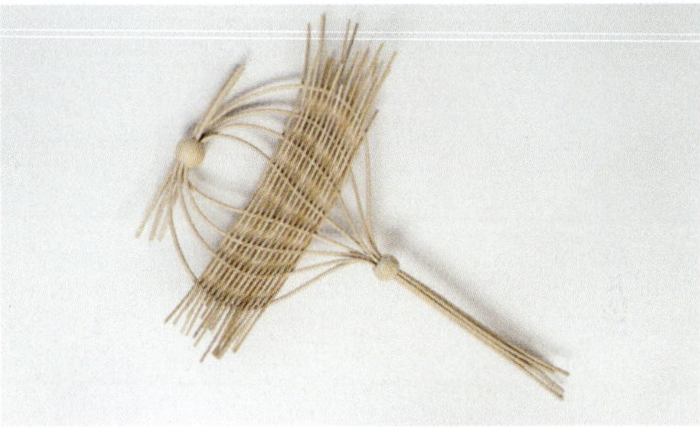

1 Schneiden Sie die Rattanfäden (3 mm ø) zu und weichen Sie sie ein. Schieben Sie alle Fäden durch eine Perle. Dann biegen Sie vier Fäden erst von rechts in eine zweite Perle, dann von links in eine dritte. Lassen Sie zwischen den Bodenstaken Platz, damit Sie in dem so erhaltenen Raster flechten können.

2 Flechten Sie im Einergeflecht (Zäunen) mit Rattan (2 mm ø) und lassen Sie jeden Faden auf beiden Seiten überstehen (Anleitung siehe Seite 21). Achten Sie darauf, dass alle Reihen so gespannt und verdichtet wie möglich sind.

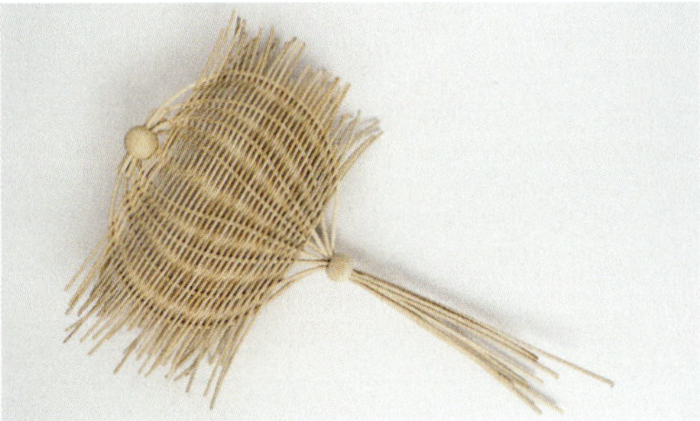

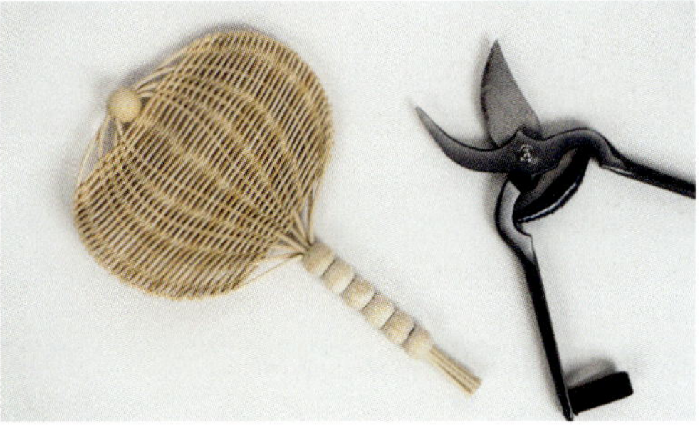

3 Füllen Sie das gesamte Raster mit Geflecht aus. Gleichen Sie die Abstände zwischen den Staken regelmäßig an, wenn nötig.

4 Fädeln Sie fünf Perlen zusätzlich ein, um den Schaft fertigzustellen. Lassen Sie das Ganze trocknen. Schneiden Sie alle überstehenden Fäden schräg ab.

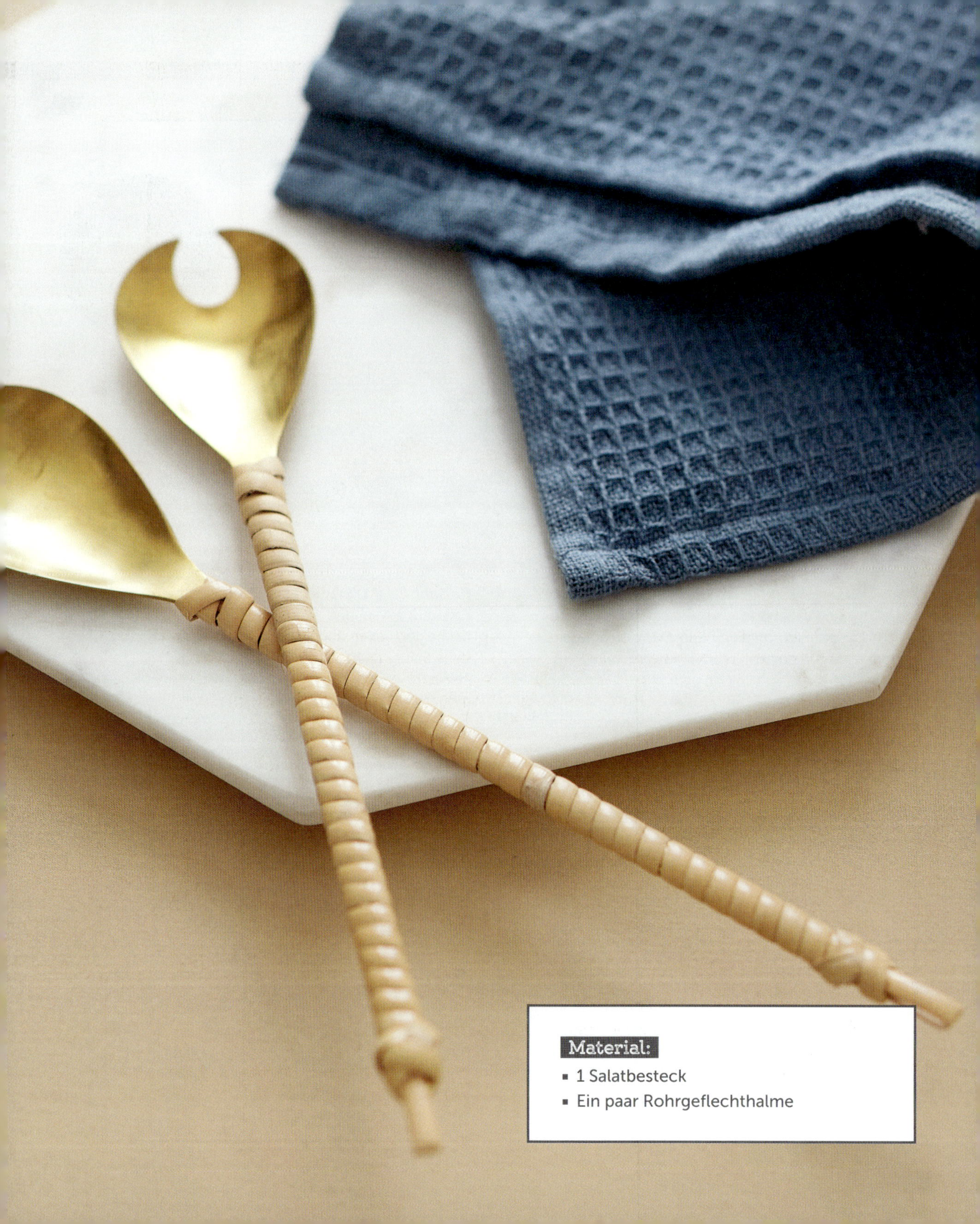

Material:

- 1 Salatbesteck
- Ein paar Rohrgeflechthalme

Salatbesteck

Schwierigkeitsgrad
*

Mit dieser Technik lassen sich unschöne Alltagsgegenstände schnell aufwerten.

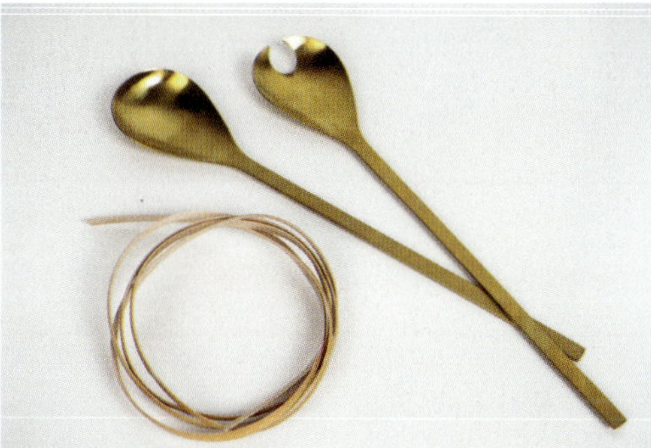

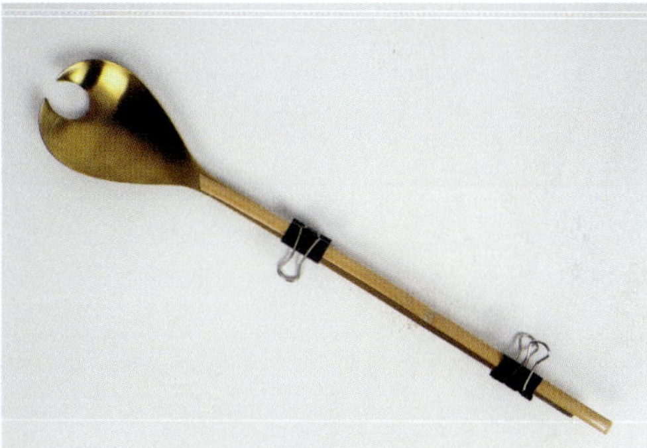

1 Reinigen Sie das Salatbesteck gründlich. Weichen Sie das Rohrgeflecht ein.

2 Schneiden Sie ein Stück ab, das lang genug ist, um den gesamten Stiel des Bestecks, einmal gefaltet, von beiden Seiten zu bedecken, sodass unten am Stiel ein wenig übersteht. Befestigen Sie es vorübergehend mit Klammern.

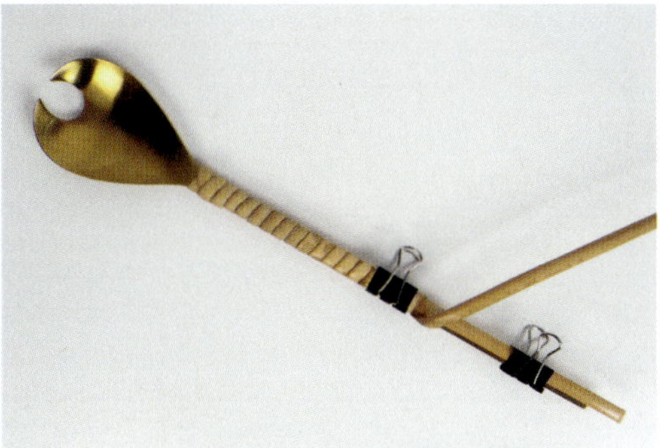

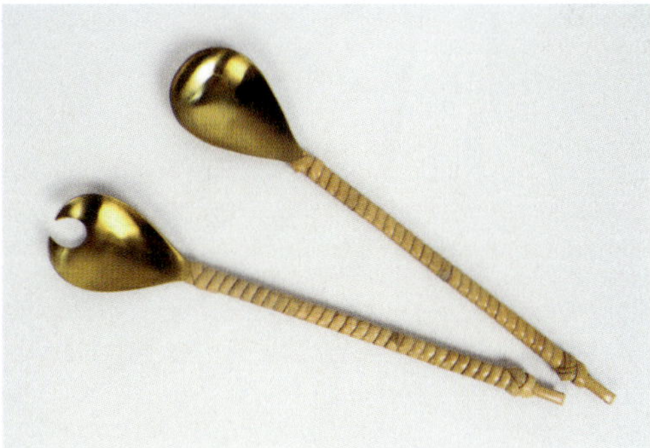

3 Nehmen Sie ein langes Band zur Hand und wickeln Sie es um den Griff. Verdecken Sie das Ende des Bands unter den beiden ersten Wickelrunden auf der Rückseite.

4 Beenden Sie das Wickeln mit einem Mastwurf (Anleitung siehe Seite 33). Wiederholen Sie den Vorgang bei dem anderen Besteckteil, wobei Sie hier für einen dekorativen Gegeneffekt in umgekehrter Richtung arbeiten.

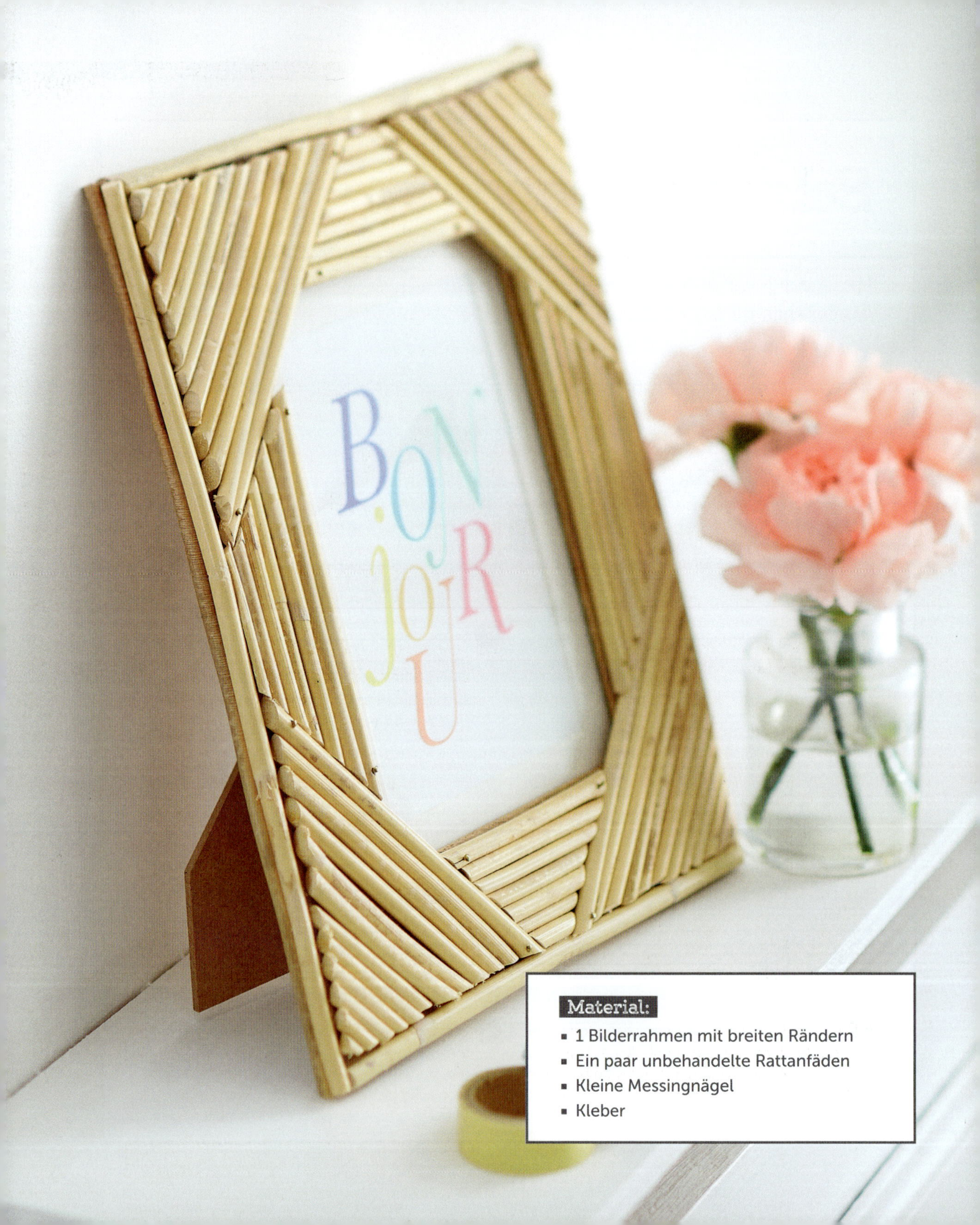

Material:

- 1 Bilderrahmen mit breiten Rändern
- Ein paar unbehandelte Rattanfäden
- Kleine Messingnägel
- Kleber

Bilderrahmen

Schwierigkeitsgrad ★★★

Dieser schön verkleidete Rahmen bringt Ihre Lieblingsfotos besonders gut zur Geltung!

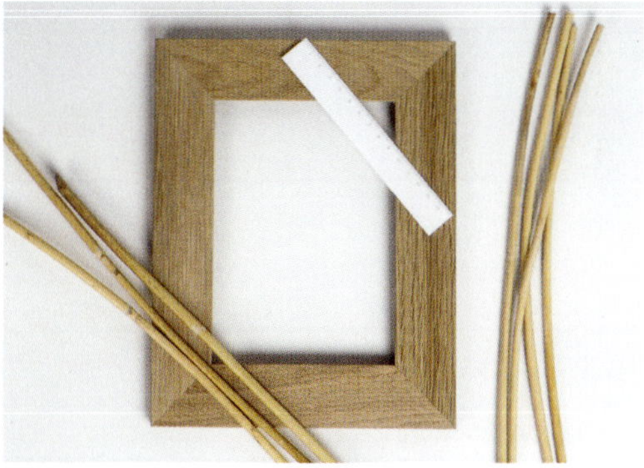

1 Denken Sie sich das Muster für die Anordnung der Fäden auf dem Rahmen aus.

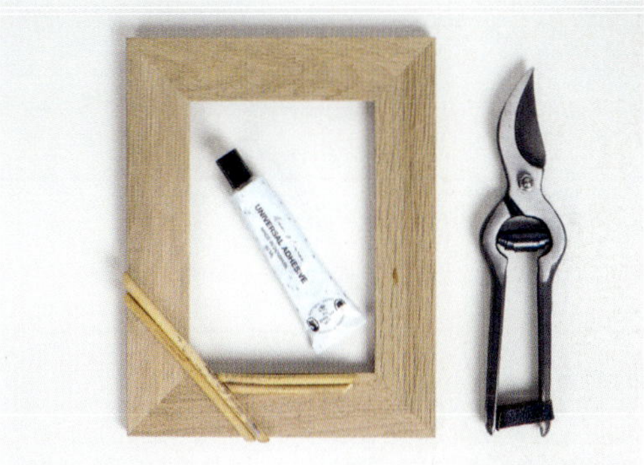

2 Schneiden Sie die Fäden entsprechend zu. Zum besseren Zuschneiden weichen Sie sie vorher ein.

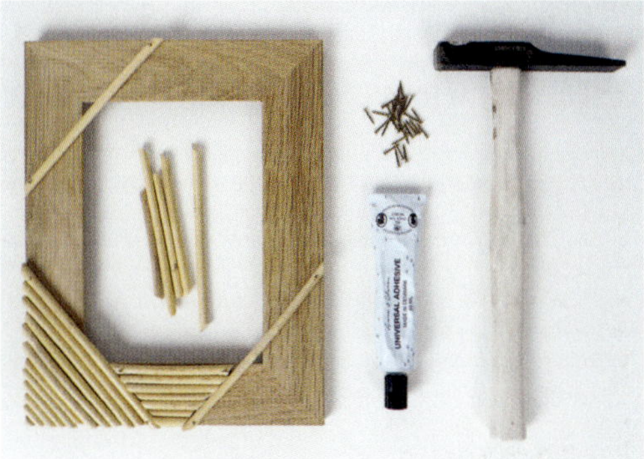

3 Nageln Sie die jeweils innen liegenden Fäden auf den Rahmen und achten Sie darauf, dass die Nägel nicht durch den Rahmen hindurchgehen. Die übrigen Fäden werden aufgeklebt.

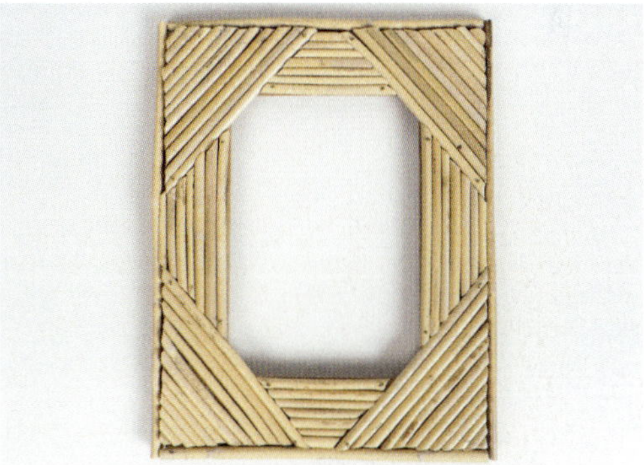

4 Zum Schluss können Sie den Rahmen noch streichen, wenn Sie möchten.

Adressen:

Rattan und Werkzeuge

ROTIN FILÉ
www.rotin-file.com

HANS ENDER
www.hans-ender.de

Weitere Materialien

BUTINETTE
www.butinette.de

VBS HOBBY
www.vbs-hobby.com

SØSTRENE GRENE
www.sostrenegrene.com

IDEE. CREATIVMARKT
www.idee-shop.com

IKEA
www.ikea.de

Dekoration und Accessoires

ETTA VEE
www.ettavee.com

MUJI
www.muji.eu

Wem ich danken möchte:

J.-M., meinem Mann, der nie die Geduld verloren hat, auch wenn das ganze Haus voller Rattan war. Hikka, meiner Mutter, die in mir die Freude daran geweckt hat, mehr über das Kunsthandwerk zu lernen. Flore, meiner Herausgeberin, ohne die dieses Buch niemals zustande gekommen wäre. Und Richard, einem außergewöhnlichen Fotografen, mit dem die Arbeit sehr viel Freude gemacht hat.
Außerdem Laurence, der Gründerin von L´Établisienne, einem ungewöhnlichen Ort des Lernens.
Und dem Team der Société Rotin Filé für die große Hilfe, genau wie La tribu Quatremains für die Ermutigung und die positive Energie.

Impressum

Für die deutsche Ausgabe:
Übersetzung aus dem Französischen: Ade Team Übersetzungen/ Alexandra Maria Linder M.A.
Satz: Arnold & Domnick, Leipzig
Umschlaggestaltung: Sandra Preinl, Victoria Langner
Produktmanagement und Lektorat: Christine Rauch
Druck und Bindung: Rotolito Rumänien

Die Originalausgabe erschien 2018 unter dem Titel *La vannerie pas à pas* bei Éditions Massin – Société d'Information et de Créations – SIC.
Text: Virve Boesch
Fotos: Richard Boutin, außer Virve Boesch (Schritt-für-Schritt-Fotos)

2. Auflage 2022

ISBN: 978-3-7724-7198-8 • Best.-Nr. 7198

MIX
Aus verantwortungsvollen Quellen
FSC® C127233

Penguin Random House Verlagsgruppe FSC® N001967